福州大学哲学社会科学学术著作出版基金资助项目

（项目批准号：14CBS02）

经管学术文库

科技型企业内部控制质量问题研究

黄莲琴 著

厦门大学出版社
XIAMEN UNIVERSITY PRESS
国家一级出版社
全国百佳图书出版单位

序

在科技型企业中,内部控制的作用越来越大。目前学者们对科技型企业内部控制制度的建设和完善的研究比较多,但对科技型企业内部控制质量的研究较为缺乏。与一般企业相比,科技型企业的内部控制目标、风险控制和控制要素具有自身的独特性。黄莲琴教授近年来对科技型上市公司内部控制质量的现状、评价、影响因素及经济后果进行系统研究,以揭示科技型企业内部控制的独特性。

本书是作者对上述课题(福建省 2012 年软科学研究计划资助项目)研究成果的集中展现。首先,她从这一领域大量的研究文献出发,追溯了内部控制理论的根源,介绍了内部控制质量和内部控制评价的内涵与相关理论;其次,对科技型企业进行了界定,归纳了科技型企业内部控制的特征,并对相关研究文献进行了梳理与述评,为下文的研究做好理论铺垫;再次,收集统计了福建省科技型上市公司内部控制的相关资料与信息,对其内部控制质量状况进行剖析;最后,从内部控制目标、风险控制和业务活动三个层面构建了科技型企业内部控制质量的评价指标体系,并以 2008—2012 年间福建省科技型上市公司为样本,建立多元回归模型,采用实证研究方法考察了科技型企业内部控制质量的影响因素、内部控制质量与 R&D 投资效率之间的关系。本书在这方面进行了系统的研究并取得了可喜的成果,主要具有如下几个贡献点:

1.揭示科技型企业的内部控制现行缺陷:第一,对内控制度建设和实施重视不够导致企业风险管控力度欠缺,尤其是对科研经费监督、人力资本投资和人力资源流失的风险管控有待加强;第二,在企业内部控制评价报告中体现科技型特点的关键环节披露不足;第三,福建科技型上市企业所披露的内部控制审计报告均为标准无保留意见,但总体披露比例不到一半,低于全国水平,外部监管成效不高。

2.从目标控制、风险控制和要素控制三个层面设计一级评价指标,在此基础上,分别设置二级指标和三级指标,并赋予相应的权重,构建了符合科技型企业内部控制特征的评价指标体系。运用这一评价指标体系对S公司内部控制的设计和执行是否有效进行评价,并得出相应的结论和建议,以提升S公司的内部控制质量水平,充分发挥公司的创新能力和竞争优势。

3.实证研究结果发现:公司治理方面,高管薪酬激励和监事会职能的发挥促进了科技型企业内部控制质量的提升,而董事长与总经理两职合一则产生显著的负向影响;公司特征方面,公司规模、成长性、财务杠杆和研发能力从正面显著影响企业内部控制质量,而业务复杂程度则产生显著的负向效应;而在外部监管方面,内部控制审计和违规处罚对科技型企业内部控制质量的影响均不显著,说明科技型企业内部控制的外部监管力度仍有待加强。

4.以科技型上市公司为研究样本,采用DEA模型计算公司的R&D投资效率,实证检验结果发现,企业内部控制质量的提高有助于提升公司的R&D投资效率。

本专著主要涉及内部控制、会计、财务管理理论和风险管理等四大领域,其研究成果可以为优化科技型企业内部环境、强化风险导向的内部控制体系的构建、完善科技型企业内部监督机制和内部控制质量评价规范,以及加强外部监管力度等方面提供理论依据,这也正是本专著成果的理论意义和应用价值之所在。

傅元略　教授/博导
于厦门大学嘉庚2号楼
2015年1月

摘 要

自从财政部等五部委相继出台《企业内部控制基本规范》、《企业内部控制配套指引》以来,不论是在理论界还是实务界,企业内部控制质量问题研究都成为关注的热点之一。目前,国内外学者较多对一般企业内部控制质量进行研究,而针对不同类型企业的探究较少。众所周知,科技型企业在促进经济增长方式转变、提高科技创新成果转化能力、推动产业结构升级等方面均应发挥主力军的作用。提高科技型企业内部控制的质量,有利于提升企业经营管理水平、增强风险防范能力、提高 R&D 投资效率,有助于培育科技型企业的竞争优势、促进我国科技事业的发展、增强我国科技创新水平,因此,对科技型企业内部控制质量进行研究具有重要的理论和现实意义。目前针对我国科技型企业内部控制的相关研究仅限于探讨科技型企业内部控制制度的建设和完善,而对科技型企业内部控制质量的研究却较为缺乏。同时,与一般企业相比,科技型企业的内部控制目标、风险控制和控制要素具有自身的独特性。因此,本书拟以福建省科技型上市公司为研究对象,对其内部控制质量的现状、评价、影响因素及经济后果进行研究。

本书采用规范研究、实际案例分析和实证检验相结合的方法。首先,介绍了本书的研究背景、意义、内容和研究贡献及主要创新点;其次,介绍了内部控制质量和内部控制评价的内涵与相关理论,对科技型企业进行了界定,归纳了科技企业内部控制的特征,并对相关研究文献进行梳理与述评,为下文的研究做好理论铺垫;再次,收集统计福建省科技型上市公司内部控制的相关资料与信息,对其内部控制质量状况进行剖析；复次，从内部控制目标、风险控制和业务活动三个层面构建了科技型企业内部控制质量的评价指标；又次，以 S 科技型上市公司为例，以所构建的评价指标对 S 公司内部控制设计和运行质量进行评价；最后，根据企业内部控制目标，以 2008—2012 年间福建省科技型上市公司为样本，采用实证研究方法考察了科技型企业内部控制质量的影响因素、内部控制质量与 R&D 投资效率之间的关系。本书研究结果的主要贡献有以下几个方面：

1.以福建省科技型上市公司为研究对象，对其内部控制质量现状进行剖析发现，企业内部控制质量有所提升，但还存在缺陷：一是企业对内控工作重视不够、治理结构不健全导致企业内部环境不完善；二是科技型企业风险管控力度欠缺，在科研经费监督、人力资本投资和人力资源流失防范方面有待加强；三是企业内部控制评价报告披露数量逐年增多，披露质量有所上升，但是体现科技型特点的关键环节披露不足，多数科技型企业存在内部控制缺陷，且缺陷披露方式不规范、评价结论不明确，这说明企业内部监管力度有待加强；四是保荐机构出具的核查意见存在格式不规范、核查依据不一等问题，会计事务所出具的内部控制审计报告均为标准无保留意见，报告结论具有可比性，但内部控制审计的执业准则依据不一，各板块内部控制审计报告披露比率均低于全国水平，这说明企业内部控制信息披露的外部监管力度不足。

2.根据科技型企业的特征及其内部控制质量的现状，本书从强化控制目标、重视风险评估和优化业务控制三个层面自上而下的评价思路出发，设计了目标控制层面、风险控制层面和要素控制层面三个一级评价指标，在此基础上，分别设置二级指标和三级指标，并赋予相应的权重，构建了符合科技型企业内部控制特征的评价指标。

3.运用第四章所构建的评价指标对 S 公司内部控制的设计和执行的有效性进行评价，并得出相应的结论和建议，以提升 S 公司的内部控制质量水平，充分发挥公司的创新能力和竞争优势。

4.对科技型上市公司内部控制质量的影响因素进行实证检验，

结果发现:在公司治理因素方面,高管薪酬激励和监事会职能的发挥有助于提升科技型企业内部控制的质量,而董事长与总经理两职合一则产生显著的负向影响;在公司特征方面,公司规模、成长性、财务杠杆和研发能力从正面显著影响企业内部控制质量,而业务复杂程度则产生显著的负向效应;而在外部监管方面,内部控制审计和违规处罚对科技型企业内部控制质量的影响均不显著,说明科技型企业内部控制的外部监管力度仍有待加强。

5.内部控制质量对公司R&D投资效率影响如何,现有的研究文献还未涉及。以科技型上市公司为研究样本,采用DEA模型计算公司的R&D投资效率,实证检验结果发现,企业内部控制质量的提高有助于提升公司的R&D投资效率。

6.从优化科技型企业内部环境、强化风险导向的内部控制体系的构建、完善科技型企业内部监督机制和内部控制质量评价规范,以及加强外部监管力度等方面提出了提升科技型企业内部控制质量的政策建议。

关键词:科技型企业,内部控制质量,评价指标,影响因素,R&D投资效率

目　录

第一章　绪论/1

1.1　研究背景/1
1.2　研究意义/4
1.3　研究内容、框架和研究方法/7
1.4　研究贡献与创新之处/10

第二章　相关概念理论与文献综述/14

2.1　内部控制的内涵/14
2.2　我国企业内部控制的制度背景/22
2.3　内部控制信息披露的相关规定/32
2.4　内部控制质量概述/35
2.5　内部控制评价概述/40
2.6　科技型企业内部控制概述/42
2.7　相关理论基础/50
2.8　相关研究文献综述/56
2.9　本章小结/91

第三章　科技型企业内部控制质量现状分析/92

3.1　福建省上市科技型企业基本情况介绍/92
3.2　福建省科技型企业内部控制质量现状分析/95
3.3　本章小结/119

第四章　科技型企业内部控制质量评价指标的构建/121

4.1　构建科技型企业内部控制质量评价指标的原则/121

4.2　科技型企业内部控制质量评价指标的选取/122

4.3　科技型企业内部控制评价流程与结果/130

4.4　本章小结/134

第五章　S 科技型公司内部控制质量的评价/135

5.1　S 公司简介/135

5.2　S 公司内部控制评价现状/136

5.3　S 公司内部控制质量的评价/138

5.4　S 公司内部控制质量评价结果/153

5.5　提高 S 公司内部控制质量的建议/155

5.6　本章小结/155

第六章　科技型企业内部控制质量影响因素研究/157

6.1　研究假说的提出/157

6.2　研究设计/165

6.3　实证结果分析/171

6.4　本章小结/186

第七章　内部控制质量与公司 R&D 投资效率研究/187

7.1　企业 R&D 投资效率的界定/187

7.2　理论分析与研究假说/193

7.3　研究设计/198

7.4　实证结果分析/205

7.5　本章小结/215

第八章　结论/216

8.1　研究结论/216

8.2　政策建议/219

8.3　研究局限性与未来研究方向/221

参考文献/223

附录Ⅰ:福建省科技型上市公司信息一览表/242

附录Ⅱ:我国科技型企业认定条件/248

第一章 绪论

1.1 研究背景

科技型企业(Science and Technology Enterprises)是一种特殊的企业形态,是一类以自主知识产权或专有技术开展经营活动、具备研发创新能力的企业。美国学者 Doody 和 Mumtser 把科技型企业定义为:是一类体现出高增长率、高额的研究与开发费用、高附加值、强烈的出口导向和高技能的劳务密集的生产技术的公司。①

与传统企业相比,科技型企业是我国一支新兴的经济力量。我国的科技型企业起步于 20 世纪 80 年代,在 90 年代国有经济调整时期得到迅速发展,它是国民经济战略性先导企业,其兴起与发展促进了产业结构的调整和经济发展方式的转变,推动了我国经济的持续增长和创新能力的稳步上升。根据科技部最新发布的《国家创新指数报告 2013》②,2012 年我国共投入 R&D 经费 10 298.4 亿元,比上年增长 18.5%,稳居世界第三位;R&D 经费投入强度(R&D 投入经费与 GDP 之比)为 1.98%,超过欧盟 28 国平均水平 1.97%,与发达国家的差距进一步缩小;研发人员全时当量达到 324.7 万人年,居世界首位。企业逐渐成为全社会研发经费投入和研发活动的执行主

---

① 转引自邢以群、周建华《高技术企业经营管理论》,浙江大学出版社,2000 年版,第 12 页。

② 科技部《国家创新指数报告 2013》,http://www.most.gov.cn/kjbgz/201404/t20140401_112554.htm。

体;2012年,在全社会全部研发经费投入中,由企业提供的经费占74%;2012年我国高技术产业总产值突破了10万亿元,高技术产业出口占制造业出口的比重居世界首位。以福建省为例,2012年全省R&D经费投入270.99亿元,比上年增长22.3%,其中工业企业R&D经费投入比例高达87.9%;2013年全省R&D经费投入约307亿元;福建省规模以上工业中高新技术企业产值5 030.19亿元,比上年同期增长6.4%。同时,科技型企业成为集中大量研发活动人员、科技创新成果和专利申请及授权的创新主体,如福建省科技型企业吸收了全省74.5%的研发人员、形成了全省60.8%的科技获奖成果和61%的专利授权。① 因此,科技型企业提供了大部分的发明专利、技术创新和新产品开发,是技术创新的重要力量和源泉,也是国家推动产业升级、优化经济结构、提高综合竞争力的基本力量。

  1985年国家实行科技体制改革,1999年开始鼓励应用型科研院所转制为科技型企业,这使得更多的科技型企业拥有了充分的经营自主权,也迎来了更多的发展机会,但同时也给科技型企业带来了开放市场的激烈竞争和挑战。随着科技型企业经营市场国际化和全球经济网络化进程的逐步深入,强调企业主体地位、建立严密的内部控制体系、防范企业经营与管理风险、提高企业R&D投资效率、促进企业创新的持续性和盈利的稳定性,已成为科技型企业内部管理的主要任务。

  "内部控制"一词由来已久,但在21世纪之前,多数公司对其并不重视。直到2001年美国"安然事件"的曝光以及之后施乐、世通、默多克制药等大型公司发生的一系列震惊世界的财务舞弊案件发生后,人们才意识到内部控制的重要性。公司内部控制存在缺陷将对公司的经营管理和风险防范产生影响,并成为财务报告舞弊的重要影响因素之一。2002年美国国会颁布了《萨班斯—奥克斯利法案》,

---

  ① 福建省科学技术厅网站,http://www.fjkjt.gov.cn/newsedit.asp?news_xxbh=51041.

规定管理当局需定期对内部控制的设计及执行效果予以评价,上市公司要对外披露内部控制评价报告及经注册会计师发表意见的内部控制鉴证报告。该法案的创举在于,世界上最发达资本市场的监管者已经将企业内部控制体系的建立、维护、评价和报告看作是管理者的重要责任,且处罚措施严厉;这一重大举措引起了在美上市公司对内部控制的重视,加大力度建立、健全了公司的内部控制制度,更加严格地遵守证券法律以提高公司信息披露的准确性和可靠性,挽回了投资者对上市公司和资本市场的信心。

在我国,企业内部控制也存在着不容小觑的问题。"银广夏"、"中航油"、"三鹿集团"等知名企业由于内部控制缺陷导致的财务舞弊案、巨额亏损或破产案,不仅严重打击了投资者的信心,而且影响了资本市场的稳定发展。因此,建立健全企业内部控制制度,强化企业内控制质量的评价与审计,成为我国资本市场监管部门刻不容缓的任务。在借鉴国外内部控制规范的基础上,监管部门结合我国国情,并与国际接轨,制定并颁布了内部控制的相关法律规范。例如:2006 年,上海证券交易所、深圳证券交易所分别发布了《上市公司内部控制指引》,这两个指引均要求上市公司在年度报告中披露内部控制自我评估报告和注册会计师对自我评价报告的核实评价意见。为了加强和规范企业内部控制,2008 年,财政部同证监会、审计署、银监会、保监会等五部委颁布了《企业内部控制基本规范》,并于 2010 年发布《企业内部控制应用指引》、《企业内部控制评价指引》、《企业内部控制审计指引》等配套指引,并规定了实施的时间表,这表明中国企业内部控制规范体系建设取得了重大突破。随着这一系列内部控制规范性文件的出台,企业内部控制强制披露在我国成为趋势。我国的科技型企业,尤其是上市和拟上市的科技型企业,纷纷着手建立和完善自身内部控制体系,并逐步披露内部控制评价报告和内部控制审计报告。

鉴于科技型企业内部控制的不足和当局的监管要求,企业健全内部控制制度变得更加紧迫。同时,该背景也对内部控制的研究工作提出了新的挑战和机会。目前国内学者的研究为科技型企业如何建立内部控制体系提供了良好的建议。如：杨平波(2004,2007)、苍玉霞(2005)、支慧(2007)、李丽华、许华丽和高洪峰(2008)、常华兵和朱海涛(2010)以及杨东华(2012)等诸多研究,论述了科技型企业的现状、特点,分析了科技型企业的内部控制缺陷,并为科技型企业的内部控制制度建立提出了构想和建议。但是这些研究仅涉及科技型企业内部控制的缺陷,以及科技型企业内部控制制度的建构,而未对科技型企业内部控制质量评价与影响因素进行深入分析。随着内部控制监管的不断加强,科技型企业已逐步建立了内部控制制度,今后的工作重点在于对制度的适应性和有效性进行改善和调整。因此,关于科技型企业内部控制的研究,有必要从规范性介绍内部控制建设,转向实证性探讨内部控制质量的评价、影响因素及其经济后果。因此,本书将着重对这些问题进行研究,在调查研究科技型企业内部控制质量现状的基础上,构建一套切实可行的科技型企业内部控制质量的评价指标,探究其影响因素和经济后果,以提高科技型企业内部控制设计与运行的有效性,促进科技型企业的创新和可持续发展。

1.2 研究意义

目前,我国科技型企业对内部控制质量的重视程度有了大幅度的提高,但理论界和实务界对科技型企业内部控制质量的认识还不够深入,对科技型企业内部控制质量现状、评价指标、影响因素及经济后果进行研究具有较强的理论与现实意义。

1.2.1 理论意义

(1)丰富和补充科技型企业关于内部控制领域的研究

近年来,关于企业内部控制、内部控制评价指标及体系的研究较多,但研究方向较分散,主要集中在几个方面:如戴文涛(2011)、王敏等(2011)研究内部控制质量的度量问题;林钟高等(2007)、杨德明等(2009)从内部控制要素、目标和风险管控等角度构建评价指标;王加灿等(2012)研究内部控制自评报告的信息披露问题。由于科技型企业在内部环境控制、业务活动控制、资金管理控制、人力资本投资风险控制和内部审计控制等方面还存在许多特殊性和不完善,对科技型企业内部控制的研究存在挑战性,目前国内多数研究集中于内部控制质量的经济后果及科技型企业的内部控制制度建立,针对科技型企业内部控制质量评价、影响因素和经济后果的研究较少。本书的研究能够为科技型企业内部控制研究提供更多的思路,丰富科技型企业内部控制的研究文献。

(2)弥补了企业内部控制质量影响因素研究的不足

目前,国内外研究对企业内部控制质量的影响因素分析往往针对某一角度,而本书系统地研究了影响企业内部控制质量的内外部因素,将科技型企业内部控制质量的影响因素归结为公司治理、公司特征和外部监管等方面,相对而言更加全面,是对现有内部控制质量影响因素研究的完善和补充。

(3)为科技型企业内部控制质量评价指标的构建提供参考

目前对企业内部控制质量的评价方式多样,以上市公司披露的内部控制信息作为内部控制质量的替代变量或以问卷调查的方式取得内部控制质量信息,其可信度和真实性还存在一定的局限性。内部控制质量的科学度量研究还需要不断深入。通过对内部控制质量影响因素的研究,学者可以更好地了解各基本要素及指标对内部控制质量的影响程度,更加客观地测度企业的内部控制质量。因此,本书构建科技型企业内部控制评价指标时,在利用现有学者研究成果的基础上,又加入了科技型企业的特殊性质,以弥补科技型企业内部控制质量评价指标研究的不足。

1.2.2 现实意义

我国科技体制改革的目标是促进科研机构以市场需求为导向，合理配置人力、技术等资源要素，降低高新技术企业对外技术依存度，使科技成果产品化、市场化，提升国家在经济领域和科技领域的竞争力，实现国家经济建设和社会发展的总体目标。目前，中国科技型企业的内部控制状况如何，什么条件下才能实现好的内部控制，以及如何建立完善自身的内部控制体系，这些问题的核心在于如何评价科技型企业内部控制的质量及寻求科技型企业内部控制质量的影响因素。内部控制质量是企业内部控制能力和内部控制效果的综合度量，对科技型企业内部控制质量进行研究具有重大的现实意义。

（1）有利于提高科技型企业内部控制质量水平和R&D投资效率

随着我国市场经济的不断完善，科技型企业面对的市场竞争也愈发激烈。许多科技型企业被市场淘汰，主要原因之一就是企业内部控制缺失或失效。对科技型企业内部控制质量的评价、影响因素和经济后果进行研究，有利于完善科技型企业内部控制体系，提升R&D投资效率，对我国科技型企业的技术创新和长久稳定发展起到重要的作用。

（2）针对性强，实际应用价值高

目前许多科技型企业在相关监管部门的政策引导下，逐渐意识到内部控制的重要性，但是由于相关知识的缺乏，对内部控制的了解不深，加之自身治理结构的缺陷，导致我国科技型企业内部控制较薄弱。科技型企业简单套用一般类型企业的内部控制体系，是不能适应企业实际发展需要的。因此，科技型企业在建立和完善内部控制体系过程中，应该根据自身特点，分析其内部控制质量的影响因素，建立适用的科技型企业内部控制评价指标，使其内部控制更有效，以确保企业的正常运营和研发活动，从而更好地迎接竞争和挑战。本书从内部控制的角度出发,结合科技型企业的特点,研究科技型企业内部控制质量评价指标的构建与影响因素、内部控制对 R&D 投资效率的影响,利用福建省科技型上市公司进行实证检验,具有较强的实际应用价值。

(3)有利于科技型企业内部控制观念的推广

目前财政部等五部委尚未对科技型企业集中的中小板和创业板提出强制性的内部控制信息披露要求。鉴于科技型企业区别于传统企业的特殊性,科技型企业在经济发展中的重要地位,以及今后内部控制不断发展的要求,市场需要监管当局出台相关科技型企业内部控制的规定。对科技型企业内部控制质量评价和影响因素展开研究,一方面能够引起社会公众对科技型企业内部控制的关注,有利于科技型企业内部控制观念的推广;另一方面,其针对性强,能够为今后相关科技型企业内部控制的规范和质量提升提供参考。

(4)便于政府对科技型企业的监管和投资者决策

该研究探讨了科技型企业内部控制质量的评价、影响因素及经济后果,监管当局和投资者可以利用其研究结论,从科技型企业内部控制的评价情况及相关影响因素的情况推断其内部控制现状,便于政府进行监管,促进资本市场的完善与发展;有助于利益相关者对科技型企业内部控制整体水平进行评价,从而做出投资或信贷等决策。

1.3 研究内容、框架和研究方法

1.3.1 研究内容

本书的研究内容是科技型企业内部控制质量问题。以构建内部控制质量的评价指标为目标,探讨科技型企业在内部控制质量评价指标设计中的特殊性与运用,在此基础上考察科技型企业内部控制

质量的影响因素和影响效应。研究内容共分为八章,各章主要内容如下:

第一章为绪论。本章主要介绍本书的选题背景、研究意义、研究内容与论文框架、研究方法,并对本书研究的贡献与创新点进行概述。

第二章为相关概念理论与文献综述。本章首先介绍了内部控制质量、内部控制评价的相关概念与理论;其次,阐述了科技型企业的概念、认定标准与特点,从技术、人力和资金等方面对科技型企业内部控制的特征进行归纳;最后,对国内外学者关于企业内部控制质量评价、影响因素、经济后果等研究成果进行梳理和评述。

第三章为科技型企业内部控制质量现状分析。以福建省科技型上市公司为研究对象,根据其所披露的与内部控制有关的内部控制自我评价报告、审计报告进行描述性统计,并从企业内部控制环境、风险管控、内部监督和外部监管等方面对科技型上市公司内部控制质量的现状进行探讨和剖析,指出其存在的问题。

第四章为科技型企业内部控制质量评价指标的构建。根据前两章所分析的科技型企业内部控制的特点及其内部控制质量现状,按照"目标—风控—要素"三个层面自上而下的评价思路,设计了目标控制层面、风险控制层面和要素控制层面三个一级评价指标,在此基础上,分别设置二级指标和三级指标,构建了符合科技型企业内部控制特征的评价指标。

第五章为S科技公司内部控制质量的评价。根据S公司内部控制质量评价的现状,运用上一章所构建的内部控制质量的评价指标,通过赋值法对其内部控制设计和运行质量进行评价和分析。

第六章为科技型企业内部控制质量影响因素的实证研究。根据科技型企业内部控制的特点,采用实证检验方法考察了公司治理、公司特征和外部监管等因素对科技型企业内部控制质量产生的影响。

第七章为企业内部控制质量与R&D投资效率的实证研究。从理论上分析内部控制对公司R&D投资效率的影响机理,采用DEA

模型计算公司的 R&D 投资效率,在此基础上考察内部控制质量对公司 R&D 投资效率的影响。

第八章为结论,得出研究结论和研究启示,并指出本书研究的局限性和未来研究方向。

1.3.2 研究框架

根据上述的研究内容,本书的整体研究框架如图 1-1 所示。

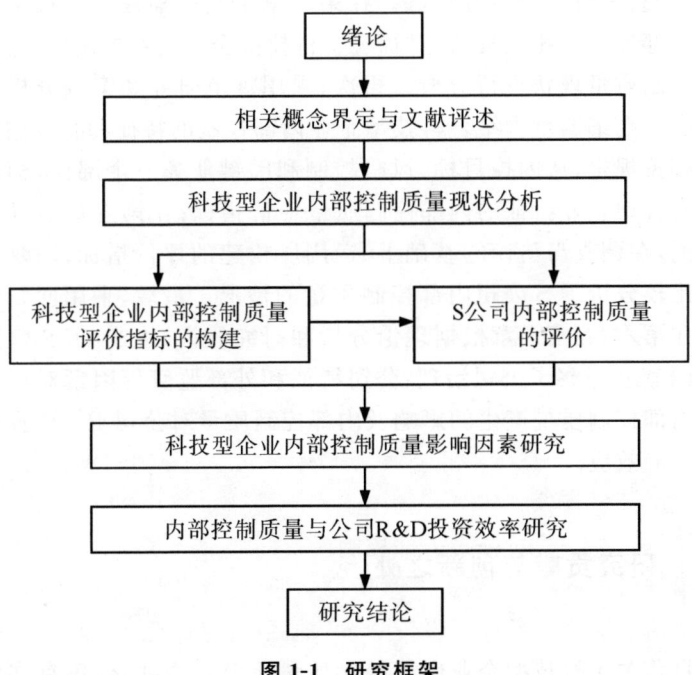

图 1-1　研究框架

1.3.3 研究方法

理论研究方法一般分为两类:规范研究与实证研究。规范研究以实证研究为基础,而实证研究以规范研究为指导,在实际运用中将两者结合使用是最理想的方法。鉴此,本书运用规范研究与实证研究相结合的方法,对科技型企业内部控制质量问题进行研究。具体采用的方法简述如下:

在研究过程中,首先采用规范研究的方法,对内部控制质量、内部控制评价、科技型企业内部控制概念进行界定;对国内外相关的内部控制质量研究文献进行回顾,以内部控制理论为基础,借鉴前人的研究成果,梳理出可能对科技型企业内部控制质量产生影响的因素。其次,采用调研与归纳分析法。在第三章中利用福建省科技型上市公司内部控制的相关资料,对福建省科技型企业内部控制信息披露、内部控制质量现状进行分析。再次,采用规范研究和案例分析相结合方法。在第四章中结合科技型企业内部控制的特征和企业内部控制的相关规定,从内控目标、风险控制和关键业务三个层面,构建了符合科技型企业特征的内部控制质量评价指标;在第五章中以S公司为例,在调查与访谈的基础上,运用所构建的评价指标,用赋值的方法比较分析了S公司内部控制质量的情况。最后,采用回归分析法。在第六章、第七章根据理论分析和研究假说,构建OLS模型和Tobit模型,考察了公司治理、公司特征和外部监管等因素对科技型企业内部控制质量产生的影响及内部控制质量对公司R&D投资效率的影响效应。

1.4 研究贡献与创新之处

目前关于科技型企业内部控制质量研究较为缺乏,还有许多理论与实证问题尚需进一步研究。本书结合科技型企业的特征,以S公司为实例,对科技型企业内部控制质量评价指标的构建进行研究,并考察了科技型企业内部控制质量的影响因素和经济后果。具体而言,本书的研究贡献与创新之处主要体现在以下几个方面:

(1)研究视角具有一定的独特性。目前学者们的研究较多是针对我国上市公司整体内部控制信息披露、内部控制质量问题,而针对某一特定行业的研究相对较少。现有文献对于科技型企业内部控制的研究还不够深入,多数研究仅描述性介绍科技型企业内控制度的建立,缺乏对该领域更加广泛的探讨。本书的特色在于根据科技型企业的特点,对其内部控制质量的评价指标构建、影响因素和影响效应进行研究,是对该领域研究的有益补充。

(2)科技型企业内部控制质量现状如何,目前国内相应的研究还不够深入。本书通过调研、收集福建省科技型上市公司内部控制的相关资料,发现科技型企业多数披露了内部控制评价报告,披露的内部控制审计报告也都获得了注册会计师无保留审计意见,企业内部控制质量有所提升,但还存在缺陷。首先,在内部控制环境方面,管理者对内部控制工作重视不够、治理结构不完善导致企业内部控制环境薄弱。其次,在企业风险管控方面,科技型企业科研经费监督、人力资本投资风险控制和人力资源流失防范的机制不够健全,可能会引致企业内部控制的缺陷,影响企业的科技创新能力。再次,在内部监督方面,企业内部控制评价报告披露数量逐年增多,披露质量有所上升,但是体现科技型特点的关键环节披露不足,多数科技型企业存在内部控制缺陷,且缺陷披露方式不规范;在企业内部控制评价报告中未能明确表达内部控制的有效性情况,不少企业以不存在重大缺陷作为替代性结论,或未能给出明确结论。最后,在外部监督方面,从保荐机构的核查情况来看,其出具的核查意见存在格式不规范、核查依据不一及核查结论不够明确等问题;从会计事务所的审计情况来看,其出具的内部控制审计报告均为标准无保留意见,报告结论具有可比性,但内部控制审计的执业准则依据不一,各板块内部控制审计报告披露比率均低于全国水平,可能存在"报喜不报忧"的情形。这说明内部控制信息披露的外部监管力度不足,企业内部控制审计报告披露比例有待提高。

(3)科技型企业内部控制质量评价指标的构建。根据科技型企业内部控制的特点,本书从内部控制目标、企业整体风险和内部控制要素三个层面构建评价指标。首先,评价发展战略是否符合内部控制目标,结合经营效率效果、经营合法合规和信息真实准确目标的评价确定企业内部控制的整体有效性。其次,根据风险层面的风险识别和风险评估来确定要素层面的评价范围。最后,重点评价组织架构、资金、人才和技术四个要素的控制活动。鉴此,根据"目标—风控—要素"三个层面自上而下的评价思路,设计目标控制层面、风险控制层面和要素控制层面三个一级评价指标,在此基础上,分别设置二级指标和三级指标,构建符合科技型企业内部控制特征的评价指标。

(4)科技型 S 公司内部控制质量的评价。根据第四章所构建的科技型企业内部控制质量评价指标,以科技型 S 公司为例,运用"目标—风控—要素"三个层面的评价指标,对 S 公司 2011 年和 2012 年内部控制的设计和执行质量进行评价和比较分析,得出 2012 年 S 公司内部控制设计与执行质量总体上基本有效,但是经营目标和合规目标执行、风险识别与评估、人才要素和技术要素制定、资金要素和人才要素执行等方面存在不足,据此,为 S 公司的内部控制建设和完善提出了相应的改进措施。

(5)科技型企业内部控制质量影响因素的实证研究。通过文献梳理发现,企业内部控制质量的影响因素主要体现于公司治理、公司特征及外部监管等方面,并据此进行实证检验。结果发现,公司治理结构和公司特征因素均对科技型企业内部控制质量产生影响,而外部监管因素的影响则不显著,具体表现为:在公司治理因素方面,高管薪酬激励和监事会职能的发挥对科技型企业内部控制质量具有显著正向影响,而董事长与总经理两职合一则产生显著的负向效应;在公司特征方面,公司规模、成长性、财务杠杆和研发能力从正面显著影响企业内部控制质量,而业务复杂程度则产生显著的负向效应;在外部监管方面,内部控制审计和违规处罚对科技型企业内部控制质量的影响均不显著,说明科技型企业内部控制的外部监管力度仍有待加强。

（6）立足于研究内部控制对公司 R&D 投资效率的影响。科技型企业技术创新能力对于企业生存和发展至关重要,那么内部控制质量高低是否影响了公司 R&D 活动呢？现有的研究中内部控制对公司 R&D 投资的影响文献较少,而研究内部控制对公司 R&D 投资效率的影响更是缺乏。因此,本书实质上是从一个新的视角来探讨我国科技型企业内部控制的经济后果。研究发现,公司的 R&D 投资效率将随着企业内部控制质量的改善而提升。

（7）针对性地提出了提升科技型企业内部控制质量的政策建议。第一,"以人为本"的方式优化科技型企业内部控制环境,充分发挥科技型企业人才资源优势;第二,强化科技型企业风险导向的内部控制体系的构建,重点关注科研经费的监督、人力资本投资风险和技术研发等特有风险,才能有效管控科技型企业的关键风险点,促进 R&D 投资效率的提升;第三,完善科技型企业内部监督机制,确保监事会、审计委员会和内部审计机构的独立性,充分发挥其在企业内部控制中的监督、审查和评价的作用;第四,完善科技型企业内部控制质量评价规范,提高内部控制信息披露的自愿性和内部控制评价报告的质量;第五,加强外部监管力度,出台内部控制报告审计准则,提高内部控制审计报告的真实可靠性和披露价值。

第二章 相关概念理论与文献综述

随着我国企业内部控制规范体系的建立与实施,内部控制问题引起了各方的广泛关注,也成为学者研究的热点之一。本章首先界定了内部控制的概念、内部控制质量的定义及内部控制质量的影响因素(公司治理、公司特征、外部监管)等相关概念;其次,阐述了内部控制评价概念、内容、目标与相关理论,说明建立内部控制评价体系有助于传递信息和完善企业管理控制系统;再次,界定了科技型企业的定义和特征,并对科技型企业内部控制的特殊性进行归纳;复次,对目前国内外的相关研究成果进行回顾,梳理了内部控制质量评价的相关研究、内部控制质量的经济后果研究、内部控制质量影响因素研究、内部控制与 R&D 投资以及科技型企业内部控制的相关研究文献;最后,对相关的研究文献进行评述,并指出本书所要研究的问题。

2.1 内部控制的内涵

内部控制的概念常见于证券监管的相关法规或注册会计师审计准则中。随着相关法规和研究报告的不断推出,内部控制的内涵也在不断演进。下面根据内部控制发展不同阶段的主要法规条文和研究报告,对内部控制的概念演进进行梳理。

2.1.1 内部牵制阶段

内部控制伴随着原始组织的形成而产生,其思想很早就应用于人类的经济活动中,最初的内部控制着重防止组织中的舞弊和错误,在组织中进行责任分离、交叉检查和交叉控制,以确保组织财产安全。直到20世纪40年代,内部控制一直处于该阶段,称为内部牵制阶段。内部牵制机制的提出主要基于两个假设:一是两个或两个以上的人或部门无意识地犯同样错误的机会较少;二是两个或两个以上的人或部门有意识地合伙舞弊的可能性大大低于单独一个或部门舞弊的可能性。学者们对内部牵制下了不同的定义,例如,Dicksee(1905)最早提出内部牵制的定义,他认为,内部牵制由职责分工、会计记录和人员轮换三个要素构成。而Montgomery于1912年在其所著的《审计——理论与实践》中指出:内部牵制是指一个人不能完全支配财产,另一个人也不能独立地加以控制的制度。Bennett发展了内部牵制的概念,认为内部牵制是账户和程序组成的协作系统,这个系统使得员工在从事本身工作时,独立地对其他员工的工作进行连续性的检查,以确定其舞弊的可能性。

"内部控制"一词的出现,依然与会计财务工作密不可分,它起源于审计工作的需要。1934年美国发布《证券交易法》,首先提出了"内部会计控制":以查错防弊为目的,以职务分离和账目核对为手段,以钱、财、物等会计事项为主要控制对象。《证券交易法》的出台是根除"大危机"中虚假会计信息泛滥的措施之一,根据该规定,美国的上市公司相继建立起内部控制制度。

1936年,由美国会计师协会在其发布的《注册会计师对财务报告的审查》中,作为审计术语,第一次提出"内部控制"这一名称。此时的"内部控制"是指一种"为了保护公司现金和其他资产以及检查簿记事务的准确性,而在公司内部采用的手段和方法"。

2.1.2 内部控制制度阶段

20世纪40年代到70年代,内部控制开始划分为内部会计控制和内部管理控制,内部控制由内部牵制阶段进入内部控制制度阶段。1947年,美国注册会计师协会(AICPA)下属的审计程序委员会发布《审计准则暂行公告》,提出了以内部控制为基础的审计程序,使内部控制的审查成为一项法定的审计步骤。内部控制的目的除了保证财产安全外,还有增进会计信息的正确性、提高经营效率和执行既定的管理政策。

1949年,审计程序委员会发布了一份特别报告《内部控制——协调系统的要素及其对管理当局和独立公共会计师的重要性》。该报告首次正式提出内部控制的概念:"内部控制包括一个企业内部用于保护企业的财产,提高经营效率,检查会计信息正确性和可靠性,执行既定的管理政策的组织机构设计和各种相互协调的方法和措施。"但注册会计师认为该定义过于宽泛,其包括了审计人员不可能承担的职责。因此,美国注册会计师协会(AICPA)在1953年在其颁布的《审计程序说明》中,对内部控制的定义进行了修正,将内部控制分为内部会计控制与内部管理控制:前者在于保护资产、检查会计数据的准确性和可靠性,后者在于贯彻既定的管理方针、提高经营效率。

1958年,美国注册会计师协会(AICPA)颁布了第29号审计程序公告《独立审计人员评价内部控制的范围》,再次将内部控制划分为会计控制和管理控制。该定义缩小了注册会计师的责任范围,有助于明确注册会计师在审计中对内部控制制度检查的范围。1963年,审计程序委员会发布的第33号《审计程序公告》指出:"独立审计人员主要关注会计控制。……但是,如果独立审计人员认为某些管理控制可能对财务记录可靠性有影响,他应当考虑评价管理控制。"其中,会计控制是指由组织计划和所有保护资产、保护会计记录可靠性或与此有关的方法和程序构成,包括授权与批准制度,记账、编制财务报表,保管财务资产等职务的分离,财产的实物控制以及内部审计等控制。管理控制是指由组织计划和所有为提高经营效率、保证管理部门所制定的各项政策得到贯彻执行或与此直接有关的方法和程序构成,包括统计分析、时动研究、经营报告、雇员培训计划和质量控制等。

1972年,AICPA所属的审计准则委员会发布的第1号《审计准则公告》中,对管理控制和会计控制进行了重新阐述。该阐述是以会计控制工作为主,把主要精力放在查错防弊上;主要用于界定审计人员的责任,虽为审计界认可,但屡屡受到了管理界的质疑,认为其把太多精力放在查错防弊上,过于消极与狭窄,区分两者的意义不大。实践中,审计人员逐渐发现很难对两者进行区分,审计时无法忽视管理控制。

2.1.3 内部控制结构阶段

20世纪80年代至90年代初,内部控制进入内部控制结构阶段。1988年5月,美国注册会计师协会(AICPA)发布第55号审计准则公告《财务报告审计中对内部控制结构的关注》,该公告改变了"内部控制制度"的提法,转而称为"内部控制结构"。公告明确指出:"企业的内部控制结构包括为提供达到企业特定目标的合理保证而建立的各种政策和程序",并将控制环境作为重要元素首次纳入内部控制的范畴,融会计控制和管理控制于一体,统一以要素来表述。至此,内部控制结构包括控制环境、会计系统和控制程序三个要素。与之前的阶段相比,该阶段开始关注组织层面的控制,研究组织的决策、执行、监督及相互之间的关系。

2.1.4 内部控制整合框架阶段

1985年6月,由美国会计学会(AAA)、美国注册会计师协会(AICPA)、财务经理协会(FEI)、国际内部审计师协会(IIA)与管理会计师协会(IMA)等五个职业团体共同组建了一个委员会,即全美反舞弊性财务报告委员会(Treadway Committee)。该委员会所探讨的问题之一是舞弊性财务报告产生的原因,其中包括内部控制不健全等问题。

  经过两年的调查,该委员会发布了一份调查报告,认为在其所调查的舞弊财务报告中50%源于内部控制的失效,并提出了许多有价值的建议。根据该委员会的建议,其赞助机构又成立了专门研究内部控制问题的委员会,即COSO委员会(Committee of Sponsoring Organizations of the Treadway Commission)。

  1992年,COSO委员会发布了著名的《内部控制——整合框架》(Internal Control-Integrated Framework,简称IC-IF),并于1994年进行了修订,扩大了内部控制涵盖的范围,增加了与保障资产安全有关的控制,得到美国审计总署的认可。该报告是内部控制发展史上的一座重要里程碑,其对内部控制下了一个迄今为止最为权威的定义:"内部控制是由主体的董事会、管理当局和其他员工实施的,旨在为企业营运效率、财务报告可靠性、相关法规遵循性等目标的实现提供合理保证的过程。"该定义反映了一些基本的概念:一是内部控制是一个过程,它是实现目的的手段,而不是目的本身;二是内部控制由人员来实施,它并不仅仅是政策手册和表格,还涉及组织中各个层级的人员;三是只能期望内部控制为主体的管理层和董事会提供合理保证;四是内部控制被用来实现一个或多个彼此独立又相互交叉的类别的目标。

  该定义强调内部控制是一个整体的框架,它明确了内部控制的内容,即内部控制包括控制环境、风险评估、控制活动、信息与沟通、监控等五个相互独立而又相互联系的构成要素,它们来源于管理层经营企业的方式,并贯穿于管理过程之中。其中,控制环境设定了一个组织的基调,影响其员工的控制意识,它是内部控制的其他所有构成要素的基础,为其提供了秩序和结构,包括:主体员工的诚信、道德价值观和胜任能力,管理层的理念和经营风格,管理层分配权力和责任、组织和开发其员工的方式,以及董事会给予的关注和指导。在这个环境内,企业必须设定目标,整合生产、营销、财务和其他活动,以便使组织协调一致地运行。为此，企业还必须设立可识别、分析和管理相关风险的机制，以了解企业所面临的风险，并适时加以处理。实施控制活动就是企业必须制定和执行控制政策和程序，以帮助确保管理层应对风险的指令得以贯彻执行，以实现主体的目标。围绕在这些活动周围的是信息与沟通系统，该系统使主体的员工能获得和交换他们在执行、管理和控制其经营过程活动所需的信息。内部控制的整个过程都受到监控，并在必要的情形下进行修正，这样该体系才能做出动态反应，随情况的需要而变化。

该框架的发布受到国际内部控制理论界和实务界的广泛关注，成为世界通行的内部控制权威标准，被世界上许多企业所采用。世界各国在借鉴COSO框架的基础上，提出针对本国实际的具有不同侧重的内部控制框架。

2.1.5 企业风险管理整合阶段

信息技术的飞速发展、市场竞争的加剧和新金融衍生工具的不断产生，迫使企业越来越重视对风险的管理，而现有的内部控制框架对风险强调不够，使得内部控制无法与企业风险管理相结合。基于此，2001年，COSO委员会委托普华永道开发了一个对于管理当局评价和改进他们所在组织的企业风险管理的简便易行的框架；2004年，COSO委员会在1992年《内部控制——整合框架》报告的基础上，结合SOX法案的要求，颁布了《企业风险管理——整合框架》(Enterprise Risk Management—Integrated Framework，简称ERM-IF)的研究报告，指出"企业风险管理是一个过程，它由一个主体的董事会、管理当局和其他人员实施，应用于战略制定并贯穿企业之中，旨在识别可能影响主体的潜在事项，管理风险以使其在该主体的风险容量之内，并为主体目标的实现提供合理保证"。该报告扩展了内部控制，更有力地关注于企业风险管理这一更加宽泛的领域。基于这一认识，COSO提出了企业风险管理目标，包括战略目标、经营目标、报告目标和合规目标,并指出企业风险管理的构成要素,即内部环境、目标设定、事项识别、风险评估、风险应对、控制活动、信息与沟通和监控,这八大要素是相互关联的。ERM框架指出,内部控制整合框架包含在ERM框架中,而ERM框架扩大了内部控制整合框架的范围。因此,内部控制与风险管理之间的融合已是一种必然趋势。

2006年6月,上海证券交易所发布了《上海证券交易所上市公司内部控制指引》,其中第二条对内部控制进行了定义:内部控制是指上市公司(以下简称"公司")为了保证公司战略目标的实现,而对公司战略制定和经营活动中存在的风险予以管理的相关制度安排。它是由公司董事会、管理层及全体员工共同参与的一项活动。

2006年9月,深圳证券交易所发布了《深圳证券交易所上市公司内部控制指引》,其中第二条对内部控制的定义为:内部控制是指上市公司(以下简称"公司")董事会、监事会、高级管理人员及其他有关人员为实现下列目标而提供合理保证的过程:①遵守国家法律、法规、规章及其他相关规定;②提高公司经营的效益及效率;③保障公司资产的安全;④确保公司信息披露的真实、准确、完整和公平。

2008年5月22日,财政部同证监会、审计署、银监会、保监会等五部委印发了《企业内部控制基本规范》,其中对内部控制的定义为:由董事会、监事会、经理层和全体员工实施的、旨在实现控制目标的过程。内部控制的目标是合理保证企业经营管理合法合规、资产安全、财务报告及相关信息真实完整,提高经营效率和效果,促进企业实现发展战略。2010年4月,财政部等五部委出台了《关于印发企业内部控制配套指引的通知》(财会〔2010〕11号),即《企业内部控制应用指引》(18项)、《企业内部控制评价指引》和《企业内部控制审计指引》。该配套指引连同此前发布的《企业内部控制基本规范》,标志着我国企业内部控制规范体系的基本建成。

为了适应企业经营环境的演变、监管机构的要求及满足其他利益相关者的期望,2010年9月,COSO启动了《企业内部控制——整合框架》的审核与更新项目,并于2013年5月正式发布了新的内部控制框架。新的COSO内控框架在内部控制的定义、内部控制五要素(控制环境、风险评估、控制活动、信息与沟通和监控)、评估内控体系有效性的标准等方面与1992年版的旧框架保持了一致。但与旧框架相比,新的COSO内控框架的变化主要体现在:①细化了内控框架的结构内容。新框架最显著的变化是在旧框架的基础上,提炼出内部控制五要素的17项总体原则;5项基本要素和17项总体原则组合起来就构成了内部控制的标准。②扩大了报告目标的范畴。新的COSO内控框架共有四类报告目标,即内部财务报告、内部非财务报告、外部财务报告以及外部非财务报告。③强调管理层判断的使用。新的COSO框架对五要素的分解不是按照子要素进行的,而是作为"原则"来呈现的,即强调"基于原则"的内部控制实施和管理层判断的使用,从而使内部控制实施更加灵活,并节省了实施成本。④强化公司治理的理念。新框架强调董事会的监督对内部控制有效性的重要作用。⑤增加了反舞弊与反腐败的内容。新框架把管理层评估舞弊风险作为内部控制的17项总体原则之一,重点加以阐述。⑥充分考虑了不同商业模式和组织结构的内部控制。管理层更加关注包括供应商和客户在内的价值链管理,新框架专门分析了不同商业模式和组织结构下内部控制的有效性问题。

从上述内部控制概念的演进过程可得出:第一,内部控制的定义经历了从静态到动态的演变。即从最初的控制程序、政策的静态角度定义内部控制逐步变化为从过程、行为的动态角度定义内部控制,是一个从静态到动态不断变化的过程。第二,内部控制的内容经历了从会计控制逐步向全面控制的转变。现代内部控制的内容已经超出了财务控制的范畴,涉及组织的方方面面,因此,现代意义上的内部控制,就是全面内部控制。

2.2 我国企业内部控制的制度背景

我国内部控制雏形早在西周时期就已形成,当时,周王朝对于其税赋和国库等重要经济资源的使用、计量、记录进行了严格的规定,如实行著名的"出纳三分"。美国会计史学家迈克尔·查特菲尔德在进行翔实论证后指出:"在内部控制、预算和审计程序等方面,周代在古代世界是无与伦比的。"但是,由于近代经济发展落后,我国内部控制的研究处于停滞状态。因此,与发达国家相比,我国企业内部控制起步较晚。改革开放以来,我国政府在借鉴其他发达国家相关内部控制规范的基础上,开始致力于企业内部控制的建设与完善。

2.2.1 会计制度对内部控制的规定

我国对内部控制规定的起步阶段始于 1985 年 1 月发布的《中华人民共和国会计法》,该法重申了会计岗位责任制的要求,强调各单位会计机构内部应当建立稽核制度,这是我国首次在法律文件上对内部牵制提出的明确要求。为适应企业会计工作需要,加强会计基础工作,1996 年 6 月,财政部发布《会计基础工作规范》,其中第 84 条规定,各单位应当根据《会计法》和国家统一会计制度的规定,结合单位类型和内部管理的需要,建立健全相应的内部会计管理制度,包括会计管理体系、会计人员岗位责任制度、账务处理程序制度、内部牵制制度、稽核制度、原始记录管理制度、定额管理制度、计量验收制度、财产清查制度、财务收支审批制度、成本核算制度、财务会计分析制度等。这是我国最早比较完整地提出要求单位建立并执行内部控制制度的文献之一。

1997 年 6 月亚洲金融危机爆发,亚洲国家、地区遭到重创,不少企业破产、倒闭,或被兼并,在亚洲金融危机背景下,我国借鉴亚洲各国在金融危机中的经验教训与做法，积极推进企业管理制度改革和会计监督制度建设。1999年10月，第九届全国人大通过了《会计法》的修订案，在第27条规定：各单位应当建立、健全本单位内部会计监督制度。单位内部会计监督制度应当符合下列要求：一是记账人员与经济业务事项和会计事项的审批人员、经办人员、财物保管人员的职责权限应当明确，并相互分离、相互制约；二是重大对外投资、资产处置、资金调度和其他重要经济业务事项的决策和执行的相互监督、相互制约程序应当明确；三是财产清查的范围、期限和组织程序应当明确；四是对会计资料定期进行内部审计的办法和程序应当明确。《会计法》将会计监督写入法律当中，在我国内部控制制度建设历程中是一次重大的突破。

2001年6月，财政部发布了《内部会计控制规范——基本规范（试行）》和《内部会计控制规范——货币资金（试行）》，自发布之日起试行。自此之后至2004年底，财政部连续发布了采购与付款、销售与收款、工程项目、对外投资和担保等五项内部会计控制规范，并印发了固定资产、存货、筹资、预算、成本费用等五项征求意见稿。这些规定明确了单位建立和完善内部会计控制体系的基本框架和具体业务内部控制的要求，为我国内部控制规范体系的形成提供了参考。

2.2.2 审计准则对内部控制的规定

现代审计技术方法中，内部控制起着十分重要的作用。1996年12月，中国注册会计师协会发布了第二批《中国注册会计师独立审计准则》，其中，《独立审计具体准则第8号——错误与舞弊》要求被审计单位建立健全内部控制。《独立审计具体准则第9号——内部控制与审计风险》对内部控制的定义和内容都做了具体规定，并要求注册会计师从制度基础审计的角度审查企业的内部控制，进行内部控制评价。该准则是注册会计师执业基准的一部分，也是企业内部控制工作的推动力，促进了我国企业内部控制制度的初步建设。

2001年1月,中国注册会计师协会发布实施了《新审计基本准则》,替代1996年的《审计基本准则》,其中第22条规定:审计人员组织实施审计时,应当深入调查被审计单位的情况,对其内部控制制度进行测试,以进一步确定审计重点和审计方法。这表明注册会计师从对内部控制进行评价发展到对内部控制制度进行测试,外部审计对企业内部控制制度的测试成为审计的"作业准则"。

为了规范注册会计师执行内部控制审核业务,明确工作要求,保证执业质量,2002年2月,中国注册会计师协会发布了《内部控制审核指导意见》,该意见对内部控制审核进行了界定,即内部控制审核是指注册会计师接受委托,就被审核单位管理当局对特定日期与会计报表相关的内部控制有效性的认定进行审核,并发表审核意见;同时规定被审核单位管理当局的责任是按照国家有关法规的要求,建立健全内部控制并保持其有效性;而注册会计师的责任是按照本意见的要求,了解、测试和评价内部控制,出具审核报告。注册会计师应当保持应有的职业谨慎,关注内部控制的固有限制,获取充分、适当的证据,将审核风险降低至可接受的水平;该指导意见还明确了内部控制审核业务的工作要求。

2004年5月,审计署发布了《审计机关内部控制测评准则》,以规范审计人员在审计过程中对被审单位内部控制的测评行为,保证审计质量,对内部控制进行了规定。其中,第3条指出,内部控制测评是指审计人员通过调查了解被审计单位内部控制的设置和运行情况,并进行相关测试,对内部控制的健全性、合理性和有效性做出评价,以确定是否依赖内部控制和实质性测试的性质、范围、时间和重点的活动。第4条指出,建立健全内部控制并保证其有效实施是被审计单位的责任,审计人员的责任是对内部控制的健全性和有效性进行评价。

2006年2月,财政部发布的《中国注册会计师审计准则第1211号——了解被审计单位及其环境并评估重大错报风险》中,对内部控制的内涵和要素做出了详细的说明。该规定指出,注册会计师应当了解与审计相关的内部控制以识别潜在错报的类型,考虑导致重大错报风险的因素,以及设计和实施进一步审计程序的性质、时间和范围。

2010年4月,财政部等五部委根据《企业内部控制基本规范》、《中国注册会计师鉴证业务基本准则》及相关执业准则,制定了《企业内部控制审计指引》,以规范注册会计师执行企业内部控制审计业务,明确工作要求,保证执业质量。指引中界定了内部控制审计的定义,即会计师事务所接受委托,对特定基准日内部控制设计与运行的有效性进行审计。注册会计师的责任是按照本指引的要求,在实施审计工作的基础上对内部控制的有效性发表审计意见;并规定,注册会计师执行内部控制审计工作,应当获取充分、适当的证据,为发表内部控制审计意见提供合理保证;注册会计师应当对财务报告内部控制的有效性发表审计意见,并对内部控制审计过程中注意到的非财务报告内部控制的重大缺陷,在内部控制审计报告中增加"非财务报告内部控制重大缺陷描述段"予以披露。

2.2.3 特殊行业内部控制的规范

对于我国银行业、保险业、证券业监管机构和国有企业的监管部门而言,监管对象是否建立和健全内部控制是其履行监管职责的重要任务之一。这些涉及重大公众利益的行业监管机构率先开始针对各自的监管对象发布了相关的内部控制规范。

1997年5月,中国人民银行颁布了《加强金融机构内部控制的指导原则》,要求金融机构建立健全有效的内部控制运行机制,有效防范金融风险,以保证行业能安全稳健地运行。这是我国专门针对内部控制出台的第一个行政规定,该指导原则的发布向金融机构发出这样的信号:我国对金融机构内部控制的要求要高于非金融企业。

2000年4月,中国证监会发布了《关于加强期货经纪公司内部控制的指导原则》。该指导原则指出,期货经纪公司内部控制制度是指期货经纪公司为了保证其各项业务的规范运作,实现其既定的工作目标,防范出现经营风险而设立的各种控制机制和一系列内部运作控制程序、措施和方法的总称。该指导原则要求各期货经纪公司必须按照指导原则的要求,设立运作灵活、控制有效的内部控制机制,制定和实施行之有效、覆盖所有风险点的内部控制文本制度,以规范期货经纪公司经营业务,提高期货经纪公司的经营管理水平和抵御风险的能力,保证期货市场规范有序发展。

2001年1月,中国证监会制定了《证券公司内部控制指引》,明确要求所有的证券公司建立和完善内部控制制度,增强其自身的约束能力,有效防范和化解金融危机,推动该行业现代企业制度的建设。该指引是对《加强金融机构内部控制的指导原则》的补充。2003年12月,中国证监会再度发布了《证券公司内部控制指引》,对2001年发布的指引进行了修改。

中国人民银行在借鉴了COSO内部控制框架的基础上,在2002年9月颁布了《商业银行内部控制指引》,确定了内部控制环境、风险识别与评估、内部控制措施、信息交流与反馈、监督评价与纠正等五个基本要素,并对商业银行内部控制的建立进行了规范,以促进商业银行建立和健全内部控制,防范金融风险,保障银行体系安全稳健运行,该指引对于商业银行实现全面风险管理体系的建设有着重要的意义。2007年7月,中国银监会公布了《商业银行内部控制指引》,对商业银行内部控制所涉及的所有方面都进行了详细规定,是迄今为止有关商业银行内部控制的最为详尽的指引性文件。

为规范和加强对商业银行内部控制的评价,2004年12月,中国银监会制定了《商业银行内部控制评价试行办法》。该办法指出,商业银行内部控制评价是指对商业银行内部控制体系建设、实施和运行结果独立开展的调查、测试、分析和评估等系统性活动;内部控制评价包括过程评价和结果评价。其中,过程评价是对内部控制环境、风险识别与评估、内部控制措施、监督评价与纠正、信息交流与反馈等体系要素的评价;而结果评价是对内部控制主要目标实现程度的评价。该办法督促商业银行进一步建立和健全内部控制制度,为全面风险管理体系的建立奠定基础,从而保证商业银行安全稳健运行。

2006年1月,为规范和加强对寿险公司内部控制的评价,推动寿险公司加强内控建设,确保寿险公司稳健经营和持续健康发展,中国保监会发布了《寿险公司内部控制评价办法(试行)》。该办法指出,寿险公司内部控制评价是指对寿险公司内部控制体系建设和实施开展的调查、测试、分析和评估等系统性活动;并规定,寿险公司应建立并保持系统、透明、文件化的内部控制体系,定期或当有关法律法规和其他经营环境发生重大变化时,对内部控制体系进行评审和改进。

2006年6月,为了指导证券公司建立健全融资融券业务试点的内部控制机制,防范与融资融券业务有关的各类风险,中国证监会制定了《证券公司融资融券业务试点内部控制指引》。该指引要求证券公司开展融资融券业务试点,应当按照《证券公司内部控制指引》和本指引的规定,建立健全内部控制机制。2011年中国证监会对此进行修改,改名为《证券公司融资融券业务内部控制指引》。

2006年6月,为了指导中央企业开展全面风险管理工作,进一步提高中央企业管理水平,增强企业竞争力,促进企业稳步发展,国务院国有资产监督管理委员会印发了《中央企业全面风险管理指引》。该指引对中央企业开展全面风险管理工作的目标、原则、流程、组织体系、风险评估、风险管理策略、风险管理解决方案等方面进行了指导,并对企业对此指引的实施提出了明确要求。

为推动中央企业扎实开展管理提升活动,加快构建内部控制体系,夯实基础管理工作,促进实现做强做优、培育具有国际竞争力的世界一流企业的发展目标。2012年5月,国资委和财政部下发了《关于加快构建中央企业内部控制体系有关事项的通知》。该通知要求各中央企业要力争用两年时间,按照《企业内部控制基本规范》和配套指引的要求,建立规范、完善的内部控制体系。中央企业要结合本企业内部控制工作进展情况,分类分步推进实施:①已在全集团范围内建立起内部控制体系的中央企业,应当重点抓好有效执行和持续改进工作,着力提升内部控制的健全性和有效性;②主业资产实现整体上市或所属控股上市公司资产比重超过60%、尚未在全集团范围内启动内部控制建设工作的中央企业,应当统筹规划、协同推进全集团内部控制体系建设,着力抓好集团总部与各类子企业同步建设与稳步实施工作,于2012年建立起覆盖全集团的内部控制体系;③其他中央企业应当抓紧启动内部控制体系建设工作,确保2013年全面完成集团内部控制体系的建设与实施工作。各中央企业要以开展管理提升活动为契机,结合本集团内部控制工作实际,以提高经营效率和效果为目标,以风险管理为导向,以流程梳理为基础,以财务内部控制为切入点,以关键控制活动为重点,制订全集团内部控制整体建设实施方案或持续改进计划,明确总体建设目标和分阶段任务,经董事会(或相应决策机构)批准后,于2012年8月31日前报国资委备案。

石油石化行业是国家支柱型产业,必须建立并完善内部控制体系,接受各方的检查。2014年1月,财政部发布了《石油石化行业内部控制操作指南》,以推动石油石化行业企业有效实施企业内部控制规范体系,进一步提高石油石化行业企业经营管理水平和风险防范能力。该指南属于参考性文件,并非强制性要求,目的是为指导不同规模、不同产业链中的石油石化行业企业,开展企业内部控制体系的建立、实施、评价与改进工作。

2012年11月,财政部发布了《行政事业单位内部控制规范(试行)》,以进一步提高行政事业单位内部管理水平,规范内部控制,加强廉政风险防控机制建设。本规范适用于各级党的机关、人大机关、行政机关、政协机关、审判机关、检察机关、各民主党派机关、人民团体和事业单位(以下统称单位)经济活动的内部控制,并规定自2014年1月1日起施行。

2014年12月,财政部为了加强内部控制的顶层设计,向财政部各单位发布了《财政部内部控制基本制度(试行)》,该制度要求各单位建立包括基本制度、专项风险管理办法、各单位内部控制操作规程在内的三级内部控制制度体系,同时确定了财政部内部控制组织管理架构,明确了内部控制方法和主要内容,进行了内部控制职责分工,并要求做好内部控制检查和报告。作为我国行政事业单位内部控制规范的制定部门,财政部门深入实施内部控制,将为行政事业单位内部控制的实施起到示范和引领作用。

政府内部控制又分为政府层面内部控制和单位层面内部控制。单位层面内部控制即行政事业单位内部控制,对此,财政部已经发布《行政事业单位内部控制规范(试行)》并开始实施;至于政府层面的内部控制,财政部发布了财政部门的内控制度并予以执行。随着《财政部内部控制基本制度(试行)》的制定与发布,我国逐渐形成了较为完整的政府内部控制体系,行政事业单位内部控制规范的实施也就此有了起点和依据。

2.2.4 上市公司内部控制规范的初步建立

2001年12月,中国证监会发布了《公开发行证券的公司信息披露内容与格式准则第2号——年度报告的内容与格式(修改稿)》,其中,第73条要求监事会对上市公司是否建立完善的内部控制制度发表独立意见。若监事会认为公司建立了完善的内部控制制度,则可免于披露。自此,内部控制信息成为企业信息披露的一部分。

2005年10月,国务院批转了证监会发布的《关于提高上市公司质量意见》,要求上市公司要加强内部控制制度建设,强化内部管理,对内部控制制度的完整性、合理性及其实施的有效性进行定期检查和评估,同时要通过外部审计对公司的内部控制制度以及公司的自我评估报告进行核实评价,并披露相关信息。

2006年5月,中国证监会发布了《首次公开发行股票并上市管理办法》,其中第29条规定:"发行人的内部控制在所有重大方面是有效的,并由注册会计师出具了无保留结论的内部控制鉴证报告"。

这是中国第一次对上市公司内部控制提出具体要求。

上海证券交易所和深圳证券交易所于 2006 年 6 月和 9 月分别发布了《上市公司内部控制指引》,该指引较多地借鉴了 SOX 法案的立法思想,并利用 COSO 风险管理框架八要素理论,要求上市公司管理当局在年度报告中披露其对本公司内部控制设计及运行有效性的意见,同时要求会计师事务所对管理层的报告发表鉴证意见。

2.2.5 企业内部控制规范体系的完善和实施

2004 年底和 2005 年 6 月,国务院领导就强化我国企业内部控制问题做出重要批示,明确要求"由财政部牵头,联合证监会及国资委,积极研究制定一套完整公认的企业内部控制指引"。2006 年 7 月,财政部等部委成立了中国企业内部控制标准委员会,下设八个咨询专家组,开始研究制定具有统一性、公认性和科学性的企业内部控制规范,这标志着我国企业内部控制规范体系建设的序幕正式拉开。

2008 年 6 月 28 日,财政部、证监会、审计署、银监会、保监会等五部委联合发布了《企业内部控制基本规范》,要求自 2009 年 7 月 1 日起在上市公司范围内施行,并且鼓励非上市大中型企业执行基本规范。规范要求:"执行本规范的上市公司,应当对本公司内部控制的有效性进行自我评价,披露年度自我评价报告,并可聘请具有证券、期货业务资格的会计师事务所对内部控制的有效性进行审计。"《企业内部控制基本规范》主要明确了内部控制的目标、原则与要素。一是重新定位了内部控制的目标体系,即合理保证企业经营管理合法合规、资产安全、财务报告及相关信息真实完整,提高经营效率和效果,促进企业实现发展战略;二是确立了内部控制的原则,要求企业在建立和实施内部控制全过程中贯彻全面性原则、重要性原则、制衡性原则、适应性原则和成本效益原则等五项原则;三是借鉴发展了内部控制的要素,要求企业构建以内部环境为重要基础、以风险评估为重要环节、以控制活动为重要手段、以信息与沟通为重要条件、以内部监督为重要保证,相互联系、相互促进的五要素内部控制框架。《企业内部控制基本规范》把当前国际上一些先进理念方法与中国企业实际情况相结合,体系完整,内容翔实,比 COSO 的内部控制规范更全面具体,更适合中国企业,更具有可操作性。总之,《企业内部控制基本规范》的出台标志着我国企业内部控制体系建设取得了重要的阶段性成果。

2010 年 4 月,财政部等五部委出台了《关于印发企业内部控制配套指引的通知》(财会〔2010〕11 号),即《企业内部控制应用指引》(18 项)、《企业内部控制评价指引》和《企业内部控制审计指引》。通知要求自 2011 年 1 月 1 日起在境内外同时上市的公司施行;自 2012 年 1 月 1 日起在上海证券交易所、深圳证券交易所主板上市公司施行;在此基础上,择机在中小板和创业板上市公司施行,同时鼓励非上市大中型企业提前执行。其中,《企业内部控制应用指引》是对企业按照内部控制"五原则"和内部控制"五要素"建立健全本企业内部控制所提供的指引,在配套指引乃至整个内部控制规范体系中占据主体地位;18 项应用指引由三大类组成:一是内部环境类指引,包括组织架构、发展战略、人力资源、企业文化和社会责任等 5 项指引;二是控制活动类指引,包括资金活动、采购业务、资产管理、销售业务、研究与开发、工程项目、担保业务、业务外包、财务报告等 9 项指引;三是控制手段类指引,包括全面预算、合同管理、内部信息传递和信息系统等 4 项指引。这三类指引基本涵盖了企业资金流、实物流、人力流和信息流等各项业务和事项。《企业内部控制评价指引》是为企业管理层对本企业内部控制有效性进行自我评价提供的指引,其发布为企业开展内部控制评价提供了一个共同遵循的标准。《企业内部控制审计指引》是为注册会计师和会计师事务所执行内部控制审计业务的执业准则。

《企业内部控制基本规范》是内部控制体系的最高层次,起统驭作用,是制定应用指引、评价指引、审计指引和企业内部控制制度的基本依据。《企业内部控制基本规范》与《企业内部控制配套指引》的发布，标志着适应我国企业实际情况、融合国际先进经验的"以防范风险和控制舞弊为中心，以控制标准和评价标准为主体"的中国企业内部控制规范体系基本建成，是我国企业内部控制建设的一个重要里程碑。

2.3　内部控制信息披露的相关规定

2.3.1　内部控制信息披露的概念

关于内部控制信息披露的概念，学术界尚未统一，结合国内外学者对内部控制信息披露的要求，本书认为企业内部控制信息披露就是参照内部控制评价标准，管理当局对公司内部控制设计的合理性、完整性及运行的有效性定期进行评价，并经注册会计师审计，以内部控制评价报告和内部控制审计报告的形式将评价结果经媒介披露给各相关利益者。

2.3.2　我国内部控制信息披露的相关规定

近年来，上市公司由于内部控制问题引发的财务风险或失败事件屡见不鲜，内部控制为人们所重视的程度也日益加深。为进一步加快上市公司内部控制建设，规范内部控制的运行，相关监管部门相继出台了有关内部控制信息披露的规定，以提高上市公司的风险管理水平，为投资者的合法权益提供保护。

1999年12月，中国证监会颁布的《公开发行股票公司信息披露的内容与格式第2号——年度报告的内容与格式》中要求公司监事会报告中要对内部控制的有效性发表独立意见。自此，内部控制信息成为企业信息披露的一部分。2001年3月，中国证监会颁布的

《公开发行证券的公司信息披露内容与格式准则第1号——招股说明书》中指出上市公司要在招股说明书中简单地对内部控制信息进行披露。

2006年,上海证券交易所和深圳证券交易所分别出台了《上市公司内部控制指引》。两个指引均规定作为信息披露的责任主体,公司董事会要对外披露内部控制自我评估报告及会计师事务所的审核意见。之后,深交所在其发布的《关于做好上市公司2007年年度报告披露工作通知》中规定了内部控制自我评价结果的披露方式:既可作为年报的"公司治理结构"章节中的内容进行披露,也可作为单独的报告披露。

2008年6月和2010年4月,财政部等五部委分别发布了《企业内部控制基本规范》和《企业内部控制配套指引》,旨在对上市公司内部控制建设及内部控制信息披露问题进行规范和指导。

为进一步落实《企业内部控制配套指引》,上海证券交易所在其发布的《关于做好上市公司2010年年度报告工作的通知》中对金融类公司、同时在境内外上市的公司提出了披露内部控制自评报告的要求,对其他公司采取鼓励披露的政策,并同时鼓励上市公司聘请第三方机构对其内部控制进行核查。而深圳证券交易所发布的《关于做好上市公司2010年年度报告披露工作通知》中明确要求,公司以单独报告的形式披露内部控制实施情况的评价结果,并同时披露由注册会计师出具的内部控制审计报告。可见,深交所已明确要求上市公司披露内部控制审计报告,这与《企业内部控制配套指引》的要求相统一,而上交所对此还未有强制要求。

2012年1月1日,《企业内部控制基本规范》及其配套指引开始在沪深证券交易所主板上市公司中实施。为确保内部控制体系建设在上市公司得到有效开展并取得成效,防止出现内部控制形同虚设的情况,财政部会同证监会进一步出台了《关于2012年主板上市公司分类分批实施企业内部控制规范体系的通知》,要求所有主板上市公司都应当自2012年起着手开展内部控制体系建设;具体实施中明确指出按照是否由国资委控股及公司市值规模将上市公司分为三类：①中央和地方国有控股上市公司，应于2012年全面实施企业内部控制规范体系；②非国有控股主板上市公司，且于2011年12月31日公司总市值在50亿元以上，同时2009年至2011年平均净利润在3 000万元以上的，应于2013年实施企业内部控制规范体系；③其他主板上市公司，应于2014年实施企业内部控制规范体系。据此，2012年，境内外同时上市公司和国有控股（中央、地方）主板上市公司必须实施企业内部控制规范体系，在披露2012年公司年报的同时，披露董事会对公司内部控制的自我评价报告以及注册会计师出具的财务报告内部控制审计报告。

上述内部控制信息披露的相关法规中，大多指明适用于主板上市公司，并未提及对中小企业板、创业板上市公司内部控制信息披露的要求。但是，深圳证券交易所在其2009年发布的《深圳证券交易所创业板上市公司规范运作指引》及2010年颁布的《深圳证券交易所中小企业板上市公司规范运作指引》中明确指出，公司独立董事及监事会要履行自己的职责，对董事会出具的内部控制自评报告发表意见，同时保荐机构要对内部控制自评报告出具核查意见，且至少每两年要出具一次注册会计师对内部控制有效性鉴证的报告。

2014年1月，中国证监会和财政部发布了《公开发行证券的公司信息披露编报规则第21号——年度内部控制评价报告的一般规定》，目的是为了分步推进资本市场全面贯彻实施企业内部控制规范体系，规范上市公司内部控制信息披露行为，保护投资者的合法权益。其中规定，凡在中华人民共和国境内公开发行证券并在证券交易所上市的公司，按照有关规定需要披露年度内部控制评价报告或需要参照年度内部控制评价报告披露有关内部控制信息时，应遵循本规则。该规定指出，本规则是对年度内部控制评价报告披露的最低要求；不论本规则是否有明确要求，凡对投资者投资决策有重大影响的内部控制信息，公司均应充分披露；公司应当以内部控制评价工作获取的测试、评价证据为基础，如实编制和对外提供年度内部控制评价报告,不得含有虚假的信息或者隐瞒重要事实;公司董事会及全体董事应保证提供的年度内部控制评价报告不存在虚假记载、误导性陈述或重大遗漏,并就年度内部控制评价报告的真实性、准确性、完整性承担个别和连带的法律责任。

综合上述指引规范和政策法规可知,我国上市公司内部控制信息披露由自愿披露变为强制披露,由初始的差异化到逐步趋于完善和统一。

2.4 内部控制质量概述

2.4.1 内部控制质量的概念

由于内部控制相关规范的提出,内部控制的概念已非常明晰,但是对于内部控制质量的定义,目前的研究还没有相对明确的阐述。本书根据国内外研究文献中有关内部控制质量变量的取得方式来探讨内部控制质量的界定。主要有以下四种方式:

(1) 以内部控制缺陷为依据

该方法将内部控制质量设计为二元哑变量。若企业存在重大或重要缺陷,则说明企业内部控制质量较低,反之,公司不存在重大或重要缺陷,则确认为内部控制质量高。如:Ogneva et al.(2007)、Bedard 和 Graham(2011)、陈丽蓉和周曙光(2010)等就是以企业内部控制报告中是否披露重大或重要缺陷对内部控制质量进行度量。

(2) 以内部控制鉴证意见为标准

吴益兵(2010)研究了内部控制鉴证意见与内部控制效率之间的相关性,结果表明,内部控制的鉴证意见对内部控制质量具有说服力。林斌和饶静(2009)从信号传递理论视角进行研究,认为内部控制质量高的公司更愿意披露内部控制鉴证报告,这说明高质量的内部控制信息在一定程度上反映了内部控制本身的质量也较高。

以内部控制鉴证意见为标准的方式主要通过观察企业是否提供内部控制信息的正面评价,来判别内部控制质量优劣,具体判断逻辑如图2-1所示。研究中较多通过观察企业是否披露经过注册会计师审计的无保留意见的内部控制鉴证报告来衡量企业内部控制质量的高低。

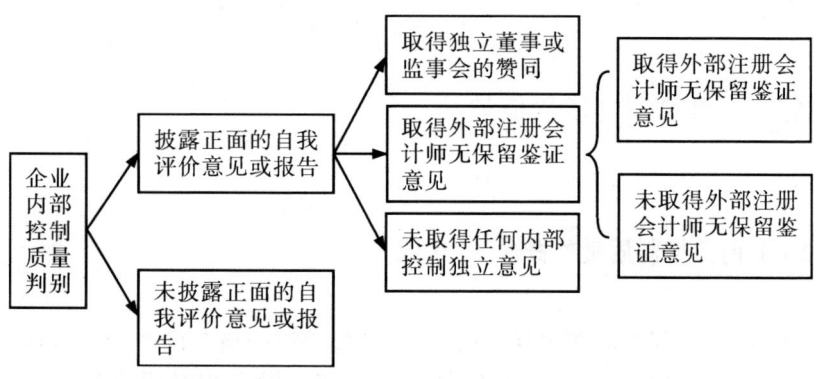

图2-1 以内部控制鉴证意见为标准的判断思路

(3)基于内部控制要素的评价来衡量

该方式以设计企业内部控制要素的评价指标来界定企业内部控制的质量。首先设计内部控制要素的评价指标,然后给每一评价指标赋值,最终通过要素评价结果汇总来判断企业内部控制质量的优劣。例如,林钟高、郑军和王书珍(2007)设计了涵盖COSO框架"五要素"的内部控制综合评价指标,用以说明中国上市公司内部控制质量优劣,从而进一步研究内部控制对企业价值的影响。杨德明、林斌和王彦超(2009)根据我国颁布的《企业内部控制基本规范》及其配套指引,构建了企业内部控制评价框架体系,以此衡量企业内部控制质量。

(4)基于内部控制目标实现程度来衡量

该方式以内部控制的目标实现情况来衡量企业内部控制质量。

企业战略目标实现程度较好,经营的效率较高,能够遵循法律法规,财务报告可靠性较高,说明内部控制质量较高。例如张颖(2010)和李育红(2011)以合规目标、报告目标、经营目标、资产安全目标和战略目标五个目标实现程度来度量企业内部控制质量。

综上所述,企业内部控制质量的衡量方法可归结为两类:结果型衡量方式(内部控制缺陷、内部控制鉴证意见和内部控制目标实现程度)和过程型衡量方式(内部控制要素质量)。由此可知,内部控制质量是一个涵盖内部控制整个过程的概念。企业要实现高质量的内部控制,既需要企业内部控制设计合理有效,又需要运行过程具备适应性和有效性,还需要运行结果符合既定目标。内部控制质量是企业内部控制设计质量和内部控制执行质量的综合度量。

2.4.2 影响内部控制质量因素的相关概念

根据国内外相关文献的梳理与归纳,本书认为影响科技型企业内部控制质量的因素主要可以归结为三方面:公司治理、公司特征和公司外部监管。公司治理与公司外部监管的定义有狭义与广义之分,包含范围广泛;而公司特征即公司这一经济组织的状况及特点,如公司规模、成长性和财务状况等,定义较为明确。因此,本书对公司治理与公司外部监管相关概念进行解释与界定,便于后文的分析和探讨。

(1)公司治理

公司治理(Corporate Governance Structure),亦称法人治理结构。英国牛津大学管理学院的Colin Mayer(1995)在《市场经济和过渡经济的公司治理机制》中指出:"公司治理是公司为了有效代表和服务于其投资者的一种制度安排,包括公司董事会构建和经理层激励计划等在内的一切东西。"李维安(2001)在《公司治理》中指出:"公司治理是一个完备的体系,它由主体和客体、边界和范围、机制和功能、结构和形式等构成。其中,主体是以股东为核心的众多利益相关者,客体是由治理边界来进行限定的,公司治理的机制包括激励机制、约束机制及决策机制,而这些治理机制发挥作用的基础就是合理的公司治理结构。"

综合国内外学者对于公司治理结构的看法,公司的治理结构可以分为广义和狭义两个部分。我国学者张维迎(1999)在《企业理论与中国企业改革》也持相同观点:公司治理结构可以从狭义和广义两个方面来理解,狭义的公司治理结构可以概括为投资者对经营管理者的监督制衡机制,广义的公司治理结构还包括企业的债权人、供应商、全体职员和政府等利益相关者。本书研究的公司治理是狭义上的公司治理。

(2)外部监管

内部控制的外部监管主要是指资本市场的监管当局,在已有的行政、法规、公司治理等监管的基础上,对上市公司内部控制方面的监督,力求达到企业经营的效率和效果、财务报告可靠性和对现行法规的遵守,以解决市场模式下的代理问题,保护投资者的利益,规范资本市场的运行。

①美国的内部控制监管

美国的内部控制外部监管主要源于其资本市场重大舞弊案件的发生,其监管主体是美国证券交易委员会(SEC),美国的内部控制外部监管体现为强制性信息披露监管。

20世纪70年代起,美国证券交易委员会(SEC)坚持不懈地推出相关法规,以期推动内部控制信息披露制度的发展。1985年,美国成立Treadway委员会。该委员会致力于探讨舞弊性财务报告产生的原因,其中就包含了内部控制的不健全问题。1988年,在Treadway委员会的推荐下,美国证券交易委员会发布了《管理当局责任的报告》,试图强制要求公司在年报中出具管理当局对内部控制责任的声明以及对内部控制有效性的评估,但是由于管理当局及其他团体的反对,未能实现。20世纪90年代,美国国会颁布了《联邦储蓄保险公司改进法案》(Federal Deposit Insurance Corporation

Improvement Act，FDICIA191），鼓励自愿披露内部控制信息。不少优质公司对该法案做出回应，开始自愿披露其内部控制信息。2001年安然、世通等重大舞弊案的发生，使得企业内部控制及其披露成为市场监管的焦点。2002年美国国会通过了《萨班斯—奥克斯利法案》(Sarbanes-Oxley Act，即 SOX 法案)第一次明确提出管理层应当在年报中提供对内部控制的评价信息。为配合 SOX 法案，美国证券交易委员会(SEC)做出最终准则(Final Rules)，提出"财务报告内部控制"的操作性定义，美国上市公司会计监管委员会(PCAOB)也发布第2号审计准则(AS.2)，以配合管理当局对财务报告内部控制有效性评价的审计工作。SOX 法案、美国证券交易委员会(SEC)最终准则和第2号审计准则三者构成有机体系，促进美国内部控制信息披露这一监管手段的实现。

②我国的内部控制监管

我国的监管主体是中国证券监督管理委员会(即"证监会")。我国内部控制的外部监管体现为，由自愿披露制度向强制披露制度转变。与美国内部控制监管的发展经历相似，我国的内部控制外部监管以2006年上海证券交易所和深圳证券交易所发布的《上市公司内部控制指引》为分界点。

《上市公司内部控制指引》发布前，证监会借鉴国外先进的监管机制，不断对法律和具体法规进行调整和完善，以适应资本市场创新与发展的需要。内部控制指引发布前，证监会要求提供内部控制信息的规定有三个，即《公开发行证券公司信息披露编报规则》、《公开发行证券公司信息披露内容与格式准则》和《首次公开发行股票并上市管理办法》。

《公开发行证券公司信息披露编报规则》要求金融类上市公司在董事会报告中披露内部控制审计意见、缺陷及改进措施，并要求监事会对所披露信息发表意见。《公开发行证券公司信息披露内容与格式准则》要求非金融类上市公司在其监事会报告中披露监事会对内部控制评价信息，在招股说明书中披露内部控制自我评估意见，在年报中提供监事会对内部控制的评价。《首次公开发行股票并上市管理办法》要求发行人具备健全的内部控制制度并有效执行,要有注册会计师出具的无保留意见的内部控制鉴证报告。

虽然证监会提出了上市公司提供内部控制信息的要求,但在我国资本市场,内部控制信息自愿披露效果并不理想。随着SOX法案在国际上的影响不断加深,以及资本市场不断加大对投资者利益保护的要求,我国对内部控制监管的意识也不断强化。

2006年,上海证券交易所和深圳证券交易所分别发布的《上市公司内部控制指引》中均要求上市公司在年度报告中披露内部控制自我评估报告和注册会计师对自我评价报告的核实评价意见。2008年和2010年,财政部等五部委分别制定的《企业内部控制基本规范》、《企业内部控制配套指引》的地位与作用跟美国的SOX法案相似,该规范正式采用SOX法案中的404条款,将内部控制纳入信息披露体系。至此,中国基本上建立了强制性的内部控制信息披露制度,我国对内部控制的监管实现了从自愿性披露向强制性披露的转变。

2.5 内部控制评价概述

2.5.1 内部控制评价的概念

美国上市公司会计监督委员会(PCAOB)在《第5号审计准则》中将内部控制评价定义为风险评估的过程,需要审计师配合企业管理者对企业会计信息系统存在的风险进行评价。阎金锷和陈关亭(1998)、李凤鸣(2002)认为内部控制评价是分析与评定内部控制制度是否完整、是否合理和是否有效的工作。张国康(2003)、杨宝琴(2005)认为内部控制评价是一种评价企业内部控制体系建立与执行情况的现代审计方法,评价主体是独立的审计人员或者监管部门,评价方法是审计测试和分析性程序。于雷(2006)认为内部控制评价有内部管理和外部审计两个方面的需求,能够审查企业是否达到经营目标,也是评价内部控制的审计方法。宋亏霞(2007)认为内部控制评价是以企业内部审计部门为主体,通过审查、评价内部控制制度,发现缺陷和薄弱环节并给出意见和建议的活动。根据2010年财政部等五部委发布的《企业内部控制评价指引》,内部控制评价是指企业董事会或类似权力机构对内部控制的有效性进行全面评价、形成评价结论、出具评价报告的过程。

从国内外对内部控制评价的定义来看,在《企业内部控制评价指引》(2010年)出台前,学者们多以企业内部审计部门、会计师事务所和外部监管部门作为评价主体。《企业内部控制评价指引》的出台明确了企业董事会或类似权力机构在内部控制自我评价活动中的主体地位,而会计师事务所根据审计准则对企业进行的内部控制审计业务和外部监管机构对企业内部控制进行的审核工作只能对企业内部控制评价提出建议,不具有评价主体的地位。

2.5.2 内部控制评价的内容

美国COSO委员会1992年发布的《内部控制——整合框架》报告认为,内部控制的内容包括财务报告、经营业务和遵纪守法三个方面,所以将企业的管理者或者有关评价部门对这三个方面的内部控制有效性进行的评价称为全面内部控制评价。

我国《企业内部控制评价指引》(2010年)参考COSO全面内部控制评价的定义,确定了内部控制的评价范围,在COSO内部控制框架的基础上增加了战略和资产方面的内容,体现了时代背景,表明市场经济环境企业内部控制有更为完整的内容。所以在内部控制全面性评价的要求下,我国实行的全面内部控制评价包括战略、资产、经营业务、财务报告和遵纪守法等五个方面。

2.5.3 内部控制评价的目标

我国《企业内部控制基本规范》规定内部控制的目标包括经营管理合法合规、资产安全、财务报告信息真实完整、提高经营效率效果和实现发展战略五个方面。根据内部控制的五大目标，内部控制评价是企业通过组织评价小组、拟定评价方案、明确评价程序及采取有效的评价方法对内部控制制度的设计和执行有效性进行评价。戴彦雄(2009)认为这种评价行为是对企业现有内部控制的再控制，因此，内部控制评价的目标就是实现内部控制目标。

2.6 科技型企业内部控制概述

我国的科技型企业具有特殊性，它不同于国内一般类型的企业，也与美国等国外的科技型企业存在差异。首先，其组织结构和治理结构与国内一般类型企业不同，而且它在收益性、风险性和产品技术含量等方面具有独特性。其次，我国科技型企业的发展历程与国外的科技型企业不同，因此，国内外科技型企业在治理模式等方面也存在差别。下文就对我国科技型企业的发展进行简述，并对科技型企业进行界定，在此基础上，分析科技型企业特点和科技型企业内部控制的独特性。

2.6.1 我国科技型企业的发展

我国的科技活动历史悠久，在16世纪中期以前，我国的科技水平一直处于世界领先地位，但是由于中国曲折的发展历史，我国的科技事业长期受到阻滞，直至改革开放后，科技事业才再次得到重视和发展。

1978年,邓小平同志在全国科学大会的开幕式上强调"科学技术就是第一生产力",极大地推动了我国科技事业的发展。自1988年起,我国先后建立了50多个高新技术产业开发区,制定了"星火计划"、"863计划"、"火炬计划"、"攀登计划"等一系列科技相关计划,并建立了中国自然科学基金制,科技工作局面良好。20世纪90年代,以政府为主导的中央计划体制发生了转变,我国开始鼓励应用型科研院所转制为科技型企业,民营科技企业得到迅速发展。

2006年,国务院公布实施《国家中长期科学和技术发展规划纲要(2006—2020年)》的公告。纲要提出该阶段"全社会科技研发经费年投入总量将超过9 000亿元,投入水平位居世界前列,企业将成为科技创新主体",并且"要推动企业特别是大企业建立研发机构,同时在财税政策和建立研发平台上给企业大力支持"。该纲要的施行,使得企业在科技创新中的作用得到广泛关注。

2008年4月,科技部、财政部和国家税务局联合发布了《高新技术企业认定管理办法》,并且出台了配套文件《高新技术企业认定管理工作指引》,为我国高新技术企业认定提供了标准,规范了高新技术企业认定的操作标准,并且通过税收优惠等方式进行政策协调,极大地鼓舞了高新技术企业产业结构的优化升级和自主研发能力的提升。

2.6.2 科技型企业的定义

科技型企业(Science and Technology Enterprises),是相对于一般类型的企业而言的概念。科技型企业的典型代表有高技术企业(High-Tech Enterprise)、创新性企业(Innovative Enterprises)和高新技术企业(High and New Tech Enterprises)。

目前的研究对科技型企业的定义有不同角度的论述。如:美国学者Doody和Mumtser把科技型企业定义为:一类体现出高增长率、高额的研究与开发费用、高附加值、强烈的出口导向和高技能的劳务密集的生产技术的公司；美国学者 Dimancescu 认为科技型企业有两大特点：一是专业技术人员比例高，二是研发投资占销售收入的比重高。

我国对科技型企业的定义主要体现于科技部或各地科技厅等相关部门推出的科技型企业认定管理办法中。2008年4月，科技部、财政部和国家税务局联合发布的《高新技术企业认定管理办法》将高新技术企业定义为："在《国家重点支持的高新技术领域》内，持续进行研究开发与技术成果转化，形成企业核心自主知识产权，并以此为基础开展经营活动，在中国境内（不包括港、澳、台地区）注册一年以上的居民企业"。根据定义可知，企业应当具备三方面条件：首先，企业所从事的研发和生产经营活动应符合国家重点支持的产业技术领域；其次，企业具有持续的自主研发能力，拥有核心自主知识产权；最后，企业的主营业务应与自身进行的研发与技术成果转化活动密切相关。

2008年12月2日，福建省科技厅、福建省财政厅、福建省国税局和福建省地税局联合发布《福建省高新技术企业认定管理实施细则（试行）》，该细则中所称的高新技术企业是指"在科技部、财政部、国家税务总局颁布的现行《国家重点支持的高新技术领域》（以下简称《重点领域》）内，持续进行研究开发与技术成果转化，形成企业核心自主知识产权，并以此为基础开展经营活动，在福建省境内（不包括计划单列市，下同）注册一年以上的居民企业"。2012年11月29日，福建省科技厅发布《福建省科技型企业备案办法（试行）》，在该办法第一章第二条中指出"福建省科技型企业是指在福建省境内依法设立，符合国家产业政策，通过科技投入开展科技创新活动，拥有一定数量科技人员，具有自主知识产权或专有技术，并以此为基础开展经营活动的企业"。

根据目前推出的科技型企业管理办法可知，科技型企业范围广于高新技术企业，是一类以自主知识产权或专有技术开展经营活动、具备研发创新能力的企业。高新技术企业是科技型企业的典型代表,高新技术企业相比一般科技型企业在要素结构(研发人员比重及研究经费投入)和主营业务方向(技术产业领域)等方面有更高的要求。

2.6.3 科技型企业的认定

王旭(2004)认为科技型企业的认定主要参考以下几个方面的指标:企业所从事的业务范围是否符合高新技术产品和服务的要求,是否具备研发技术转化为商品的能力,面对风险与收益并存的市场环境是否具有足够的核心竞争力;舍曼(1994)认为,研究开发费用的投入比例、高技术员工的比例和知识产权价值的保有程度是科技型企业的认定条件。

对于科技型企业的认定,发达国家常用的方式是:在标准产业分类法基础上,通过研发投入强度(研发投入占销售收入的比重)和科研人员密度(专业科技人员占员工总数的比重)等综合指标的实现情况,来划分科技型企业。

我国亦采用类似方式:在所属行业领域、科技人员数量及质量和研究开发费用占比等方面,将符合标准的企业划分为科技型企业和高新技术企业。2008年我国发布的《高新技术企业认定管理办法》,借鉴了世界经济合作与发展组织(OECD)、美国、韩国等国际经验,并结合我国实际,确定了企业研究开发活动界定标准及费用归集标准,明确了科技人员、研究开发人员、自主知识产权、科技成果转化能力等相应指标。同年,福建省也根据该办法制定了本省的高新技术企业认定管理实施细则,并于2012年末推出《福建省科技型企业备案办法》,用于福建省科技型企业的认定和备案,以增强福建省企业科技创新能力,培育、发展一批科技型企业,促进其成长为高新技术企业、创新型企业。

(1)我国高新技术企业的认定条件

2008年4月,科技部、财政部和国家税务局联合发布的《高新技术企业认定管理办法》中提出了我国高新技术企业的认定条件(具体条款见附录Ⅱ-1)。该办法指出高新技术企业应当同时满足六大条件:①企业必须拥有产品核心技术的自主知识产权;②企业所进行的研究开发与产业化活动应当具备创新性;③大学专科以上学历的科技人员密度应当达到30%以上,其中研发人员应当达到10%以上;④研发投入强度根据企业规模的不同应当分别达到6%、4%、3%;⑤企业的高技术产品或服务的销售收入应当达到总收入的60%以上;⑥企业研究开发组织管理水平、科技成果转化能力、自主知识产权数量、销售与总资产成长性等也应当符合一定标准。

(2)福建省高新技术企业的认定条件

《福建省高新技术企业认定管理实施细则(试行)》规定了福建省高新技术企业的认定条件(具体条款见附录Ⅱ-2),该实施细则是通过结合《高新技术企业认定管理办法》、《高新技术企业认定管理工作指引》和福建省实际情况来制定的,其认定条件与《高新技术企业认定管理办法》完全一致,仅在最后一个认定条件中,明确将《高新技术企业认定管理工作指引》的指标分数要求提到认定条件中,具体规定为:"企业研究开发组织管理水平、科技成果转化能力、自主知识产权数量、销售与总资产成长性等四项指标按照《工作指引》的要求计算,且加权记分须达到70分以上(不含70分)。"

(3)福建省科技型企业的认定条件

《福建省科技型企业备案办法(试行)》提出了福建省科技型企业的认定条件(具体条款见附录Ⅱ-3),其认定标准与福建省高新技术企业认定标准存在差异。福建省科技型企业仅要求企业依法注册,不存在安全生产和环境污染重大责任,经营场所和设施也相对先进,并且在研发机构、研发经费、产品所属领域、为产品提供技术服务、拥有自主知识产权等五个条件中满足其一即可。总体而言,科技型企业的认定要求明显低于高新技术企业,由此可知,科技型企业的范围较广,而高新技术企业是科技型企业的典型代表。因此,福建省科技型企业主要包括以下几种类型:①科研机构转制形成的企业;②高新技术企业;③高等院校和科研机构所建立的企业;④高新技术开发区的高科技企业;⑤经过政府科技主管部门认定的民营科技企业。

2.6.4 科技型企业的特征

我国的科技型企业主要集中于电子信息技术、生物与新医药技术、航空航天技术、新材料技术、高技术服务业、新能源及节能技术、资源与环境技术等领域。科技型企业与一般类型企业相比,具有其显著的特点。

(1)创新性

著名经济学家熊彼特曾指出:创新是推动经济发展的基本动力。创新性是科技型企业的基本特点,也是科技型企业与一般类型企业最明显的区别。我国高新技术企业认定的重要指标之一就是新产品与新技术在销售收入中的比重。

一般类型企业生产产品仅是对原材料进行加工改造,而科技型企业的产品和服务是对科学技术进行加工和创造。科技型企业的产品和服务融合了智力价值和物化劳动,是科研人员依靠对专业技术知识的累积,通过创意、综合分析、技术集成、产品实验等手段产生的,因而科技型企业的产品和服务具有创新性、高技术含量、高附加值的特点,是科技型企业的核心竞争力。

(2)高成长性

高成长性是科技型企业的重要特点。科技型企业开发的科技产品和服务具有新颖性、独特性、技术含量高的特征,能够充分满足消费者需要,具有广阔的市场前景。在知识产权保护、特许经营和技术领先的前提下,科技型企业的产品和服务能够迅速占领市场,并获得高额回报。此外,具有良好市场潜质和发展潜力的科技型企业容易获得风险投资的青睐,能够在企业经营发展中获得资金保障。因此,一些科技型企业能够在较短年限内,由小企业成长为大公司。

(3)依赖性强

科技型企业的创新性和高成长性依赖于企业的技术和技术人才。科技型企业的生命力由产品和服务的独特性、创新性和技术含量决定,这些产品服务的核心及来源是技术,而科技人才就是这些技术的创造者和持有者。也就是说,科技型企业产出的产品和服务的高附加值,都要归功于技术人才的智力价值。

虽然科技型企业是我国目前智力资本最为集中的地方,但是这并没有减弱科技型企业对技术人才的依赖性。目前,许多科技型企业的技术仅掌握在少数科技骨干人员手中,并且这些专业技术人员的就业市场广阔、流动性强,因此这些技术骨干的去留及其所掌握的核心技术就成为影响科技型企业生存发展的重要因素,可见,科技型企业的发展紧紧依赖于科技人才。科技型企业管理的重中之重是制定和实施有效激励的人才资源政策,优化智力结构。相比一般类型企业,科技型企业应更加重视激发优秀的技术人才的技术创造性与创新积极性,努力培养、开发、引进和保留优秀科技人才。

(4)高风险性

科技型企业的激励模式是高成长性与高风险性并存。虽然科技型企业的产品和服务一旦在市场上获得成功便可以带来高额收益,但科技型企业也面临着高风险。科技型企业的风险主要包括:

①技术风险。由于科技型企业的产品和服务源自脑力劳动者在技术、市场和管理方面的创新,其创造过程需要经过缜密的研发或信息加工,因此具有很强的不确定性。科技型企业技术失败不仅会造成研发经费的损失,还会导致企业市场份额消失,甚至导致企业由于现金流断链或竞争力不足而从市场中退出。

②安全风险。科技型企业的核心技术至关重要,技术领先是科技型企业获得高额收益的关键,但是我国目前知识产权的保护还不完善,主要表现为知识产权保护的意识薄弱和相关法律尚待完善。因此,科技型企业还面临着知识产权被侵犯的安全风险。

③市场风险。科技型企业的产品和服务具有更新快、生命周期短、市场竞争激烈等特点。科技型企业的产品不是为了满足市场,而

是在创造市场,若不能及时发掘市场需要,不断推出高技术产品和服务,便很快会被市场中其他竞争者超越或取代。

④财务风险。资金运营和人力资源管理是科技型企业经营的重要组成部分。在科技型企业研发过程中,需要投入大量物质资本与人力资源。人力资源也需要资金进行维护和激励。科技型企业技术发展和更新的需要一方面使得企业对资金的需求量增大,另一方面削弱了企业资金的管理控制,这两方面的因素导致了科技型企业在资金融通、回收和分配方面存在很大的不确定性。

2.6.5 科技型企业内部控制的特点

如上文所述,科技型企业在主要资源、资产结构、产品价值和风险收益等方面与其他类型企业不同,因此,其内部控制在技术、人才和资金等方面也有别于其他类型企业,具有自身的独特性。

(1) 技术创新是企业的命脉

科技型企业的产品和服务以知识和信息为加工对象,专利技术及专有技术是科技型企业的核心竞争力,技术发明是科技型企业创立和持续成长的保证,离开了技术发明,科技型企业就失去了发展的动力。然而,技术创新活动需要根据国家政策环境及市场需求的变化而改变,并且技术创新需要经历较长的周期,其研发成败也具有很大的不确定性,因此,技术创新的管理活动也是科技型企业内部控制活动的主要内容。

(2) 资金的有效控制

科技型企业的资金运作流程有别于其他类型企业:首先,产品与技术研发周期长、研发风险大,这些特点决定了科技型企业必须有足够的风险投资及充足的流动资金保证研发活动的持续进行;其次,研发技术转化为经济利益的过程需要科技型企业投入足够的营销资金,要根据不同的市场环境提供产品与服务,以应对激烈的行业竞争;最后,科技型企业获得国家下拨的科研经费,应该由独立部门管理,专款专用,保证创新资金的充分利用。

(3) 以人本管理为核心

科技型企业的特点是知识型员工集中、产品科技含量高,人才资源是科技型企业最主要的资源,因此,如何促进知识型员工的智力资源成果化是科技型企业需要重视的管理活动。在科技型企业的人本管理中,从企业战略到工作环境都要体现创新的企业文化,利用激励、培训和管理放权等方式,最大限度地激发知识型员工的创新思维。

2.7 相关理论基础

2.7.1 委托代理理论

现代企业中的委托代理关系是商品经济发展的产物。在古典的业主制企业中,业主拥有完整的所有权和绝对的经营权威。企业由业主直接经营,业主享有企业的全部经营所得,独立地承担企业风险,同时对企业债务负有完全的偿付责任。在这种所有权与经营权合二为一的企业组织形式和责权利融为一体的企业制度下,不存在委托代理关系。

18世纪以来,科学技术的日新月异推动着社会生产力的快速发展,买方市场的逐步形成使企业间的竞争日趋白热化。为了在竞争激烈的经营环境中谋求生存和发展,企业不断扩大资产规模以追求规模优势进行多元化经营以降低风险和增加利润,企业的经营越来越复杂,专业化管理的呼声也随之越来越高;同时企业所有者逐渐增加且越来越分散,众多所有者不可能每个人都参与企业的经营,此时所有者会将企业经营权授予具备足够的能力、素质、时间和精力的职业经营者,这样更有利于企业的生存和发展。为了自身的利益,所有者将企业的经营权逐步委托给经营者,委托代理关系初步形成。市场经济的进一步发展推动了可以灵活地扩大资本规模并拥有独立法人财产权的法人财产组织——现代法人企业的产生。随着商品经济和信用制度的进一步发展,资本运动和集中促使股份制企业大量出现。持有企业股票的资本所有者可以获得股息分红,分享企业剩余收益,还可以在股票二级市场上出售股票获得资本利得,实现自己的经济收益。资本所有者与企业的生产经营活动更加疏远,资本所有者更关心的是与自身的经济利益直接相关的股票收益的多少和股票价格的高低,而不是企业的经营活动。资本所有权与资本经营权的分离走得更远了,所有者(委托人)和经营者(代理人)之间最终形成了委托代理的契约关系:所有者将其拥有的资产根据预先达成的条件委托给经营者代为经营管理,所有者按出资份额享有剩余索取权和最终控制权。

Berle 和 Means 在 1932 年出版的《现代公司与私有产权》一书中倡导所有权和经营权分离,然而他们也意识到两权分离程度的加深会使得股东和经理人之间的委托代理冲突日趋严重;当经理人的行为难以观察或对其监督成本很高时,经理人就会产生机会主义倾向,他们往往以较少的努力、较高的在职消费或投机活动损害企业的价值最大化,进而损害股东的利益。委托代理问题逐渐引起人们的关注。

在委托代理关系中,所有者和经营者之间存在利益冲突的原因主要表现在以下三个方面:

①目标函数不一致。所有者投入企业的是物质资本或金融资本,追求所有者财富最大化和企业价值最大化,具体表现为资本增值和收益最大化;经营者投入企业的是自身的人力资本,追求的是效用最大化,除了更高的货币收益(如薪金、奖金、津贴)外,还包括更多的非货币收益(如豪华舒适的办公楼、职业声誉、权力地位、闲暇时间等)。所有者与经营者的目标函数不完全一致。基于"理性经济人"假说,经营者有动机为了自身利益的最大化而使经营管理决策偏离

股东财富最大化目标。

②信息不对称。经营者是拥有丰富知识的专门人才,直接控制并经营企业,能够更广泛地获得和掌握企业经营发展的相关信息;而所有者自身能力的限制和不直接参与公司经营管理都使其处于信息劣势,其对企业的经营管理决策只能听信经营者的片面之词。经营者所拥有的经营管理能力和企业的相关信息既可以用来为企业服务、制定更有利于企业生存发展的决策,也可以用来蒙骗所有者、掩盖其不利于企业的决策和行为。

③契约不完备。企业经营活动的复杂性、人理性的有限性、信息的不完全性及未来事项的不确定性等因素,使得委托人和代理人之间无法通过签订一个完备的契约来有效约束双方的行为,维护各自的利益。

所有者与经营者的目标函数不一致、信息不对称以及契约不完备导致了经营者有动机有条件偏离股东财富最大化的企业经营目标,从而引发"道德风险"。为了避免这一冲突的发生,代理人将经营管理信息对外披露作为解决这一问题行之有效的办法。通过信息披露,所有者能够了解到经营者责任的履行情况,获取更多的公司经营信息,并对公司管理当局进行监督;而经营者通过披露自己职责的履行情况,可以让所有者充分了解管理当局的努力程度,进而降低代理人被降薪或解雇的风险,解决委托人和代理人之间的矛盾。因此,对企业内部控制进行评价和审计等信息的披露一定程度上能缓解所有者与经营者之间的冲突。

2.7.2 信息不对称理论

信息不对称理论,亦称不完全信息理论或非对称信息理论。该理论的提出源于20世纪70年代阿克洛夫发表的《柠檬市场:质量的不确定性与市场机制》,是指市场中的活动双方掌握的信息是有差异的,通常一方掌握的信息较多,拥有主动权,而另一方则与之相反。

该理论所产生的后果是出现"道德风险"和"逆向选择"问题。在资本市场中,这一问题的出现会严重扰乱市场秩序,影响市场的有效运行。对上市公司而言,信息不对称导致的问题更加明显,如委托代理问题。另外,上市公司的投资者还包括大型机构投资者、中小股东,在他们之间也存在信息不对称,如机构投资者具有一定的影响力,与公司控股股东联系密切,可以提前获取一些"小道消息"来为自己谋取更多的利益,而中小股东由于缺少获取信息的渠道,对信息的获取存在时间上的滞后性、较低的准确性,他们大多依赖于上市公司通过媒介对外披露的信息来了解公司近况,这就使得虽然同为股东,但由于身份、地位、影响力的不同而存在获取信息的不均衡问题。因此,消除这种不均衡现象的存在就要依靠上市公司主动披露财务及内部控制等与经营活动相关的信息来解决:通过向外界传递公司未来发展前景好的信号,吸引更多的投资者对公司进行投资,促进股票价格上涨。从另一个角度来说,大股东与小股东之间还是存在利益交叉点的,为了调和两者间矛盾以实现双方利益最大化,披露内部控制等相关信息是其共同的需求。

2.7.3 信号传递理论

信号传递理论是1974年由经济学家Spence首先引入经济学领域的,它是指拥有私人信息的参与者通过某种行为将信息传递给只拥有公共信息的参与者,以影响其行为。信号传递被用来解决由信息不对称所引起的一系列问题,如逆向选择问题。根据信号传递理论,由于信息不对称的存在,高质量的公司会有动力将自己所拥有的内部信息(包括内部控制信息)进行披露以区别于较次的公司。对外披露得越充分详细,外部用户才越能充分地了解企业的经营状况和发展前景,投资的不确定性才得以减少,公司筹资能力也将提高,这样既降低了融资成本,又提高了企业的价值。为了避免企业价值被低估,企业有动机充分披露其自身的财务会计、内部控制等信息,通过信息披露,企业还可以对已传递出去的信息进行完善和补充,以符合投资者的预期,维护企业利益。

2.7.4 控制论与系统论

目前学者大多认为内部控制评价的相关理论包括基础理论和理论框架两个部分,其中基础理论的研究又根据不同学者的研究方向而有所区别,比如委托代理理论、权变理论、战略管理理论、信号传递理论和契约论等;而用于建立内部控制评价体系的理论框架部分则比较统一,包括内部控制评价的目标、范围、原则和方式等内容。本书基于以上观点,认为内部控制评价的理论基础包括控制论、信息论和系统论,其中控制论和信息论为内部控制评价的基础理论,系统论为理论框架做准备。信息论上文已介绍,在此不再赘述,这里探讨控制论和系统论。

(1)控制论

控制论研究复杂系统在实施动态控制调节中的规律。研究内部控制评价,首先必须明确企业的内部控制管理体系是企业管理控制系统的组成部分,内部控制评价是企业管理控制活动的需要,因此,控制论要求内部控制评价系统以企业发展战略为前提;其次,实施内部控制评价需要根据组织结构确定评价范围和评价标准,完善的组织结构有利于缩短评价信息的反馈时间,提高内部控制评价效果。

(2)系统论

系统论区别于简单的机械组合,研究系统、要素和环境之间的相互关系;系统论认为应该全面地、动态地、全方位地看问题,考虑系统内部各要素的组合,研究不同环境下配置要素的方法论。根据系统论,内部控制评价活动需要处理好目标、要素和层次三者之间的逻辑关系,以内部控制有效性为目标,有机组合评价指标、评价标准等要素,形成动态循环的内部控制评价体系。

2.7.5 技术创新理论

1912年,熊彼特(Joseph A.Schumpeter)在《经济发展理论》中首次系统地提出技术创新理论,他认为"创新"是建立一种新的生产函数,把生产要素和生产条件的新组合投入到生产体系中;"创新"是资本主义发展的动力,让人类的经济发展得以不断地向前迈进。

1976年,索罗(Robert Solow)基于新古典生产函数的研究表明,经济增长率取决于资本和劳动的增长率、产出弹性以及技术创新。他认为经济增长来源于两个方面:一是要素数量增加而带来的"增长效应";二是技术水平提高而产生的"水平效应"。他还指出创新成立需要具备两个条件,即新思想的来源和以后阶段的实现和发展。经济增长理论学家丹尼森(Dension)用实证分析法证实了"索罗模式",在对经济增长率的分析中,他发现总的经济增长率远大于资本和劳动要素的投入增长率,因此产生了一个很大的"增长剩余",他把这一剩余归结为技术进步的结果。

1986年,内生经济增长理论代表人物罗默(Paul Romer)在《收益增长和长期增长》中提出了一个收益递增的增长模型,这与收益递减的传统模型截然不同。他认为技术进步是经济增长的内生变量和知识积累的结果,知识积累是经济增长的原动力。他认为一般知识使所有企业都能获得规模收益,而专有知识则给个别企业带来垄断利润,这些收益又为企业提供了下一期研究与开发的基金。因此,知识作为一种内生的独立因素不仅可以使知识本身产生递增收益,而且可以使资本、劳动等其他投入要素的收益递增。

1971年,制度创新学派代表人物美国经济学家戴维斯(Lance Davids)和诺斯(Douglass C.North)在《制度变革与美国经济增长》中提出了制度创新理论,"制度创新"是指经济的组织形式或经营管理方式的革新。经济增长的关键是要设计一种能对个人实行有效激励的制度,即新技术的发展还必须要有一个清晰的产权制度,要能保护技术创新的专有权，以提高创新的私人收益率，从而鼓励创新和促进经济增长。设计和实施有效的监督机制（如内部控制制度）是企业制度创新的重要构成，分析内部控制对 R&D 投资效率的影响是研究制度创新与技术创新之间关系的重要课题之一。

1988年邓小平提出"科学技术是第一生产力"，可见技术创新是推动经济发展的决定因素。然而，我国企业的创新能力并没有得到充分发挥，从"中国制造"向"中国创造"的转型依然任重道远。人的能动性和创造性是技术创新中最为重要的资源，唯有人才创新潜力的充分发挥才能推动科技的进步。因此，构建良好的内部控制环境，实施有效的激励机制，培育大量具有创新能力的企业家和职业经理人，不仅对我国企业的长远发展起到至关重要的作用，也将为我国经济的增长贡献力量。

2.8 相关研究文献综述

根据本书的研究主题，在此对内部控制信息披露、内部控制质量评价、内部控制质量的经济后果与影响因素、R&D 投资及科技型企业内部控制的相关研究文献进行梳理和评述。

2.8.1 内部控制信息披露的相关研究

国内外学者对于上市公司内部控制信息披露的研究较多，大多从内部控制信息披露现状与完善建议、内部控制缺陷披露影响因素及内部控制信息披露成本等方面展开。

（1）内部控制信息披露现状的研究

在内部控制信息披露相关的文献中，国内学者对有关现状的研究占了主要部分。学者们通过对沪深两市内部控制指引颁布前后上市公司披露的内部控制相关内容进行统计分析，认为披露状况有了明显改进。

在相关指引出台前,我国除对金融类上市公司披露内部控制信息有所规范外,并没有对上市公司进行强制要求,仅是鼓励非金融业上市公司进行披露。李明辉等(2003)对我国 2001 年 1 147 家上市公司在年报中描述的内部控制情况进行统计,结果显示有 884 家(77.07%)披露了内部控制信息,其中披露较详细的是 4 家银行及证券公司,而一般性的上市公司披露多为简单的一句话,没有实质性的内容。由此可见,在证券市场上,有关内部控制信息披露的规定执行效果较差,上市公司缺乏披露主动性,更不愿意披露内部控制不足之处,这说明公司财务状况及整体质量会影响其披露内部控制信息的意愿。

2006 年,沪深两市分别发布了《上市公司内部控制指引》,在指引出台初期,执行效果并不理想,依旧存在各种问题。杨有红和汪薇(2008)运用描述性统计方法对沪市上市公司 2006 年年报中披露的与内部控制有关的信息进行分析发现,虽然有关部门对内部控制信息披露进行了强制性规定,但仍未得到有效执行;上市公司缺乏披露主动性;公司及第三方机构对内部控制进行评价核实时缺少统一的标准。潘俊美(2009)对 2007 年 44 家证交所挂牌上市公司在年报中披露的内部控制信息进行分析后指出,上市公司披露所依据的标准与要求不统一,并且形式化问题依旧十分严重,所披露的内容缺乏实质性和建设性,缺乏统一度量标准。虽然信息披露变成强制性要求,但是各公司都秉着"能不披露则不披,一定要披露则少披"的原则。王惠芳(2011)以 2009—2010 年深市主板 473 家 A 股上市公司为样本,对内部控制自评报告中披露的有关内部控制缺陷的信息进行统计分析,发现大多公司存在不愿出具鉴证报告,且缺乏披露内部控制缺陷的主动性,信息含量不足等问题。

为了改善上述情况,学者们提出了相关的意见和建议。如李明辉等(2003)提出,监事会和独立董事或审计委员会应对内部控制发表评价意见;而潘俊美(2009)认为监事会在内部控制信息披露中起的更多的是监督作用,建议由董事会和管理当局担任内部控制信息披露的相关责任主体;监管部门应对上市公司内部控制信息披露进行规范,制定上市公司必须披露的条款和依据自身情况选择性披露的内容,对披露的格式做出详细规定,便于投资者进行比较分析(李明辉等,2003;潘俊美,2009;王惠芳,2011);张立民等(2003)提出要加强注册会计师在信息披露中的审核作用,作为"经济警察",注册会计师可以对财务报表出具审计意见,也可以对内部控制信息披露提供鉴证服务。目前各会计师事务所在出具内部控制审计报告时所依据的标准不同,为使鉴证工作能够有章可循,傅胜(2010)提出相关部门应尽快出台明确的鉴证规则,统一鉴证标准。

随着我国企业内部控制规范体系的出台和实施,学者们开始就上市公司执行企业内控规范体系情况进行研究分析。周守华等(2013)采用描述性统计分析的方法,从内部控制评价报告、内部控制评价缺陷、内部控制审计报告、内部控制审计意见、审计费用和内部控制咨询等角度对2012年所有A股上市公司的内部控制情况进行了较全面而详细的分析,揭示了上市公司内部控制披露和建设中存在的问题。首先,上市公司内部控制信息披露存在问题,包括:①信息披露的格式不统一。如内部控制评价报告名称和内部控制评价依据纷繁复杂;同时内部控制审计报告的格式以及内容也存在重大差异。②信息披露的及时性和准确性存在问题。有的上市公司未能及时地向投资者披露内部控制信息;有的所披露的内部控制信息还存在相互矛盾之处,如内部控制评价报告的有效性结论与内部控制审计意见存在不一致;内部控制审计意见与财务报表审计意见存在不一致;上市公司年报中内部控制一节中的有效性结论与内部控制评价报告中的结论存在不一致;从中反映了上市公司的内部控制信息披露准确性存在较大问题。③内部控制缺陷认定标准的披露比例与披露质量较低;④多数公司未披露内部控制审计费用。其次,上市公司内部控制体系建设中存在问题,包括:①部分公司聘请的会计师事务所存在独立性问题;②个别上市公司的子公司在管控方面存在重大缺陷;③上市公司风险评估工作仍处于起步阶段,大部分上市公司尚未有效执行相关规定,如列示根据风险评价结果确定的前"十大"风险;④在内部控制构建和评价方面,易发生缺陷的业务如交联交易、控股股东、担保、对外投资等没有得到应有的重视和强调;⑤企业在内部控制建设和评价中过度依赖手工操作,内部控制信息化程度不高,信息化产品的采纳和应用水平较低。陈国辉和黄秋菊(2013)对我国同时发行A+H股的交叉上市公司2011年内部控制双报告的披露情况进行分析,发现了交叉上市公司内部控制披露存在问题与内部控制相关指引的应用情况,并提出相应的完善建议。李颖琦、陈春华和俞俊利(2013)以境内外同时上市公司和试点公司2011年内部控制评价报告为样本,以财政部发布的评价指标为参考,分析了我国上市公司首次执行内部控制评价强制披露规范的信息披露情况,研究发现:①对照财政部参考指标,样本公司2011年度内部控制评价信息的总体披露水平不高,披露频率均值不足50%,各项指标的披露频率差异较大。②沪市公司对控制活动、内部监督两类指标显著高于深市公司,说明沪市公司对新规范的遵循度较控制缺陷的总体披露水平不高,样本公司中约有1/4披制的缺陷,其中90%以上为一般缺陷,且在报告期内均实现了内部控制的有效运行。④不同特征公司的内部披露表现出显著差异,如沪市公司的信息披露水平高规模大的公司对控制活动和信息与沟通的披露高于规小的公司,而在内部控制缺陷认定及报送机制方面的披露水平低于小规模公司;财务状况好的公司在风险识别、反舞弊机制、社会责任等方面的披露水平高于财务状况差的公司。

(2)内部控制信息披露成本的研究

21世纪初,美国大公司财务丑闻的曝光,使得美国投资者对资本市场失去了信心,扰乱了资本市场的秩序。为挽回投资者信心,整顿市场秩序,美国先后出台了一系列的法律法规。其中,美国政府制定颁布的SOX法案意义重大,影响深远。该法案中的404条款对美国上市公司披露内部控制信息进行了强制性规定。由于404条款提出的强制性要求,使得该条款颇受争议。根据国际财务执行官组织(FEI)对美国321家本土上市公司的调查显示(2005),为了达到SOX法案的规定,上市公司平均增加成本40%左右,美国大型上市公司第一年实施404条款的平均成本就高达460万美元,这些成本包括内部人员3.5万工时的投入、130万美元的外部顾问和软件费用,以及150万美元的额外审计费用。Gul和Leung(2004)认为SOX法案强制要求公司披露内部控制信息会使公司成本费用增加。Duffy(2004)指出404条款对公司成本费用的影响主要是因为公司将内部控制工作进行外包所产生的外部咨询费及购买新的软件对系统进行升级所带来的咨询费用。Krishnan、Rama和Zhang(2008)认为公司为实施404条款而发生的披露成本主要为人工费用、外部咨询及技术费用、审计师鉴证费用三部分组成。他们在对样本公司信息披露的成本进行调查后发现,公司规模、公司内部控制信息披露缺陷、更新公司软件系统、内部控制制度的建立健全、事务所规模及是否聘任新的CEO都会影响披露成本的大小。

(3)内部控制缺陷披露的影响因素研究

Ge和McVay(2005)通过对261家至少存在一处内部控制重大缺陷并披露了该缺陷的公司进行分析,发现管理层披露的重大内部控制缺陷的内容多与衍生金融工具或所得税等相对复杂的科目有关。统计结果表示披露重大内部控制弱点与公司规模、盈利能力呈负相关,与公司业务的复杂性(如公司涉及多个分部及外币业务)、所聘请的事务所规模呈正相关关系。Elder et al.(2006)认为公司内部审计机构的专业能力、独立性会影响内部控制信息缺陷披露。如果内部审计师具有更加专业的金融知识及会计知识,审计独立性强,则公司更不易出现内部控制信息缺陷披露。Lin(2011)则更进一步指出,在公司内部审计机构中,只有内审人员知识水平与内控缺陷披露呈显著负相关。

Doyle、Ge和McVay(2007)通过对2002—2005年间779家将

内部控制缺陷信息对外披露的公司进行研究发现,公司规模、成立时间、经济实力、发展速度、业务的复杂程度、财务状况等问题都会对内部控制缺陷产生决定性影响。Petrovits et al.(2011)在对非营利组织进行研究后得出一致结论。Leone(2007)对披露了内部控制缺陷的公司进行研究,认为公司在内部控制系统方面的相关投资、所存在的与组织变革相关的控制风险等均会对内部控制披露产生影响。Hammersley、Myers 和 Shakespeare(2008)研究自 SOX302 条款实施以来,股票价格受管理者披露的内部控制缺陷特性(如严重程度、管理层对内部控制有效性的结论、他们的审计能力及披露的模糊性等缺陷)的影响,发现公司披露内部控制缺陷的内容取决于内部控制弱点的严重程度。研究结果表示公司对外披露内部控制薄弱环节和重大缺陷会对公司股价造成负面影响。

国内学者在对内部控制信息披露状况研究的同时,把研究的角度转向内部控制信息披露的影响因素方面。方红星和孙嚣(2007)在对 2006 年沪市 A 股上市公司年报进行实证分析后得出:公司的披露动机与其被出具意见的类型、盈利能力相关性较强,与公司是否在海外上市、资产规模大小、控制人是否为国有或规模较大的上市公司等因素也呈正相关。李少轩和张瑞丽(2009)随机选取 167 家沪、深上市公司,对样本公司 2006 年年度报告资料中的内部控制信息进行分析发现,公司股权结构、公司质量和审计中介机构等因素对上市公司内部控制信息披露程度均有显著影响,但公司治理和公司规模的影响作用并不明显。王宏(2011)结合首批上市的 28 家创业板公司的特点,提出内部控制人才储备情况也会成为影响内部控制信息披露的因素之一。宣杰和于赟赟(2013)对 2011 年河北省 45 家上市公司进行实证研究后指出,是否披露社会责任报告成为影响内部控制信息披露水平的又一因素,且两者正相关。韩玲(2012)通过实证检验揭示了各因素与报告披露和缺陷披露的相关性,研究发现,公司规模、异地上市、股权结构、审计委员会、盈利能力、制度规范等对内部控制自我评价报告的披露产生显著的影响。具体表现为:资产规模较小、上市时间较早、股权较集中、审计意见较差的公司更可能披露内部控制缺陷,这源于公司内部控制缺陷的存在,这些公司会由于内部控制缺陷较多而被迫选择充分披露,以避免未来遭到证监会的调查处罚导致公众信心和预期的下滑从而付出更加沉重的代价;资产负债率较高、处于深市主板的公司更可能披露内部控制缺陷,这源于公司面对外界压力而产生的披露意愿和动机,意味着债权人所施加的约束力强度、资本市场中公众和投资者的关注度能作用于公司内部动机来影响内部控制缺陷的披露。

(4)个别行业内部控制信息披露的研究

近年来,国内学者对内部控制信息披露的研究逐渐开始按行业展开,垄断行业、房地产行业、医药行业等先后成为学者们的研究对象。夏芸和徐欣(2011)以2007—2009年沪深两市A股房地产上市公司为研究对象进行实证研究,证实了提高内部控制信息披露质量能为企业获得新增贷款带来更大的可能,同时能显著降低企业债务融资成本和改善债务期限结构。刘榕和耿成轩(2012)通过对中国垄断行业上市公司进行量化分析,认为该行业内部控制信息披露水平逐年上升,但披露格式和内容有待进一步改善。王琳和庞雪伊(2013)对中国石油天然气行业上市公司内部控制信息披露现状进行分析发现,石油天然气上市公司存在着内部控制信息披露的载体不统一、披露内容缺乏实质性、内部控制信息披露的相关规定没有得到有效执行、内部控制相关规范之间不统一等问题。对此,建议国家相关部门出台有关指引来具体引导、规范上市公司内部控制信息披露的内容与格式,统一注册会计师审核的范围,并且保持规范口径一致,从根本上提高上市公司在内部控制信息披露方面的有效性。

2.8.2 内部控制质量评价的相关研究

内部控制质量是企业内部控制设计质量和内部控制执行质量的综合度量。国内外学者对内部控制质量的评价主要通过三种方法获得。

(1)根据内部控制评价意见或内部控制鉴证意见

在内部控制领域的研究中,较多学者选用内部控制评价报告披露的缺陷或鉴证报告的标准无保留意见作为指标来探讨内部控制与其他经济因素的关系。

Lightle(1995)认为经过审计师鉴证的正面的自我评价报告有利于改善内部控制质量和提高盈余质量。Deng(2012)在研究内部控制质量对机构投资者决策的影响过程中提出,相比于内部控制缺陷信息,内部控制鉴证报告更能反映内部控制质量,因此,内部控制鉴证报告的披露是衡量内部控制质量的一个有效的替代变量。Doyle et al.(2007a)、Ogneva et al.(2007)、Beneish et al.(2008)、Ashbaugh-Skaife et al.(2008)、Bedard 和 Graham(2011)等以是否披露内部控制缺陷来说明企业内部控制的能力,以此研究内部控制与盈余质量和资本成本等经济因素之间的关系。

杨有红和陈凌云(2007)认为内部控制自我评估是辨识企业内部控制质量的重要因素。陈丽蓉和周曙光(2010)认为内部控制存在缺陷的公司,其内部控制质量较差;李万福、林斌和何璐(2011)按照内部控制五要素将内部控制缺陷进行了归类,归纳了衡量内部控制重大缺陷的十五项指标;王加灿、沈小裕和朱志坚(2012)认为企业内部控制是否存在缺陷直接反映其内部控制质量的高低。董绍奎(2011)在研究公司治理结构对内部控制质量的影响中,将内部控制质量分为两类,经过注册会计师审计的无保留鉴证意见的内部控制,为高质量的内部控制,未经过注册会计师无保留鉴证意见的内部控制为低质量的内部控制。吴益兵(2010)对内部控制鉴证与内部控制效率的相关性进行研究,发现经披露内部控制鉴证报告的企业发生法律诉讼、财务信息违规的可能性更低,总资产周转速度更快、期间费用比例更低,内部控制目标实现程度较好。由此可见,内部控制的鉴证意见对内部控制质量具有较强的说服力。

(2)构造综合评价指数

通过披露的内部控制评价信息进行内部控制质量的评价虽然方便快捷,但是方式过于简略,因此,许多研究致力于建立一个科学合理的内部控制综合评价体系,从而对企业不同层次的内部控制水平进行判断。

Paso(2002)根据 COSO 报告设计了内部控制评价体系,该体系包含 5 级量度,共 93 个指标;Hwang et al.(2004)根据 COSO 报告,基于案例推理,建立了一个包含 56 个指标的内部控制风险评估体系;Moerland(2007)以实现内部控制目标为基础,构建内部控制披露指数,对 2002—2005 年芬兰、挪威、瑞典、荷兰及英国等欧洲国家的内部控制报告的影响因素进行研究,实证结果表明,国家层面(主要是公司治理联合准则所体现的法规水平)和公司层面(主要是代理冲突和信息不对称)的因素都会对内部控制报告产生影响;Chih-Yang Tseng(2007)基于 ERM-IF,从战略目标、经营目标、报告目标和合规目标的实现程度出发,构建了企业风险管理指数;Huang(2008)为 ERP 系统环境下的内部控制构建了一个包含 5 个维度、28 个指标的内部控制评价体系。

王素莲(2005)结合了 COSO 报告、SOX 法案的 404 条款和国内外内部控制评价研究,按照内部控制要素,构建了我国的内部控制评价体系;王煜宇和温涛(2005)按照内部控制"五要素"构建了一个包含 35 个指标的内部控制评价指标体系;同样地,骆良彬和王河流(2008)依据内部控制"五要素",建立了一个包含 42 个指标的内部控制评价体系;陈汉文等(2010)根据我国《企业内部控制基本规范》及其《配套指引》,以内部控制要素为评价对象,构建了五级内部控制评价指标体系;王立勇(2004)构建了内部控制评价的数学分析模型,并且运用该模型对企业内部控制质量进行了判断;赵坤和程波(2011)对内部控制质量的概念进行了界定,将内部控制质量定义为企业内部控制的能力和内部控制的运行能力的综合度量。同时从综合内部控制的能力鉴证和效果评价两方面,设计了评价内部控制能力的指标和运行效果的指标,从综合的角度评价内部控制质量。

从2008年开始,深圳迪博公司每年发布《中国上市公司内部控制白皮书》,披露我国上市公司内部控制的建设情况,并开发了DIB内部控制与风险管理数据库;该公司是基于内部环境、风险评估、控制活动、信息与沟通、内部监督等内部控制五要素视角,设计一、二级和三级指标,构建上市公司内部控制指数,并通过实证研究,评价上市公司的内部控制整体水平,深入剖析我国上市公司内部控制的实施情况及实施效果。王宏等(2011)基于内部控制目标的实现程度设计内部控制基本指数、基于内部控制的重大缺陷设计内部控制修正指数,综合基本指数与修正指数确定上市公司的内部控制指数;并以2009年以来所有A股上市公司为研究样本,计算其内部控制指数并对其进行实证分析,同时运用迪博内部控制披露指数对本研究中的内部控制指数进行稳健性检验,得出两者存在正相关。这一结果说明所构建的内部控制指数能衡量上市内部控制体系的设计合理性和运行有效性。

(3)通过问卷调查方式获得内部控制质量评价

问卷调查方式是通过设计科学合理的问卷调查表,由相关人员自行对内部控制质量进行回答,进而通过问卷调查结果对企业内部控制质量进行评价。该方式的优势在于:一方面能够解决实证研究数据缺乏的问题;另一方面能够通过内部人员的评价,获得内部控制信息,相比单纯从外部披露信息进行评价,该方式涵盖信息更广,具备一定可靠性。例如,张先治和戴文涛(2010)在研究公司治理与内部控制质量关系的过程中,通过合理设计问卷,谨慎选择调查对象,获得企业内部控制质量的调查结果。张颖和郑洪涛(2010)基于COSO委员会发布的《企业风险管理整合框架》中内部控制的目标进行问卷设计,通过问卷调查的方式,采用实证检验方法研究我国企业内部控制有效性的影响因素。

2.8.3 内部控制质量的经济后果研究

国内外学者对内部控制质量经济后果的研究主要集中于市场反应、投资者保护、会计稳健性、资本成本、代理成本、公司价值和风险及公司投资等方面。

(1)市场反应

Willis et al.(2000)认为企业披露内部控制评价报告是公司治理状况良好的表现,通过报告中披露的公司战略和政策,能使股东确信公司内部控制的有效性。Hammersley et al.(2007)探讨股票价格在SOX法案302条款下管理层披露的内部控制缺陷的反应,检验了内部控制缺陷的特征(严重程度、管理者对内部控制效果的结论、审计能力以及披露的模糊性)是否会向市场传递不同的信息。研究发现,内部控制缺陷披露的信息内容取决于内部控制缺陷的严重程度,并且内部控制缺陷及重大缺陷披露将导致股价的负向反映。研究还发现,若公司由四大审计或者管理层认为内控总体有效,内部控制缺陷披露导致的市场负向反应较小;但是,若内控缺陷为难以用审计发现的问题或者缺陷披露较含糊,则会导致更大的市场负向反应。Deng(2012)通过实证分析指出,内部控制质量显著影响整体机构投资者和耐压能力较好的机构投资者的持股决定,但压力敏感的机构投资者很少注意内部控制质量。文章使用两阶段回归控制自我选择偏差后,发现高质量的内部控制会更加显著地影响机构投资者的持股决策。

冯建和蔡丛光(2008)以沪市部分A股上市公司作为研究样本,实证检验了市场对内部控制信息的反应。研究发现,深度披露内部控制信息会对股价产生正面影响,而内部控制缺陷信息披露对股价影响较弱。其原因在于公司很少披露内部控制缺陷,并且由于内部控制缺陷样本数较少,影响了统计结果的显著性。杨清香、俞麟和宋丽(2012)考察了内部控制信息披露与市场反应的关系。研究认为,内部控制有效性会引起股票价格上涨,内部控制缺陷会导致股票价格下跌,并且在强制性披露和自愿性披露交互影响模式下的市场反应更加明显。余海宗和丁璐(2013)考察了内部控制信息披露的市场反应,验证了引起市场反应的具体路径,实证研究结果发现,内部控制信息披露表现越好,市场评价越高;良好的内部控制信息披露能够增进投资者对会计信息的信任,提高会计信息决策的有用性;内部控制信息披露表现越好,会计盈余的信息含量越高。这说明内部控制信息披露可以间接反映企业内部控制的管理水平和投入水平,反映企业的财务状况和经营情况。

(2)投资者保护

Zhang(2007)研究认为,SOX法案对企业内部控制的严格要求会增加企业的成本,而出于成本效益原则和自利行为,企业会将这些额外的成本转嫁给投资者,使得投资者成为成本的最终承担者,这意味着内部控制在投资者保护方面不具有有效性。Doyle et al. (2007a)、Ashbaugh-Skaife et al.(2008)等研究发现,内部控制的完善可以有效地提高财务报告可靠性,从而减少契约双方之间的信息不对称,增加公司的透明度,有利于投资者进行理性决策,从而起到保护投资者利益的作用。

张先治和张晓东(2004)从投资者需求的角度,采用实证研究表明,投资者对上市公司内部控制有着较强的需求,投资者对内部管理控制和内部会计控制需求呈现出层次性。李志斌(2013)选择沪、深两市的部分上市公司作为调查样本,建立投资者关系管理指数用以衡量公司的投资者关系管理水平,并运用内部控制指数及公司财务数据检验内部控制对投资者关系管理水平的影响。研究发现:①内部控制对投资者关系管理的状态水平、质量状况、组织程度和总体水平存在显著的正向作用;②在股权集中度较低的公司,内部控制对投资者关系管理发挥了更强的正向作用,在一定程度上说明了股权分散为内部控制的投资者保护功能的发挥创造了良好的环境。孙光国和李冰慧(2014)分析了内部控制对投资者保护的传导机制,认为内部控制不仅是投资者利益保护的制度安排,而且通过提高财务报告质量来保护投资者利益。在此基础上,他们构建了基于投资者保护的内部控制有效性评价的理论框架,该框架以评价的需求方及目标为切入点,深入探讨内部控制有效性评价相关要素和它们之间的关系,以便为内部控制有效性进行量化评价提供理论基础,指导内部控制有效性评价的实践,更好地实现对投资者利益的保护。李晓慧和杨子萱(2013)从债务契约特征的视角探讨内部控制对债权人的保护作用。通过实证研究发现,内部控制质量较高时,债权人会感知到更多的保护信号,并通过放宽债务契约条件表现出来,此时债权人会倾向持有更多的债务资本以及偏好更低的债务资本成本和更长的债务期限。另外,通过对比内部控制与公司治理在债权人保护方面的差异,发现内部控制质量与债务契约特征的相关关系更为显著,这说明内部控制在债权人保护方面比公司治理更具有增量作用。这可能源于债权人无法积极地参与公司治理过程,其更加看重能够保障财务信息真实可靠、经营合规高效的机制,即内部控制。

(3)会计稳健性

Goh 和 Li(2011)以存在内部控制缺陷的公司为样本,研究内部控制与会计稳健性的关系,发现披露内部控制缺陷的公司具有较低的会计稳健性,后续期间内部控制缺陷整改的公司比没有整改的公司具有更高的会计稳健性。于忠泊和田高良(2009)从会计信息稳健性、可操控应计利润和资源配置效率三个方面,考察了内部控制评价报告的作用。研究发现,上市公司内部控制自我评价报告的披露和审核没有显著提高会计信息的稳健性,披露内部控制自我评价报告的上市公司与未披露的公司相比,其在会计信息稳健性上没有显著提高;上市公司内部控制自我评价报告的披露和审核与可操控应计利润之间不存在显著的相关关系,即自我评价报告没有提高应计利润的质量。齐保垒、田高良和李留闯(2010)在控制了公司的经营特征、行业特征、是否为国有控股以及是否为 ST 后发现,存在内部控制缺陷的公司的会计稳健性显著低于不存在内部控制缺陷的公司。

方红星和张志平(2012)从会计稳健性产生的根源和过程两方面分析了内部控制质量对会计稳健性的影响。实证结果表明,公司具有较高的内部控制质量时,管理层机会主义行为受到限制,对预期经济损失"坏消息"及时识别和确认的力度增加,会计稳健性增强;后续期间,相对内部控制质量没有变化的公司,内部控制质量提高的公司具有更高的会计稳健性;反之,内部控制质量下降的公司则具有更低的会计稳健性,并且这一结论不受管理层盈余管理行为的影响。

(4)资本成本与代理成本

Beneish et al.(2008)对依据 SOX 法案 302 条款披露内部控制信息的 330 家公司和依据 404 条款披露的 383 家公司进行研究,探讨内部控制缺陷对信息不确定的影响。这些公司需在两个不同条款要求下披露内部控制缺陷信息。通过比较两类公司的股票回报率和权益资本成本发现,302 条款下披露内控缺陷的公司伴随着显著的负向异常回报(−1.8%),权益资本成本也有增加,相反,404 条款下公司的内部控制缺陷披露对股价和公司资本成本没有明显影响。Ashbaugh-Skaife et al.(2008)认为虽然 SOX 法案 404 条款要求管理层披露内部控制评价信息会增加企业成本,但是该信息披露也会降低信息风险,从而降低企业股权融资的资本成本。通过研究 404 条款前后披露的内部控制信息,评估内部控制质量对公司风险和权益资本成本的影响,最终得出结论,内部控制报告影响投资者评估和企业权益资本成本。

王敏和夏勇(2011)研究认为,内部控制质量对权益资本成本的作用机理可分为两条路径:直接作用路径和间接作用路径。其中,直接作用路径主要基于对信息风险的影响:内部控制质量优劣会影响财务报告质量(盈余质量),进而影响投资者面临的信息风险,从而对公司的权益资本成本产生影响;间接作用路径主要基于商业风险:内部控制质量优劣会影响公司管理层和大股东的决策行为,进而减少管理层和大股东的舞弊或不正当行为,从而提高企业现金流,降低企业的商业风险。由于企业的商业风险较低,因而企业权益资本的风险溢价补偿较低,即企业的权益资本成本较低。

杨德明、林斌和王彦超(2009)研究了内部控制质量对代理成本的影响,并探讨内部控制质量和审计质量在降低代理成本中的替代效应。文章指出高质量的内部控制能够有效降低代理成本,并且内部控制与外部审计存在替代性。杨玉凤、王火欣和曹琼(2010)利用《企业内部控制基本规范》设计了内部控制信息披露质量的评价指标体系,该评价指标由及时性、真实性和完整性三部分构成;其中,信息披露的完整性以内部控制的五大要素为主要指标,在一定程度上体现了内部控制质量的优劣;进而研究内部控制信息披露质量与公司代理成本之间的关系。结果表明,内部控制信息披露对代理成本具有综合抑制作用。闫志刚(2012)研究认为,内部控制质量的提高直接降低了企业的经营管理风险,企业的权益资本成本下降;由内部控制质量决定的企业会计信息质量的改善降低了投资者的估计风险,抑制了投资者和管理层之间的代理冲突,企业的权益资本成本下降。实证结果表明,存在内部控制缺陷的企业具有较高的系统性风险和权益资本成本。郑军、林钟高和彭琳(2013)以我国2007—2011年上市公司为样本,考察了货币政策波动和内部控制质量对企业债务融资成本的影响。研究发现,在货币政策紧缩时期,企业债务融资成本显著增加;相对于国有企业,非国有企业的债务融资成本更高;高质量的内部控制在货币政策紧缩时能有效降低企业的债务融资成本,但这种效用仅发生在金融发展相对发达的地区,而在金融发展相对落后的地区,这种效用不显著;并且在金融发展相对发达地区,对于非国有企业来说,高质量的内部控制在货币政策紧缩时显著地降低了债务融资成本,对于国有企业来说,这种效应不显著。

(5)公司价值和风险

Doyle et al.(2007a)通过研究2002—2005年披露重大内部控制缺陷的705家公司,检验了应计质量与内部控制的关系。结果发现,内部控制缺陷与较低的应计质量相关;并且内部控制缺陷和低应计质量的关系仅发生在内部控制缺陷难以进行审计的公司整体层面,而在可审计的方面没有发现这样的关系。Feng et al. (2009)认为,如果公司由于内部控制相关政策和程序不够完善,使财务报告中内部控制部分显示出重大缺陷,会对公司经营造成显著的不利影响。研究结果表明,如果公司对其内部控制所存在的问题进行修复,其存货周转率、销售毛利率会得到提高。

于海云(2011)通过信用模式解释了内部控制质量对企业价值的影响。研究认为,内部控制质量高的企业,基于信号传递理论,更有动机披露内部控制信息,从而降低企业债务融资成本,以此增加企业价值。反之,内部控制质量低的企业,不愿意披露内部控制信息,会导致债务融资成本增加,从而降低企业价值。林钟高和王书珍(2006)探讨了内部控制与企业价值之间的关系,认为内部控制与公司治理从企业的不同层面努力实现企业价值,并提供了完善内部控制的思路,以更好实现企业价值。林钟高、郑军和王书珍(2007)根据COSO框架五要素,构建了内部控制质量综合评价指标,并运用实证检验的方法证实了内部控制完善与企业价值的正向促进作用。肖华和张国清(2013)研究认为,高质量的内部控制能够限制对外报告信息的故意操纵,降低会计处理和财务报告中无意的程序和估计差错风险,可以有效地对公司高管人员的行为进行监督,降低内部代理成本,有利于创造和保持高持续性的盈余;同时,更高的盈余持续性与更高的公司价值相关联。他们以2007—2010年A股上市公司为样本进行实证检验,结果支持了所提出的假设,即公司的内部控制质量与盈余持续性正向关联,盈余持续性与公司价值也正相关。

李万福、林斌和林东杰(2012)从企业内部控制角度出发,考察了内部控制缺陷与企业财务困境之间的内在联系。研究发现,内部控制对财务困境具有显著而重要的影响:存在重大内部控制缺陷的公司更可能陷入财务困境;存在重大内部控制缺陷越多的公司,其陷入财务困境的可能性越大。这些经验证据表明,加强内部控制建设在现实中确实能有效规避财务困境,表明了当前监管机构加强企业内部控制的决策是有助于保护投资者利益的。戴文涛、纳鹏杰和马超

(2014)利用南开大学中国公司治理研究院发布的中国上市公司2011年和2012年内部控制指数和各目标分指数,研究了企业内部控制与企业风险的关系。结果表明,企业内部控制与企业风险呈显著负相关关系,企业内部控制质量越高,企业风险越小;企业内部控制各目标控制质量和企业风险呈显著负相关关系,任何一个内部控制目标没有实现都会增加企业风险。

(6)公司投资

Cheng、Dhaliwal和Zhang(2013)以SOX法案实施后对外披露内部控制缺陷的样本公司为研究对象,分析内部控制缺陷披露与投资效率之间的关系。实证结论表明,财务报告中所披露的内部控制如果无效,则对企业投资效率产生不利影响。在对外披露内控缺陷信息前,这些公司如果受到融资约束则会谨慎投资,表现为投资不足;如果融资不受约束,则会过度投资;在披露后,公司的投资效率将会显著提高。

于忠泊和田高良(2009)研究发现,内部控制自我评价报告的披露与上市公司资源配置效率之间不存在显著的相关性,自我评价报告的披露与审核没有对投资决策产生影响或影响力很弱。同时,自愿性的披露和审核对企业的内部控制效率没有显著的提高;且内部控制自我评价报告是否披露并不能直接等同于内部控制的好坏,因为他们认为这种披露的信息含量较低。李万福、林斌、杨德明和孙烨(2010)将企业的内部控制信息披露与企业的投资直接联系起来进行研究。研究结果表明,提高上市公司的内部控制信息的披露水平有助于减少公司内部信息不对称的程度,从而减少因信息不对称问题而导致的企业投资效率低下的情况,能有效地抑制企业过度投资的行为。李万福、林斌和宋璐(2011)的研究发现,内部控制更好的公司更不容易出现投资不足和投资过度的问题。内部控制质量的提高不仅有助于抑制公司过度投资,亦有助于减轻公司投资不足,从而提高公司投资效率。孙慧和程柯(2013)通过划分政府控制层级研究了企业内部控制与企业投资效率之间的关系。研究发现,提高内部控制质量可以显著地改善我国国有上市公司的投资效率;与地方政府控制的上市公司相比,中央政府控制上市公司改善效果更为显著。袁晓波(2013)研究发现,内部控制质量与投资不足和投资过度之间存在着显著的负相关关系,相对于非国有控股的上市公司,国有控股的上市公司中的内部控制质量与投资效率之间的相关性更加显著。

方红星和金玉娜(2013)以 A 股主板非金融类上市公司为研究对象,结合非效率投资产生的内在机理,将研究样本划分为意愿性非效率投资(国有企业的过度投资和民营企业的投资不足)和操作性非效率投资(国有企业的投资不足和民营企业的过度投资),并在此基础上,考察了公司治理、内部控制对非效率投资的抑制作用。研究结果表明,有效的公司治理和内部控制能够抑制上市公司的非效率投资,公司治理能够显著地抑制上市公司的意愿性非效率投资,内部控制能够显著地抑制操作性非效率投资,公司治理和内部控制在抑制上市公司的非效率投资方面存在分工效应。徐虹、林钟高和李倩(2014)实证研究表明:①供应商与客户关系型交易比例越高,企业的投资效率越低,说明供应商关系型交易在带来关系租金的同时,也会带来一系列负面效应,企业需要在两者之间进行衡量,才能有利于企业的长远发展;②上市公司的内部控制质量越好,越有助于抑制关系型交易带来的非效率投资,说明内部控制作为一种可置信承诺,能够有效抑制机会主义行为、控制和降低风险,提高信息披露的可信度,缓解信息不对称,从而抑制关系交易引发的投资不足或过度投资行为。

2.8.4 内部控制质量的影响因素研究

国内外学者主要从公司治理、公司特征与外部监管等方面对企业内部控制质量的影响因素进行研究。

(1)公司治理因素

公司治理是内部控制环境的要素之一,因此,内部控制和公司治理密切相关。Hoitash et al.(2009)发现高质量的公司治理能够提高内部控制的有效性;Goh(2009)发现好的公司治理有助于弥补内部控制的缺陷;Krishnan(2005)考察了审计委员会规模、专业性和独立性与公司内部控制质量之间的关系。研究发现,审计委员会的独立性和专业性与内部控制质量相关,随着审计委员会独立性的提高和拥有财务会计专长的委员人数的增加,公司存在内部控制缺陷的概率降低;但是审计委员会的规模与内部控制质量不相关。Gong et al.(2013)研究了跨国上市公司的母公司所在地的投资者保护是否会影响公司按照SOX法案进行内部控制缺陷的披露。研究发现,在302条款下,对于母公司所在地的投资者保护较弱的跨国上市公司,控股股东越是管理者则越有可能隐藏内部控制的缺陷。Lin et al.(2011)从内部审计的机构和内部审计执行两方面考察了内部审计与内控缺陷披露之间的关系。研究结果表明,内部审计人员的受教育程度对于内控缺陷的披露具有负面影响;内部审计人员与外部审计人员的相互协调与内控缺陷披露呈正相关。

吴益兵、廖毅刚和林波(2009)在研究了股权结构对内部控制质量的影响关系后发现,国有控股企业的内部控制质量更高,股权集中度过高会弱化内部控制质量,机构投资者持股有利于提升企业内部控制质量。

董召奎(2011)从董事会特征、股权结构、管理层激励和监事会特征等方面考察了公司治理对内部控制质量的影响,结果发现,国有控股、法人控股、董事长总经理两职合一会弱化企业内部控制质量,审计委员会的设置与高管人员薪酬则有助于提升企业内部控制质量。程晓陵和王怀明(2008)以2006年度前上市公作为样本,探讨了所有者、治理层和管理层等方面的公司治理因素对内部控制有效性的影响。研究结果表明,年终股东大会出席率、董事会监事会规模、国有控股、审计委员会设立、管理者诚信与职业道德观念和管理当局对员工胜任能力的重视程度与公司内部控制有效性存在显著的正相关关系;董事长总经理两职合一与内部控制有效性呈负相关;管理者的偏好与内部控制有效性呈显著 U 形关系;而董事会及监事会的会议频率与第一大股东的控制力与内部控制有效性不存在显著相关。

刘启亮、罗乐、何威风和陈汉文(2012)运用内部控制评价指数研究了公司最终控制人产权性质对内部控制质量的影响,即考察中央政府控制、地方政府控制及非政府控制的三类上市公司对内部控制质量的影响。结果发现,中央政府控股公司的内部控制质量高于地方政府控股的公司,而非政府控制公司与中央政府控制公司的内部控制质量水平则没有发现显著差异。

柳志(2011)以 2009—2010 年 A 股设立审计委员会的上市公司为样本,实证检验了审计委员会独立性、专业性和活跃性三方面特性对内部控制质量的影响。结果发现,公司审计委员会的独立性和专业性对内部控制质量具有显著正向影响,而审计委员会的活跃性对内部控制质量的影响不显著。

(2)公司特征因素

Bronson et al.(2006)以 1998 年的 397 家中等规模的公司为样本,研究 SOX 法案颁布前自愿披露内部控制报告的公司特征,以及公司特征与自愿披露内部控制报告之间的关系。结果发现,自愿披露内部控制管理层报告的公司具有规模大、设立审计委员会、审计委员会会议频繁、机构投资者多、盈利增长快的特点,而公司销售增速快的企业则较少自愿披露内部控制报告。

Doyle et al.(2007b)以 2002—2005 年披露内部控制实质性漏洞的 779 家公司为样本,研究企业内部控制缺陷的影响因素。结果发现,具有内部控制实质性漏洞的公司往往具有规模小、成立时间短、财务能力弱、运营复杂、增长速度快,或者正在进行重组的特点;具有更严重的实体层面控制问题的公司往往规模更小、更年轻,财务上更弱;而内部控制问题较轻的公司,往往财务更健康,但公司更复杂、多样化。Ashbaugh-Skaife et al.(2007)探讨了影响内部控制缺陷披露的经济因素。研究发现,披露内部控制缺陷的公司比未披露的公司,其公司运营更复杂、近期发生组织改革、更高的会计风险、更多的审计师辞职以及更少的用于内部控制的资源。

Bryan和Lilien(2005)发现,披露内部控制重大缺陷的公司具有以下特点:规模小、总市值低(仅占S&P500公司总市值的1.28%)、业绩差、较高的β值、存在审计师变更等重大事件。Leone(2007)基于Collins et al.(2007)、Doyle et al.(2007b)等人的研究基础,解释了公司特征如何对内部控制缺陷产生影响,并提供了描述性证据。研究指出内部控制缺陷的公司往往呈现出组织结构复杂、出现重要组织变革,并且在内控系统方面缺乏资源等特征。

蔡丛光(2010)以2003—2006年33家在年报中披露内部控制缺陷的上市公司为样本,研究内部控制缺陷信息披露的影响因素,文章以公司市值和财务报告分部数目作为变量进行实证研究,结果发现,公司的规模及业务复杂程度与内部控制缺陷存在正相关关系。田勇(2011)以深市445家上市公司为研究样本进行实证检验,结果表明,资产规模、公司盈利能力与企业内部控制实质性漏洞呈负相关关系;重大重组与企业内部控制实质性漏洞呈显著正相关关系。鲁清仿(2009)实证研究发现,企业规模、经过调整后的管理费用与内部控制重大缺陷负相关。企业规模越大,企业可以控制的资源越多,可以用于内部控制系统的投入就越大,从而减少了企业内部控制重大缺陷出现的可能性。曹建新、王春丽和邹俊(2009)以沪深两市的上市公司为样本进行实证研究,结果表明,总体而言,内部控制有效性高的公司规模大、营业利润为正。李育红(2010)研究发现,内部控制缺陷与公司规模负相关。张继德、纪佃波和孙永波(2013)研究结果表明,影响内部控制有效性的关键因素从大到小依次为:管理层重视、组织结构、资金、人员素质、信息技术和管理成熟度。因此,文章提出管理层重视与否是影响内部控制有效性的最关键因素,企业内部控制体系这一巨大系统工程在构建、实施过程中,需要提高管理层的重视程度;同时要按照科学合理的公司治理结构的要求完善企业的内部组织结构,做好内部控制体系构建实施预算,保证必需的资金,努力提高员工的素质,开展信息化,提高管理水平,合理保证企业战略和相关目标的实现,加强企业可持续发展能力,提高企业国际综合竞争力。

(3)外部监管因素

Patterson et al.(2007)通过建立审计师与管理层之间反舞弊和舞弊博弈的模型,研究 2002 年颁布的 SOX 法案对审计强度和内部控制强度的影响。模型中,审计师可以利用资源进行内部控制测试和实质性测试,同时管理者可以选择内部控制及诈骗数额的强度。研究发现,SOX 法案能够有效促进内部控制系统强化,减少管理层舞弊。

刘亚莉、马晓燕和胡志颖(2011)在研究公司内部控制缺陷披露的过程中发现,是否 ST 与报告内部控制缺陷显著正相关,说明 ST 公司内部控制存在缺陷的可能性更大。ST(Special Treatment)是证监会对上市公司财务等其他异常状况的特殊处理,ST 公司与内部控制缺陷的关系,间接体现了外部监管对内部控制质量的影响。

2.8.5 内部控制与 R&D 投资的相关研究

目前学者主要对内部控制与公司投资行为进行研究,而较少研究内部控制对 R&D 投资的影响。有关内部控制与公司投资的研究文献在内部控制质量的经济后果中进行了回顾,因此,本部分主要从国家、地区、行业和企业层面对 R&D 投资的相关研究进行梳理。

(1)基于国家层面 R&D 投资的研究

Wang 和 Huang(2007)将经济合作与发展组织(OECD)的 30 个国家作为研究样本,以研发资本存量和人力资本为 R&D 投入、专利数量和学术刊物数量为 R&D 产出,采用 DEA 方法测量了 OECD 各国的研发活动的相对效率,并运用 Tobit 模型控制了外部环境变量的影响。结果表明,只有半数以下国家的 R&D 活动是完全有效的,并且 2/3 的国家处于规模报酬递增阶段。Wang(2012)认为进口和外商直接投资(FDI)影响了国家 R&D 投资效率，采用77个国家1986—2007年期间的数据进行实证研究，验证了进口和外商直接投资(FDI)能促进国家R&D投资效率的提高。

(2)基于地区层面R&D投资的研究

Thomas(2011)等以专利和出版物数量为产出指标衡量了美国50个州和哥伦比亚特区的R&D投资效率，结果表明，在2004—2008年期间，只有14个州的R&D效率呈现积极的变化。同一时期的金砖四国(巴西、印度、中国和韩国)的研发效率显著提高且印度领先。

至于国内学者，池仁勇、虞晓芬和李正卫(2004)采用DEA模型测算了我国30个省、市、自治区的R&D投资效率，并分析了东部R&D投资效率较高而西部偏低的原因。岳书敬(2008)研究认为外商直接投资、对外贸易和人力资本与我国各区域R&D投资效率呈显著的正相关关系；同时，人力资本的提升和市场竞争的加强，可以进一步促进外商直接投资和对外贸易对R&D投资效率的溢出作用。刘树和张玲(2006)从专利投入产出的角度测度了我国30个省、市、自治区的R&D投资效率。白俊红、江可申和李婧(2009)测算了1998—2007年期间我国各区域的R&D投资效率，并分析了区域创新系统内部企业、高校、科研机构、地方政府及金融机构等主体要素及其联结关系对R&D投资效率的影响。刘和东(2011)收集了1998—2008年期间我国30个省市R&D投入产出的面板数据，研究了投入产出无时间滞后、滞后1期、滞后2期及滞后3期等不同情形下随机前沿模型的回归情况，分析了政府资助、金融支持、基础设施等因素对省际R&D投资效率的影响。史欣向和梁彤缨(2013)采用中国各省的数据研究了信任、规范和社会网络对研发效率的影响；且通过因子分析将信任、规范和社会网络等三个要素综合成为社会资本变量，研究表明，社会资本对研发的中间产出效率和最终产出效率均具有显著的正向作用。陆正华、李瑞娜和钟伟(2013)以广东省21个地级市的大中型工业企业为研究对象，采用因子分析凝练了企业研发效率的影响因素，发现研发效率区域差异主要来源于物质资本、人力资本和自然资本的影响。

饶旻和杨永华(2013)研究认为,2001—2010 年期间我国在 R&D 投入产出方面的效率值常年总体比较低,且比较稳定。在 R&D 领域冗余投入方面,我国常年存在 R&D 经费和人力方面的过度投资或投入,且十年来的过度投资总额还呈现出不断上升的态势(未考虑经济规模的变化),R&D 投入产出的 DEA 效率值具有明显的区域差异,十年来我国东部地区的 R&D 投入产出的 DEA 效率值各年平均最高,中部最低;我国各区域各年 R&D 的投入冗余值(非效率投入或过度投资)总平均额度差别较大,具体而言,东部地区在 R&D 经费上的年均过度投入额最大,中部次之,西部最小;中部地区在 R&D 全时当量上的年均过度投入最大,东部次之,西部最小。戴静、张建华和徐传华(2014)从创新效率角度出发,在全要素 R&D 效率估算框架下测算我国各省份工业部门的创新效率,并对影响我国地区创新效率差异的因素进行基于回归的不平等分解。研究发现,我国东中西部地区的 R&D 效率存在较大的区域差异。东部地区的 R&D 效率始终最高且较为稳定,中部次之,西部地区最低;且地区间的 R&D 效率还呈现逐渐扩大的趋势。分析得出,对地区间创新效率不平等贡献较大的因素依次是地区要素禀赋、R&D 投入、FDI、进出口贸易及技术引进等。据此,提出各地区应因地制宜地制定创新政策,如东部地区应着重加大人力资本投资,利用创新先发优势挖掘创新潜力;中西部地区应依循比较优势发展潜力行业,通过企业创新集聚提高区域创新效率。

胡洪力和李晓(2014)以 2006—2010 年中国 31 个省域的数据为基础,考察企业研发投入、企业规模、产权结构、企业绩效和外商直接投资对研发效率的影响作用。结果表明:研发效率有效的省份呈逐年增长的趋势,但发展不够均衡;研发效率的提高逐渐依赖于研发资本投入;企业规模、外商直接投资与大中型工业企业的研发效率呈正相关关系;企业所有权结构与研发效率逐渐呈现负相关的趋势,即非国有企业更有助于研发效率的提高;企业绩效与研发效率呈现负相关趋势;中国大中型工业企业研发效率的差距逐渐增大,研发溢出效应明显。高研发效率省份普遍集中于沿海省份,西部和北部部分省域的研发效率依然处于很低的状态。

(3)基于行业方面R&D投资的研究

Hashimoto和Haneda(2008)运用DEA曼奎斯特指数法(Malmquist Index)衡量了日本制药公司和制药业的R&D投资效率的变化情况,研究显示,日本制药公司的R&D投资效率在1983—1992年期间每况愈下。Costa-Campi(2014)以能源行业为研究领域,分析R&D投入的主要驱动因素和公司在能源创新方面所面临的障碍。实证研究发现,虽然创新公司面临不确定的需求,但并不妨碍其创新活动;与其他行业相比,财政约束并不是阻碍能源行业创新的主要因素。

冯根福、刘军虎和徐志霖(2006)测算了我国35个工业行业1996—2004年期间的R&D投资效率,并分析了行业中企业数量、行业资本总额、行业总利润、行业固定资产额、行业研发投入总额和国有企业销售比重对行业R&D投资效率的影响。朱有为和徐康宁(2006)将我国高新技术产业的大中型企业分为13个细分行业,收集1995—2004年期间的面板数据来研究13个细分行业的R&D投资效率,结果表明,企业规模和市场竞争程度与研发效率之间存在着显著的正相关,外商投资企业和国有企业比重对研发效率也有正向影响,但外商投资企业对研发效率的贡献程度更高。陈修德和梁彤缨(2010)选取中国高新技术产业分类中的17个细分行业作为研究样本,利用随机前沿生产函数(SFPF)模型对研发中间产出效率与最终产出效率进行测算和分析。结果表明,中国高新技术产业R&D投资效率受诸多因素影响,市场结构、企业规模对研发中间产出效率和最终产出效率的作用存在显著差异。尚洪涛和耆星灼(2013)运用DEA模型对节能环保企业的R&D投资效率进行了综合评价,研究结果发现,①R&D投资效率参差不齐。我国节能环保企业的R&D

投资效率方差较大,并且达到相对有效的企业数量较少。②R&D 投入要素的转化率低。样本中有 7 家公司处于规模不变状态,仅占样本的 14.58%;33 家企业处于规模递减状态,说明继续追加投入已不能取得更高的产出,但这并不完全由于这些企业的研发投入真正过量,而是企业没能很好地配置投入与产出之比,投入的经费不能得到充分利用。

夏良科(2013)利用面板数据模型分析了 1999—2010 年期间中国大中型工业企业的 21 行业中研发投入对 TFP 的影响,从多个方面深化了对 R&D、人力资本与 TFP 增长关系的认识。首先,文章证实 R&D 投入是中国工业 TFP 增长的决定因素;R&D 显著地促进了技术进步,但同时也是导致中国大中型工业企业技术效率持续恶化的重要原因。其次,行业间的 R&D 溢出对于全要素生产率具有重要影响,后向 R&D 溢出不利于 TFP 增长,而前向 R&D 溢出是提升技术效率重要因素;但是,前向和后向的 R&D 溢出均不利于技术进步。再次,文章没有发现人力资本积累作为 TFP 增长引擎的证据;相反,研究发现,如果控制了 R&D 投资与人力资本变量的交互作用,人力资本积累增加甚至抑制了 TFP 提升,其中的重要原因就在于人力资本积累虽然显著地促进了技术进步,同时却不利于技术效率的提升。最后,人力资本具有"同化器"的作用,人力资本不仅促进自身 R&D 投资对于 TFP 增长和技术效率提升的贡献,同时还有助于后向 R&D 溢出对于技术效率提高的作用;但是,却抑制了前向和后向 R&D 溢出促进技术进步。同时,文章的结果显示,R&D 投入和人力资本积累越多,技术进步越大;同时技术效率下降也越多。

宋文飞、李国平和韩先锋(2014)运用中国工业 33 个细分行业 2004—2011 年期间的面板数据,采用门槛回归技术,实证检验了环境规制对 R&D 双环节效率的门槛效应。研究结果发现,环境规制对 R&D 双环节效率的影响,无论是门槛条件还是影响过程都具有异质性。环境规制对 R&D 转换效率的门槛效应研究结果表明,在外商直接投资与贸易自由化水平门槛条件下,环境规制对R&D转换效率的影响呈"U"形特征;在行业获利能力、规模化水平门槛条件下,环境规制对R&D转换效率的影响存在倒"U"形的作用机制。而环境规制对R&D转化效率的门槛效应与其相比表现出一定的异质性,在外商直接投资水平、市场化水平门槛条件下,环境规制对R&D转化效率的影响具有倒"U"形特征;而在行业贸易自由化水平门槛条件下,具有显著的正向溢出效应。

(4)基于企业方面R&D投资的研究

Sanueal(2002)界定了R&D项目效率的定义,即为了实现R&D项目的技术目标和市场目标而投入的R&D资源和R&D过程的最佳利用。以西班牙得到政府资助R&D项目超过10万欧元的423家公司为研究样本,采用R&D项目的投入指标、过程指标、产出指标和成果指标对R&D项目效率进行研究。Zhang(2003)收集了国家统计局1995年发布的普查数据的企业层面数据,采用SFA方法衡量了企业的R&D投资效率(产出指标为企业新产品销售收入、投入指标为企业R&D经费投入和人员投入),并检验了企业所有权性质与R&D投资效率的关系。实证结果表明,国有企业的R&D投资效率低于非国有企业,在非国有企业中外资企业的R&D投资效率显著高于国内集体企业和股份制企业。Mogens et al.(2003)应用随机前沿方法(SFA)对丹麦2370个公司的R&D投资效率进行了测算,并分析了公司类型、市场集中度、偿债能力和所有权结构等因素对公司R&D投资效率的影响。Maietta和Sena(2010)运用SFA模型衡量了意大利企业的技术创新效率,并以利息保障倍数为融资约束的代理变量研究了融资约束对企业的技术创新效率的影响,结果表明融资约束显著促进了企业的技术创新效率。Park和Choi(2013)采用DEA的BCC模型评价了韩国2046个R&D项目的效率,并为改进R&D投资效率提出了相应的建议。

Xiao(2013)考察了股东权益保护法对企业 R&D 投入的影响。结果表明,加强股东权利保护可以提高世界各地的 R&D 投资效率,而且可以减少在 R&D 上的投资不足和过度投资。股东保护促进创新型国家的经济增长,而且可以帮助企业实现对 R&D 投资有效的资本配置。

Szücs(2014)利用 1990—2009 年期间的 265 家收购公司和 133 家并购公司的数据,评估并购活动对 R&D 支出和 R&D 强度的影响。通过使用不同的匹配手段,构建独立的对照组,研究 R&D 增长和强度与企业并购的关系。结果显示,目标公司合并后,大大降低了研发力度,而收购方的研发强度下降是由于销售大幅增长。Seru(2014)探讨了企业集团形式对公司 R&D 投资活动规模和创新的影响。研究发现,在这些失败并购的公司里,如果公司属于多元化并购,不仅创新数量少,而且创新不足,多元化组织会影响企业创新活动。

Pindado et al.(2010)侧重研究公司特征是如何影响 R&D 支出的。结果表明,公司特征可以缓和公司价值和 R&D 之间的关系。一些企业特征(如公司规模、企业成长和市场份额)会对公司价值和 R&D 之间的关系产生正向影响,而其他(如自由现金流、对外部资金的依赖、劳动强度、资本强度)会产生负向影响。因此,R&D 支出的有效性取决于企业的特点。Chen、Ho 和 Ho(2014)以 477 家美国公开上市的大型公司为样本,研究 CEO 过度自信与 R&D 显著增长之间的关系,研究结果表明,CEO 过度自信会严重影响到公司的 R&D 决策方式;在 R&D 显著增长的公司中,且 CEO 没有表现出过度自信,则投资者可以获得更高的异常报酬。此外,在公司的长期运行中,没有表现出过度自信 CEO 的公司更优于过度自信的公司。García-Quevedo、Pellegrino 和 Vivarelli(2014)使用西班牙制造企业在 1990—2008 年期间的数据,探讨年轻企业 R&D 活动的决定因素。结果发现,年轻企业的 R&D 支出更低一点,这可能是由于这些公司缺乏经验导致的。此外,研究还发现市场集中度和产品的多样化能够增加成熟企业参与R&D投资的可能性。

我国学者池仁勇(2003)以浙江省技术创新调查的230家企业(浙江省技术创新开展较好的企业)为研究样本,采用DEA模型测算了企业R&D投资效率,并简单分析了影响企业R&D投资效率的因素。史欣向和陆正华(2010)以2005年广东省714家民营科技企业的R&D数据,采用SFA方法以R&D经费和R&D人员为投入变量,以专利申请数为中间产出变量测度了企业R&D中间产出效率,以技术性销售收入为最终产出变量测度了企业R&D最终产出效率。实证结果显示:民营科技企业的科研成果产出能力并不差,科研成果的市场转化能力才是制约民营科技企业R&D投资效率的关键。他们还探讨了资本类型、企业规模、劳动力结构和领导者文化程度对中间产出效率和最终产出效率的不同影响。史欣向和梁彤缨(2011)在此基础上挖掘了影响R&D投资效率的"隐性"因素——企业家信心。实证结果显示,企业家信心指数越高,企业R&D活动的最终产出效率也随之提高,然而企业R&D活动的中间产出效率却随之降低。

陆国庆(2011)研究了2006—2008年期间深市中小板上市公司创新绩效的影响因素,结果表明企业创新绩效与创新投入、创新产出呈现显著正相关性,与创新环境、行业背景(如政府支持力度)和创新机遇等之间没有显著相关性,与外溢效应呈显著负相关性,与创新人力资本投入、公司年龄、公司Q值也呈负相关关系。刘秀玲(2012)以上市公司累计获得的有效专利量为产出变量,以R&D资本存量和R&D劳动投入作为投入变量,测算了上市公司R&D投资效率并分析其影响因素。研究结果显示:上市公司的专利生产技术效率总体上较小,但呈上升趋势,具有收敛性;技术装备利用率、资本密集度、国际化水平、国有股比例和公司规模对专利生产技术效率的提升具有显著影响。

黄新建、黄能丽和李晓辉(2014)以2008—2010年期间中国上市公司为样本,考察了高管特征对企业R&D投资效率的影响。结果表明,高管任期和高管持股与企业R&D投资效率正相关,高管年龄与企业R&D投资效率负相关。通过对重庆市与东中西部典型地区(上海、湖北、四川)的对比分析发现,重庆市R&D投资规模和投资强度都远低于其他三个地区;同时,重庆市R&D投资经费来源渠道主要依靠企业,政府对R&D投资经费的投入严重不足;重庆上市公司研发投资效率最低。

顾群、翟淑萍和苑泽明(2012)以logistic模型构建高新技术企业融资约束指数,并采用数据包络分析法测度高新技术企业R&D投资效率,在此基础上,实证检验了高新技术企业融资约束与R&D投资效率的关系。实证结果显示,高、低融资约束组的R&D投资效率具有显著的差异,且企业面临融资约束程度的上升会显著促进R&D投资效率的提高。该结果表明,代理问题会造成稀缺资源的浪费,而融资约束的客观存在会在一定程度上减轻代理问题对企业的负面影响,使企业更加重视R&D投入的质量,从而提高R&D投资效率。贺勇和刘冬荣(2011)基于我国民营高科技上市公司2007—2009年期间的数据,研究了企业R&D投入与融资约束的相关性问题。研究发现:①民营企业集团控制型上市公司在受到融资约束,特别是股权融资约束时通常会通过企业集团内部资本市场获取资金支持;②集团控制型上市公司的控股股东倾向于支持高现金流权的上市公司;③高科技上市公司R&D投入随着所获取的集团内部资金的增加而增加,而且在金融危机发生后的中度不利经济环境下具有显著性。贺勇和何红渠(2014)以金融危机前后我国2007—2010年期间沪深两市民营上市公司为研究样本,通过构建内部现金流和外部股权两种融资约束的测度方法,以集团属性为调节变量,控股股东支持为中介变量,研究了我国民营高科技上市公司金融危机前后的R&D投资问题。研究发现,集团成员企业的R&D投资对内部现金流敏感,而对外部股权融资不敏感;企业的集团属性不会显著改变两种融资约束对企业R&D投资的负向影响,即集团属性的调节作用不明显;但考虑控股股东支持的中介作用后,企业的集团属性使内部现金流约束对企业 R&D 投资的负向影响消失,即有中介的调节作用显著存在。

吴卫华、万迪昉和吴祖光(2014)以 2009—2012 年中国创业板高新技术上市公司的面板数据作为样本,使用会计和市场业绩计量指标,研究了高新技术企业业绩与 R&D 投入之间的关系。结果表明:①高新技术企业的公司业绩与 R&D 投入强度之间呈非线性的倒 U 形关系。这说明 R&D 投入并非越多越好,而是存在适度范围。当 R&D 投入未达到最大化公司业绩的极值时,增加 R&D 投入会提升公司业绩;当 R&D 投入超过能够最大化公司业绩的极值时,再增加 R&D 投入将会损害公司业绩。②最高市场业绩时的 R&D 投入水平要高于最高会计业绩时的 R&D 投入。因此,企业在制定激励政策时,采用会计业绩还是市场业绩作为激励参考指标,会对企业的研发投资行为产生很大影响。以市场业绩为基础的激励政策有利于企业提高研发投入。③业绩上升阶段公司业绩对 R&D 投入的敏感度要高于业绩下降阶段。在业绩达到极值之前,加大 R&D 投入可以带来更快的业绩增长;但是业绩达到极值之后,继续加大 R&D 投入,业绩的下滑速度则表现得较为平缓。会计业绩对 R&D 投入的敏感性低于市场业绩对 R&D 投入的敏感性。因此,企业需根据其要实现的会计或市场业绩权衡 R&D 投入强度。基于市场业绩的激励政策更有利于企业加大 R&D 投入,提高研发投资活动效率。

2.8.6 科技型企业内部控制的相关研究

Sheman(1994)认为科技型企业有研发投入比例高、技术员工占比高和生产创新性产品等主要特征。王旭(2004)认为提供高新技术产品及服务的研发和生产、具有较强的成长性与竞争力的企业符合科技型企业的定义。陈志(2004)将科技型企业定义为通过配置技术资源来组织科技创新活动,是专注于生产科技产品和提供技术服务的企业类型。王丽平(2011)认为科技型企业的认定条件是提供拥有主导技术的科技产品或技术服务、R&D经费投入对销售额的贡献大和科技人员在员工队伍中所占比例高等。对于科技型企业的特征研究大多类似,其中,杨平波(2007)认为科技型企业具有科研实力强、产品技术成分高、风险与收益成正比和集团化组织架构等特征,是科研院所转制而成的企业形态,具有浓厚的中国特色;并认为治理结构混乱、集权管理严重、缺乏员工激励、经费管理不科学、内部审计难以发挥监督作用等问题严重阻碍了我国科技型企业的发展进程。

Dai et al.(2009)分析了科技型企业人力资本投资中知识型员工的需求和特点,并结合企业战略和企业生命周期理论构建了人力资本投资模型,以此了解如何激发知识型员工。文章指出人才流失、道德、贬值和效率的风险是科技型企业在决策过程中应当考虑到的因素,科技型企业有必要考虑如何防范知识型员工的流失,以免带来人力资本投资风险。

Guo et al.(2011)指出国防科技型企业必须重视和实施全面风险管理,以适应经济全球化的竞争并进入国际市场。文章比较分析了目前最有代表性的规范与风险管理框架,构建了国防科技企业全面风险管理体系的框架,并提出实施全面风险管理的途径、阶段和工作。

杨东华(2012)认为,企业是物质资本所有者和人力资本所有者之间的契约,科技型企业中物质资本所有者与人力资本所有者的谈判力已发生了显著的变化,人力资本的地位愈发突显。科技型企业的公司治理结构应充分考虑人力资本的拥有者——科技型创始人的主导权益,建立泛股份制,注重科学技术入股方式,形成物质资本入股、人力资本入股以及科学技术入股相结合的创新型公司治理结构。

苍玉霞(2005)阐述了民营科技企业建立完善内部控制的必要性。健全完善的内部控制可以对民营科技企业的任何部门、任何环节进行有效的监督和控制,有利于国家的政策法规在企业内部的实施;加强企业的内部控制是深化企业改革、建立现代企业制度的客观要求,有利于端正管理思想,是改变经营观念的需要;内部控制是企业进行现代化管理的客观要求和可靠保证。科技型企业实施内部控制有利于促进有效经营,是实现现代化管理的需要,有利于防范财务风险,是保证会计信息的真实性和正确性的需要。

李丽华、许华丽和高洪峰(2008)探讨了高科技企业的特点、高科技企业内部控制应具备的特点、现行高科技企业内部控制的弱点,以及高科技企业内部控制应当努力的方向。其中,文章谈到高科技企业内部控制应具备的特点包括:其控制方式和控制理念应当发生改变,其内部控制应当强调系统的安全性,要关注对科研经费投入制定弹性与可考核性相结合的预算,高科技企业内部控制系统强调对人的控制。王秀果(2012)建议科技型企业加强内部控制理论学习,设立专门的内部控制管理团队,确定具体控制措施和重视内部控制评价,从而提高内部控制质量。

2.8.7 文献评述

从以上的文献回顾来看,目前国内外的研究所取得的进展和局限性如下:

(1)国内外研究所取得的进展

综合上述文献可以看出,随着我国内部控制的不断发展,国内外对企业内部控制研究的差距不断缩小。从研究方法上看,国内研究逐步从规范研究,到开始采用描述性统计分析,到使用问卷调查或利用公司披露信息进行实证检验;从研究内容上看,从介绍内部控制管理理论、剖析企业内部控制的现状,发展到对内部控制经济后果、影响因素等诸多方面的探讨。

对于内部控制质量经济后果的研究较为丰富,国内外学者通过实证研究证实了企业内部控制质量对股票价格、资本成本、公司价值、代理成本和公司投资等方面的影响。此外,内部控制质量影响因素的研究也取得了一定成果,国内外学者就相关因素对企业内部控制质量的影响进行了不同角度的探讨,诸如公司治理因素和公司特征因素,并且近年来开始探讨外部监管对企业内部控制质量的影响。

目前国内外学者对内部控制质量评价的研究比较丰富,构建评价指标的方法主要采用内部控制缺陷、内部控制要素、内部控制目标以及信号传递等来替代。主要观点如下:①内部控制是否存在缺陷影响内部控制质量的高低,企业内部控制存在重大或重要缺陷表示其内部控制质量较低;反之,内部控制存在一般缺陷或者不存在缺陷则说明其内部控制质量较高。②目前学者多以内部控制目标或部分内部控制要素作为切入点,结合行业特征确定评价指标和评价标准,形成企业内部控制质量评价体系。③企业自愿披露和如实披露内部控制信息的重要性,有助于企业在资本市场上传递正面的信号,配合资本市场的监督和会计师事务所的审计监督,能够促进自身内部控制质量的提升。

R&D投资在知识经济时代的重要性越发凸显,国内外学者从国家、地区、行业和企业层面对R&D投资进行了相关的研究,至于公司R&D投资效率的影响因素,已有文献也做了大量探讨,提出了许多影响公司R&D投资效率的重要因素。

(2)目前研究存在的局限性

目前针对科技型企业内部控制质量评价的研究非常少,从内部控制评价的国内外文献来看,研究方向广泛但是缺乏重点,目前研究存在的局限性如下:

①研究结论不一。企业之间对于内部控制缺陷的认定标准不统一,加上目前我国内部控制信息披露制度尚未完善,对于企业外部信息使用者来说,很难以是否存在内部控制缺陷来评价企业内部控制的质量。李明毅和惠晓峰(2008)认为基于内部控制目标和要素的评价指标可能受管理层的主观影响,因此,以内部控制目标和要素为标准评价内部控制质量可能降低评价的可信度,除非得到权威的验证。李超和郑懿卓(2011)认为单纯根据企业自评信息来评价内部控制质量不够全面。因为内部控制自我评估的信号传递功能可能导致评价

成本高和非客观的评价结果等问题,可能削弱了企业对外披露内部控制评价结果的自愿性,也会削弱了评价信息对外部信息使用者的利用价值。

②对企业内部控制质量影响因素的研究不够全面。从目前的研究文献看,企业内部控制质量的影响因素主要为公司治理、公司特征和外部监管等方面,但大多数围绕公司治理和公司特征对企业内部控制质量的影响进行探讨,且研究结论不一;同时较少文献全面研究这三方面因素对内部控制质量的影响,而且专门针对科技型企业这一特定企业类型的内部控制质量的影响因素研究较少。

③科技型企业内部控制质量的研究还有待于拓展。由于科技型企业与一般类型企业相比具有特殊性,一般类型企业的内部控制理论应用于科技型企业还存在吻合的空间,科技型企业不能完全套用一般类型企业的内部控制。目前针对科技型企业内部控制的研究还主要停留在科技型企业内部控制制度构建方面,以规范研究为主。在科技型企业内部控制制度已逐步建立的背景下,我国对科技型企业内部控制质量的评价与分析研究还比较缺乏,目前的研究现状不足以适应科技型企业内部控制发展的需要。

④现有文献较多关注内部控制质量的经济后果,强调内部控制质量的重要性。其中,内部控制质量与企业价值管理是近几年研究应用的热点,理论研究和实证研究都得出内部控制具有价值创造功能,内部控制对企业价值具有显著的正向作用。同时,现有文献探讨了内部控制对公司投资行为、投资效率的影响。R&D投资是企业至关重要的长期投资,影响企业的核心竞争力,但还未有文献将公司实施内部控制作为公司R&D投资效率的影响因素来进行分析。那么在当前我国科技型上市公司内部控制是否对公司R&D投资效率产生显著影响呢?目前尚未有文献对这一问题进行深入研究。

因此,本书将以科技型企业的实际情况为研究对象,结合统计分析和案例,在对科技型企业内部控制质量现状进行剖析的基础上,构建科技型企业内部控制质量评价指标,对科技型内部控制的设计质量与运行质量进行评价,检验科技型企业内部控制质量的影响因素。在此基础上,考察科技型企业内部控制对R&D投资效率的影响效应,以期丰富这一方面的相关研究。

2.9 本章小结

本章首先介绍了内部控制的定义、内部控制信息披露的相关规定、内部控制质量的衡量方式、内部控制质量的影响因素及内部控制评价的概念、内容和目标,阐述了与本章研究相关的委托代理理论、信息不对称理论及技术创新理论等。其次,对科技型企业内部控制特殊性进行归纳,认为科技型企业内部控制应该以技术创新为基础、以人本管理为核心、以资金控制为重点,为下文构建科技型企业内部控制质量评价指标奠定基础。再次,梳理和评述了国内外关于内部控制信息披露、质量、评价及R&D投资效率的相关研究成果。从中可知,目前关于内部控制质量评价、影响因素和经济后果的研究结论不一,不够全面深入;同时,这些研究更多是基于一般类型企业的研究,对于科技型企业内部控制质量的专门研究较少。因此,本书着眼于科技型企业内部控制质量问题的研究,具体研究:目前科技型企业内部控制质量现状如何?如何构建一套符合科技型企业特点的内部控制质量评价指标并运用于实际?进一步研究,科技型企业内部控制质量的影响因素有哪些?科技型企业内部控制对R&D投资效率又会产生怎样的影响?这些研究将有待于下文的规范研究和实证检验。

第三章 科技型企业内部控制质量现状分析

本书以福建省科技型上市公司为研究对象。本书所研究的福建省科技型上市公司,是指归属于福建省且获得"高新技术企业"、"高科技企业"、"火炬计划"、"863计划"、"创新型企业"或"国家规划布局内重点软件企业"认定的A股上市公司。本书根据福建省科技型上市公司2010—2012年期间披露的与内部控制有关的内部控制自我评价报告、内部控制审计报告等进行了描述性统计分析及调研,从企业内部控制环境、风险管控、内部监督和外部监管等方面探讨福建省科技型上市公司内部控制质量的现状。

3.1 福建省上市科技型企业基本情况介绍

海峡西岸经济区是指以福建为主体,面对台湾,邻近港澳,北承长江三角洲,南接珠江三角洲,西连内陆,涵盖周边,具有自身特点、独特优势、辐射集聚、客观存在的经济区域,是我国沿海经济带的重要组成部分,在全国区域经济发展布局中处于重要地位。根据《福建省建设海峡西岸经济区纲要》中的要求,为了进一步加强建设海峡西岸经济区,要重点依托产业发展。要以市场为导向、高新技术为支撑、产业转型升级为重点,培育壮大新兴产业,加强资金、人才、技术支持,不断推动产业集聚,形成主导产业、特色产业、高新技术产业等协调发展的现代产业体系。在培育发展高技术产业的同时,应用高新技术和先进适用技术改造提升传统优势产业。在电子信息、光电、新材料、新能源、机械装备、环保、生物医药、现代农业、海洋与资源综合利用等领域,打造一批高水平、引领性的海西研发高地,掌握一批重大原始性创新成果,抢占产业发展制高点。鼓励、支持台商投资高新技术产业区,建设海峡西岸高新技术产业带,使之成为承接台湾高新技术产业与技术转移的载体。① 科技型企业在促进我国经济平稳较快发展方面具有不可忽视的作用,福建省现有福州、厦门、泉州高新区等3家国家高新区和莆田、南靖、三明高新区等3家省级高新区以及8家国家高新技术产业化基地、9家国家火炬计划特色产业基地,已形成较大的产业规模,成为拉动福建省国民经济增长的重要力量。科技型企业肩负着推动福建省经济发展这一重要使命,责任重大。

根据福建省科技厅印发的《福建省科技型企业备案办法(试行)》,参考《国家重点支持的高新技术领域》选取科技型企业,选取标准为:①在闽依法登记注册一年以上,经营良好且管理健全的企业;②遵守国家安全生产和环保规定,近三年内未发生重大责任事故;③有固定的经营场所、合理的业务规模及先进的配备设施;④有常年运行且上年度研发投入逾10万元的研发机构;⑤生产高新技术产品或拥有专利发明等自主知识产权。

截至2013年5月,福建省在上海证券交易所上市的公司共计31家,其中经省市科技厅认定为科技型企业的有10家。深圳证券交易所上市的公司有56家,其中,主板市场共计14家,通过资格审查被认定为科技型企业的共2家;创业板市场的11家公司全部被认定为科技型企业;中小板市场的31家公司中,25家为科技型企业。本书选定上述48家沪深两市A股上市科技型企业为研究对象,书后的附录Ⅰ列出了福建科技型企业的名称、所属行业等情况。从中可以看出,福建省上市科技型企业所覆盖的领域包括电子信息、生物医药、机械设备、轻工制造、纺织制造、信息服务等行业,这些都为打造高水平的海西研发高地创造了良好的条件。上述公司中,在创业

---

① 福建省第十一届人民代表大会第三次会议(修编).福建省建设海峡西岸经济区纲要:第一章、第三章.福建日报,2010-02-09.

板上市的纳川股份、富春通信及在中小板上市的闽发铝业、日上集团、蒙发利、金达威、雪人股份等7家公司为2011年新上市的公司。2012年,麦迪电气在创业板上市,兴业科技与腾新食品两家公司在中小板上市。至此,2012年沪深证券交易所挂牌交易的闽科技型公司达到了48家。

表3-1为2012年福建省科技型上市公司数量与福建、全国上市公司在各板块之间的比较,从中可看出,2012年我国A股上市公司数量为2 469家,而福建省上市公司偏少,只有87家,在全国中仅占3.52%,但是科技型企业在福建省上市公司数量中却占了一半以上,为55.17%。其中,在创业板块上市的公司全部为科技型企业,中小板块上市公司中,科技型企业占了80%以上,这说明在福建省A股上市公司中,科技型企业居于主导地位,对于促进福建省经济社会发展、科技创新和进步起着至关重要的作用。

表3-1 福建省科技型上市公司数量与福建、全国上市公司数量比较

	福建省A股上市科技型企业		福建省A股上市公司		全国A股上市公司	
	数量	比例①(%)	数量	比例②(%)	数量	比例③(%)
沪市主板	10	32.26	31	3.29	941	38.11
深市主板	2	14.29	14	2.97	472	19.12
中小板块	25	80.65	31	4.42	701	28.39
创业板块	11	100	11	3.10	355	14.38
总计	48	55.17	87	3.53	2 469	100

资料来源:沪深交易所网站统计年鉴。其中:比例①是指福建省A股各板块上市科技型企业的数量与福建省A股上市公司对应板块总数量之比;比例②是指福建省A股各板块上市公司的数量与全国A股上市公司对应板块总数量之比;比例③是指全国A股各板块上市公司数量与全部A股上市公司数量之比。

表3-2列示了2010—2012年沪深科技型上市公司在各板块的

分布情况。从中可知,福建省科技型上市公司分布状况较为集中,多数属于创业板和中小板,2012年中小板和创业板的企业数量分别占总数的52.08%和22.92%,主板市场由深市主板和沪市主板两个板块构成,合计占比仅为25%。

表3-2 福建省科技型上市公司所处板块的分布情况

板块	2010	2011	2012
沪市主板	10	10	10
深市主板	2	2	2
创业板	8	10	11
中小板	18	23	25
总计	38	45	48

3.2 福建省科技型企业内部控制质量现状分析

通过调研与收集福建省科技型上市公司2010—2012年期间披露的与内部控制相关的信息资料,如内部控制自我评价报告、内部控制审计报告等,并对其进行统计分析,从企业内部控制环境、风险管控、内部监督和外部监管等方面剖析福建省科技型上市公司内部控制质量的现状与存在的问题。

3.2.1 企业内部环境不完善

内部环境是企业内部控制要素的基础。COSO报告认为,内部环境的因素具体包括:员工的诚实和职业道德、人员胜任能力、管理哲学和经营作风、董事会及审计委员会、组织机构、权责划分、人力资源政策及执行等。福建省科技型企业内部控制环境不够完善,主要体现在以下两个方面：

(1)企业对内部控制工作重视不够

目前科技型企业的内部治理问题一直没有得到很好的解决。一是管理当局大部分由技术型人才转型而来,重技术轻管理,对于内部控制工作的重要性没有认识到位。有的企业构建内部控制制度,并对内部控制进行评价和审计,可能只是为了满足外部监管的相关需求,忽视了内部控制的本质目标。事实上,查错防弊,确保财务信息、市场信息的及时性、准确性等仅仅是内部控制的基本内容。二是大部分科技型中小企业都还没有足够的人力物力完善内部控制的体系,更不要说根据《企业内部控制基本规范》及《配套指引》进行内部控制质量的评价工作。三是多数的上市公司未将内部控制的所有内容及环节联系起来,从整体上去把握。这种片面的注重实物环节的内部控制行为可能影响企业评价内部控制的积极性,使得评价工作流于形式。四是管理者内部控制意识不强,不利于内部控制的建立和执行,影响了内部控制的效率及效果。2012年福建省48家科技型上市公司中,管理层持股比例低于20%的企业有34家,约占总体的71%,其中有15家企业管理层持股比例为0。总体而言,福建省科技型企业管理者持股比例不高,管理者受到股权激励较少,主人翁意识可能不强,导致管理者自我提升的动机不足,缺乏内部控制的意识,建立和维护内部控制的积极性不高。

(2)公司治理结构不健全

公司治理是所有者对经营者的一种监督与制衡机制,即通过一种制度安排,来合理地配置所有者与经营者之间的权利与责任关系。广义公司治理结构包含控股股东行为、董事会治理、监事会治理、经理层治理、信息披露治理和利益相关者治理等方面,公司治理结构是内部控制的环境前提。2012年福建省48家科技型上市公司中,有17家企业存在董事长与总经理两职合一的现象,这说明福建省科技型企业中董事长和总经理兼任现象较普遍。这种职位组织形式不利于其他董事对管理者的监督,影响监督机制的有效性。此外,目前我国科技型企业股权结构不合理,例如,2012年样本公司的第一大股东持股比例均值为33.8%,最大值为73.8%,前五大股东持股比例均值为59.9%,难以对第一大股东起制衡作用,同时存在监事会职责缺位等现象。因此,公司治理结构不健全,必然会缺乏一套有效的监督和制衡机制,影响企业内部控制的设计和运行的有效性,加大了企业发展的风险性。

3.2.2 企业风险管控力度欠缺

目前福建省科技型企业多数还处于起步成长阶段,企业风险意识不强,所采用的风险管理与控制措施还不到位。具体表现为以下几个方面:

(1)对行业风险认识不足

一项产品的研发一般要经历较长的周期,在各个环节都可能面临风险,有可能出现"前功尽弃"的情况,这样就会对企业的经营产生影响。如原材料的采购受产地、国家政策等的影响导致材料供应不足或者价格成本过高等风险,从而影响企业的正常经营;研发核心技术泄露导致市场上率先出现类似产品;关键技术人员离职导致研发无法继续进行;新项目是否安全、能否成功都会对企业的经营运转产生不利的影响。因此科技型企业更应注重对风险的识别和评估并做好应对措施,在控制活动中对关键控制环节严格把关。内部控制自我评价报告为风险揭示、关键控制活动的把握提供了很好的指引,在规定模块执行特定的程序,有条理而不至于遗忘。风险要从细节抓起,只有细节控制好才能避免风险的发生,才能做到防患于未然。但就科技型企业内部控制信息披露来看,控制活动中关于产品质量、产品研发、人力资源等方面并具体阐述公司控制措施的也不多,而且大部分都比较形式化,并没有实质性的内容。由此可见,科技型企业对该行业所特有的风险认识并不到位。

(2)缺乏科研经费的监督机制

根据2006年2月9日国务院公布施行的《国家中长期科学和技术发展规划纲要(2006—2020年)》,全社会科技研发经费年投入总量将超过9 000亿元。由于科技研发投入巨大,对科研经费的监督和管控就显得愈发重要。《2012年全国科技经费投入统计公报》数据显示,福建省R&D经费投入为270.99亿元,R&D经费投入强度为1.38%。根据科学技术部发展计划司2013年5月发布的《科技统计报告》,福建省2012年的科技活动投入指数为53.79%,科技活动产出指数为27.34%。科技活动产出指数远低于投入指数,可见福建省科技型企业科研投入产出效果还有待提升,其原因除了研发项目难度和研发能力限制外,主要在于科研经费未能做好有效的规划和预算,未能进行合理分配和使用,缺乏监督机制。科研经费监督机制不完善,可能导致科研经费掌握在部分科技人员手中,存在人为操纵科研经费的舞弊风险,将导致企业经济利益流失。此外,研发经费分配不合理可能致使部分项目夭折,不仅浪费前期研发投入,而且不利于企业保持竞争力,挫败广大科技人员研发的积极性。

(3)缺乏对人力资本投资的风险控制

人力资本投资对于科技型企业保持竞争优势和可持续发展具有重要的战略意义。企业必须雇佣足够数量的、有胜任能力的员工,给予相应的报酬和激励,才能够使各岗位人员各司其职,完成整个组织的运行。对人力资本的投资,尤其是在高级人才引进和保留时,企业必须大力投资,且应该做到持续性和长期性。相应的,企业的投入要求投资对象应当具备良好的成长性和创新性,这就需要企业慧眼识人,在选拔人才时不拘一格。对福建省科技型上市公司的合并财务报表信息进行统计可得,2012年福建省48家科技型上市公司为职工支付的现金总额为72.09亿元,而其利润总额也仅为66.72亿元,人力资本投资金额巨大。然而,根据48家企业2012年披露的内部控制评价报告中关于人力资源政策的说明,各企业虽建立了企业人员聘用管理相关规定,但是对于聘用过程中的人才甄别和选用却缺乏明确思路。目前福建省科技型企业对人力资本投资对象的选择尚未形成一套良好的考核体系进行控制,以防范企业人力资本投资失效或效用降低。

(4)缺乏对人力资源的有效激励和人员流失的防范

由于科技型企业的核心技术掌握在科技人才手中,并且技术人员具有很强的流动性,因此做好科技研发人员的有效激励非常重要。科技型企业建立一个有效的人员激励机制,可以激发科技人员的潜力,防止科技人员和核心技术等知识产权外流,并吸引更多优秀人才流入。但是,根据2012年福建省科技型上市公司内部控制评价报告披露的信息,披露内部控制评价报告的45家企业中,有15.56%的企业尚未建立绩效考核评价制度。虽然企业建立绩效评价制度,但仅用于绩效工资定级、奖金发放、职称和荣誉评定等,未能达到激发科技人员潜能、促进成果产出的效果。此外,通过对2012年福建省科技型上市公司的年度财务报告进行信息整合,发现48家企业中52.08%的企业在"重大风险提示"和"董事会报告"中提出企业存在人力资源方面风险,其中40%是核心技术人员流失的风险。因此,福建省科技型企业没有建立一个科学统一的科技人员绩效评价体系,在防范科技人才流失方面,以及科技人才流动后,对公司技术及机密的保护方面没有有效的措施。

3.2.3 内部监督力度有待加强

内部监督是指对企业内部控制建立与实施情况进行监督检查,评价内部控制的有效性,发现内部控制缺陷,并及时加以改进的过程。福建省科技型企业在内部监督方面的主要表现为:基本按照规范披露了内部控制评价报告,披露数量逐年增多,披露质量有所上升,但是评价标准不一,体现科技型特点的关键环节披露不足,存在内部控制缺陷多,内部控制缺陷披露不规范,内部控制评价报告结论不明确等,企业内部监管水平还有待提高。

(1)内部控制评价报告披露数量逐年增多

《企业内部控制基本规范》、上海证券交易所和深圳证券交易所发布的《上市公司内部控制指引》要求上市公司定期披露内部控制自我评价报告。本书以各板块为单位,对2010—2012年的内部控制评价报告进行统计,表3-3列示了福建省科技型企业内部控制自我评价报告披露情况。从表中可知,福建省科技型上市公司内部控制评价报告在2010年、2011年、2012年的披露数量占比分别为86.84%、91.11%和93.75%,而2012年我国上市公司内部控制评价报告的披露比例达到90.04%。由此可知,2010—2012年福建省科技型上市公司内部控制评价报告的披露总体情况尚可,呈逐年上升趋势;其中,2012年福建省科技型企业内部控制评价报告披露比例略高于全国水平。

表3-3 福建省科技型企业内部控制评价报告披露情况

	2010年闽科技型上市公司			2011闽科技型上市公司			2012闽科技型上市公司			2012年全国上市公司		
	披露	未披露	比重(%)	披露	未披露	比重(%)	披露	未披露	比重(%)	披露	未披露	比重(%)
主板	7	5	58.33	8	4	66.67	9	3	75.00	1 168	245	82.66
中小板	18	0	100	23	0	100	25	0	100	700	1	99.86
创业板	8	0	100	10	0	100	11	0	100	355	0	100
合计	33	5	86.84	41	4	91.11	45	3	93.75	2 223	246	90.04

表3-3中列示的披露数量是指上市公司单独披露自我评价报告的数量,并未包括在公司年报中对内部控制情况进行说明的上市公司。2010年,沪市上市公司中有5家未单独披露内部控制自我评价报告,但均在年报中"公司治理结构"章节下说明了公司内部控制的建立及实施情况,这一结果可能与沪市内部信息披露政策偏向于鼓励,而深市披露政策偏向于强制有关。为确保研究的统一性,在对内部控制内容进行研究时,这5家也纳入统计范围。但从提升内部控制信息披露质量角度来看,对于内控信息披露的位置最好是采用强

制性规定的办法来限定。根据《关于2012年主板上市公司分类分批实施企业内部控制规范体系的通知》的要求,所有主板上市企业均须于2014年对外单独出具内部控制自我评价报告,届时内部控制信息披露数量会得到进一步的提高。

(2)披露质量有所上升

对于内控信息披露内容的研究,本书按照样本企业在2010—2012年披露的内部控制信息对其披露的详细程度进行判定,以期全面了解2010—2012年披露质量的变化趋势。

在对披露内容的详细程度进行分析时,本书参考康福艳(2012)中所使用的评价标准对样本企业进行划分,主要分为"详细披露"、"比较详细披露"、"简单披露"、"无实质性内容"四个层次。

"详细披露"是指公司出具的内部控制自我评价报告是按照《企业内部控制基本规范》的要求,分别从内部控制五要素——控制环境、风险评估、控制活动、信息与沟通和内部监督来建立企业的内部控制体系,对内部控制制度的建立和执行情况进行详细说明,指出公司在全部运营环节,例如销售及收款环节、采购及付款环节、生产环节、固定资产管理环节、货币资金管理环节、关联交易环节、担保与融资环节、投资环节、研发环节和人事管理环节中内部控制的执行情况,介绍的内容与企业实际情况相结合,并能提出具体的改善内部控制的措施。

"比较详细披露"是指公司在内部控制自我评价报告中按照《企业内部控制基本规范》的要求建立内部控制框架,但在报告中对内部控制体系的建立健全和运营情况并没有按照五要素(如两要素、四要素的情况)分别进行说明,或虽然按照五要素进行说明,但只是对公司需重点关注的控制活动,如对控股子公司的管理控制、关联交易、对外担保、募集资金使用、重大投资、信息披露内部控制的情况进行说明,但并未对各个运营环节中内部控制的执行情况进行说明,说明的内容与企业联系不紧密,没有结合企业的实际情况;或虽然内部控制情况既按照五要素展开又对各个运营环节加以说明,但没有提及内部控制缺陷问题,也无任何改善措施或仅在内部控制自我评价结论段中以一句"将不断优化内部控制"等作为改进意见。

"简单披露"是指上市公司对内部控制的建立健全情况没有按照五要素(如两要素、四要素的情况)分别进行说明,对于企业各个环节的流程控制情况介绍得也极为简单,或对于公司的内部控制没有提出改善措施。

"无实质性内容"是指公司在披露内部控制信息时仅做了形式化的表述,无任何实质性内容,使用者从中无法获得有价值的信息。

根据上述分类标准,2010—2012年在沪、深上市的福建省科技型企业的内部控制信息披露如表3-4所示。

表3-4　福建省科技型企业内部控制详细披露情况统计表

时间 程度	2010		2011		2012	
	数量	比重(%)	数量	比重(%)	数量	比重(%)
详细披露	7	18.42	8	17.78	15	31.25
比较详细披露	17	44.74	23	51.11	17	35.42
简单披露	9	23.68	11	24.44	14	29.17
无实质性内容	5	13.16	3	6.67	2	4.16
总计	38	100	45	100	48	100

从表3-4中可以看出,在2010—2012年期间福建省科技型上市公司内部控制信息披露的情况整体表现良好,详细披露的比例由2010年的18.42%上升到2012年的31.25%,该类公司内部控制自我评价报告的格式十分规范,且披露的内容完整、详细。比较详细披露的公司数量由2010年的17家增加至2011年23家,由44.74%升为51.11%,2012年由于部分公司披露的内容更加详细完备,上升至"详细披露"水平,因此该比例有所下降,仅占35.42%。虽然该类公司披露的内容略为粗略,但能突出重点,例如:有的公司在披露时会结合自己的行业情况进行风险分析;有的则对公司治理专项活动的

情况进行说明,并披露整改措施及结果;还有的公司会根据自己科技型行业的特点,对研发环节内部控制、知识产权及无形资产的内部控制进行专门的披露。由此可见,样本企业对《企业内部控制基本规范》和《企业内部控制评价指引》中相关规定的遵循较好,它们愿意披露更详细的内部控制信息以减少信息不对称,吸引更多的投资者投资。但该表也表明,上市公司中不乏一些披露无实质内容的公司,在研究样本公司中,披露内容缺乏实质性的多为沪市上市公司,这些公司未单独对外披露内部控制自我评价报告,仅在公司年报中对内部控制建立健全情况进行大致描述,内容流于形式。

(3)评价标准不一、要求各异

内部控制自我评估报告的质量与董事会选择的报告依据有很大关系,目前福建省上市科技型企业对内部控制进行自我评价时选择的评价标准主要有上海证券交易所和深圳证券交易所的《上市公司内部控制指引》、《企业内部控制基本规范》及《企业内部控制配套指引》(有的公司选择的评价依据为《企业内部控制应用指引》,有的则以《企业内部控制评价指引》作为评价标准,统计时均将其以《企业内部控制配套指引》为评价依据)、《内部会计控制规范——基本规范(试行)》、《关于做好上市公司20××年年度报告披露工作的通知》、《上市公司治理准则》和《深圳证券交易所股票上市规则》等,在中小板和创业板上市的高新技术企业,还以《深圳证券交易所中小板上市公司规范运作指引》、《深圳证券交易所创业板上市公司规范运作指引》、《中小企业板上市公司内部审计工作指引》等作为依据。

内部控制评价标准作为企业对其内部控制情况进行评价的依据,应该具有统一性。但研究中发现,福建省科技型上市公司在对内部控制进行评价时所选择的标准差异性较大,例如,浔兴股份在出具2012年自我评价报告时所选择的标准包括《企业内部控制基本规范》及《企业内部控制配套指引》、《上市公司治理准则》、《深圳证券交易所股票上市规则》和《中小企业板上市公司内部审计工作指引》;而中能电气在同年的自评报告中则说明其公司根据《企业内部控制基本规范》、《上市公司内部控制指引》、《深圳证券交易所创业板上市公司规范运作指引》、《上市公司治理准则》及《关于做好上市公司2012年年度报告披露工作的通知》对公司内部控制情况进行全面检查。为了进一步分析,本书以《企业内部控制基本规范》为核心,分成五个标准,如表3-5所示。其中"其他"是指上市公司未在报告中明确表示其所选择的评价依据未包括《企业内部控制基本规范》、《企业内部控制配套指引》以及《上市公司内部控制指引》。例如,安妮股份在出具的2011年自我评价报告时选择《深圳证券交易所中小企业板上市公司规范运作指引》、《关于做好上市公司2011年年度报告披露工作的通知》为依据;而以《企业内部控制基本规范》作为核心评价依据是由于在《关于2012年主板上市公司分类分批实施企业内部控制规范体系的通知》中明确指出,自2012年1月1日起两市主板上市公司开始实施《企业内部控制基本规范》和《企业内部控制配套指引》。既然内控体系的建设以此为标准,同理,本书认为评价依据也会逐渐趋于《企业内部控制基本规范》。虽然监管部门对在中小板和创业板上市的公司并未有强制要求,但鼓励有选择地以此标准建立内部控制体系,因而对中小板、创业板选取同样的标准进行统计。

由表3-5中的数据可知,2010年以《企业内部控制基本规范》、《上市公司内部控制指引》为评价依据的上市公司占73.68%,而依照《企业内部控制基本规范》及《企业内部控制配套指引》进行评价的仅有浔兴股份和三钢闽光,占5.26%。这两家公司披露的内控信息比较详细,据此本书认为《企业内部控制配套指引》对上市公司自我评价有很好的指导作用。到2012年,样本公司中依据《企业内部控制基本规范》对内部控制进行评价的上升至95.83%,其中,依据《企业内部控制基本规范》及《企业内部控制配套指引》的上市公司从2010年的2家增至2012年的18家,这18家企业中同时又以《上市公司内部控制指引》为依据的公司为7家;不公布或以其他标准作为评价依据的公司逐年减少。由此可见,福建省科技型上市公司依据《企业内部控制基本规范》进行披露的比例逐年上升,披露水平逐步规范,增加了信息的可比性。

表 3-5 内部控制自我评价报告的评价标准统计情况

标准	2010 数量	2010 比例（%）	2011 数量	2011 比例（%）	2012 数量	2012 比例（%）
《内部控制基本规范》	14	36.84	20	44.44	12	25.00
《内部控制基本规范》、《上市公司内部控制指引》	14	36.84	9	20.00	9	18.75
《内部控制基本规范》及《内部控制配套指引》	2	5.26	7	15.56	18	37.50
《内部控制基本规范》、《内部控制配套指引》及《上市公司内部控制指引》	0	0	0	0	7	14.58
其他	8	21.06	9	20.00	2	4.17
合计	38	100	45	100	48	100

标准的多样化导致各上市公司在披露自评报告时内容的详略程度有所不同，在上海证券交易所发布的《上市公司内部控制指引》第33条中规定，在公司内部控制自我评价报告中至少要包括如下内容：①内部控制制度是否建立健全；②内部控制制度是否有效实施；③内部控制检查监督工作的情况；④内部控制制度及其实施过程中出现的重大风险及其处理情况；⑤对本年度内部控制检查监督工作计划完成情况的评价；⑥完善内部控制制度的有关措施；⑦下一年度内部控制有关工作计划。而在《企业内部控制评价指引》中第22条提出，内部控制评价报告至少应当披露下列内容：①董事会对内部控制报告真实性的声明；②内部控制评价工作的总体情况；③内部控制评价的依据；④内部控制评价的范围；⑤内部控制评价的程序和方法；⑥内部控制缺陷及其认定情况；⑦内部控制缺陷的整改情况及重大缺陷拟采用的整改措施；⑧内部控制有效性的结论。由此可见，

各标准都对内部控制信息披露的内容进行了规定,内容虽有重叠,但也存在不同之处,这就会给上市公司造成困惑,导致他们披露的内部控制信息内容详略程度不一,从而对信息使用者的判断与决策产生影响,最终影响了上市公司在资本市场中的信誉。

(4)突出科技型企业特点的关键环节披露不足

在研究内部控制信息披露内容是否突出科技型行业特点时,本书的判断标准为:凡是在风险评估环节、内部控制活动环节或缺陷认定标准环节中有特别提到符合科技型企业特点文字的,都认为突出了该行业特点。例如,在风险评估环节,公司提出由于研究开发、技术进步等科技创新因素的存在会对企业未来的经营带来不确定性;在对控制活动评价时,专门提到研发环节内部控制;在内控缺陷认定时,将技术人员的流失作为企业重大缺陷等。在对2012年48家上市科技型企业内控自评报告分析后,发现共计18家企业披露的事项中突显出科技型企业的特点,具体情况如表3-6所示。

从表3-6可知,对外披露的内部控制信息能够反映出高新技术企业特点的上市公司共计18家,分别是三五互联、易联众、元力股份、纳川股份、麦迪电气、七匹狼、浔兴股份、冠福家用、太阳电缆、科华恒盛、三元达、榕基软件、海源机械、兴业科技、片仔癀、三安光电、福建南纺及龙溪股份,共占样本企业总数的37.5%,数量不多。这些企业将具有科技型行业特征的内控信息集中体现在风险评估过程、人力资源管理、资产管理政策、研究与开发过程及缺陷认定标准环节,也有个别企业将符合该行业特点的内控信息反映在完善措施环节。在上述18家企业中,同时在三个环节进行披露的仅龙溪股份一家企业,而浔兴股份和兴业科技两家企业在上述两个环节的披露内容都涉及科技型企业的特点,其余的15家企业均在上述环节中的某一环节体现了科技型企业特点。这18家企业披露的内容有的较为详细,如海源机械将公司专利管理的内部控制流程信息进行了披露,元力股份、兴业科技及片仔癀对研究与开发流程的描述较为细致;有的披露内容则较笼统,如纳川股份、科华恒盛、七匹狼,仅披露了公司对技术风险、研发投入十分关注,并没有提供更有价值的信息给投资者。另外,在对披露环节进行分析时,发现这些相关内容披露在风险评估环节的有 4 家,披露在人力资源管理环节的 3 家,还有 6 家披露在研发环节,4 家在无形资产管理环节进行披露,3 家在内控缺陷环节予以披露,个别企业还选择披露在项目管理、完善措施等环节,这些环节均是与科技型企业特征紧密相关的环节。总的来说,科技型企业披露的内容并没有突出资金、人才和技术等行业特征,不仅披露的企业偏少,且内容较为形式化,仅个别企业披露了具有实质性的信息,披露的环节不全面,多数企业仅在某一环节提及,有待进一步加强。

表 3-6　福建省 18 家科技型上市公司突出行业特点的披露内容

序号	证券名称	与科技型企业特点相关的披露内容	披露位置
1	三五互联	设有独立的产品技术中心	质量控制
2	易联众	软件研发中心重新修订了《项目管理制度》	项目控制
3	元力股份	设有技术研发中心;公司对专利的许可和转让等环节明确了各自的权责及相互制约的要求与措施	研发及技术成果管理
4	纳川股份	产品具有单一性风险,公司将继续研发新产品	风险评估
5	麦迪电气	掌握核心知识产权的员工离岗,有相关制度予以规范性限制	人力资源政策
6	七匹狼	关注所处行业的技术进步、工艺改进等外部风险	风险评估
7	浔兴股份	设有专门的技术研发部;对掌握公司知识产权的相关人员在签订合同时进行相关约定	产权管理人力管理
8	冠福家用	将技术人员的流失确定为公司内控缺陷 把稳定研发骨干团队作为完善内控的措施	缺陷认定完善措施
9	太阳电缆	将高级技术人员严重流失认定为企业内控缺陷	缺陷认定

续表

序号	证券名称	与科技型企业特点相关的披露内容	披露位置
10	科华恒盛	加大研发环节的投入,强化知识产权保护管理	研究与开发
11	三元达	加大资金、人力投入开发新产品以应对风险	风险评估
12	榕基软件	发展受研发技术投入、技术进步等科技因素的影响	风险评估
13	海源机械	制定并严格执行与专利管理工作相关的管理制度	无形资产
14	兴业科技	定期评估无形资产的先进性 对研发金额的审批及研发成果的管理制定了规定 与核心研发人员签订劳动合同时,会约定涉密问题	资产管理控制 研发控制
15	片仔癀	制定研发管理制度,规范研发部门内部管理流程	研发管理
16	三安光电	公司研发模式是自主创新与合作共研相结合。与核心技术的人员、合作伙伴签订保密协议,强化专利申报业务	研究与开发
17	福建南纺	公司在研发及知识产权的申请与保护方面做了详尽规定	生产管理控制
18	龙溪股份	让高技能人才参与高新技术开发活动 对研发活动从立项到成果的保护,整个过程均制定了相关的规章制度 公司将技术人员的流失作为内控缺陷标准之一	人力管理 研究与开发 缺陷认定标准

(5)部分企业存在内部控制缺陷

表 3-7 列示了福建省科技型上市公司披露的内部控制评价报告缺陷情况,并与我国上市公司缺陷披露状况进行对比。从中可知,在 2012 年我国 2 469 家上市公司中,有 2 223 家披露了内部控制评价

报告,其中有 503 家披露自身存在内部控制缺陷,占 20.37%。2012年福建省科技型企业有 45 家披露了内部控制评价报告,15 家企业在报告中提及企业存在内部控制缺陷,占 31.25%,存在内部控制缺陷的公司数量高于全国水平;同时还有 3 家未披露内部控制自我评价报告,说明福建省科技型企业内部监督不足,还存在较多内部控制缺陷,影响内部控制的有效性。

表 3-7　2012 年企业内部控制评价报告缺陷披露情况

内部控制自我评价报告	内部控制缺陷	福建科技型上市公司		全国上市公司	
		公司数量	比重(%)	公司数量	比重(%)
披露	披露	15	31.25	503	20.37
	未披露	30	62.50	1 720	69.66
未披露		3	6.25	246	9.97
合计		48	100	2 469	100

(6)内部控制缺陷披露方式不规范

从 2012 年福建省科技型企业的内部控制评价报告可知,其内部控制缺陷的确认标准、披露方式不规范,披露内容不全面,多数报告仅表示企业存在缺陷,或简单列举个别缺陷,未对年度内部控制评价过程中发现的缺陷数量、类型、所属环节等进行解释。在样本公司中,只有 11 家企业披露了内部控制缺陷的认定标准,占 24.44%;其中,福晶科技、新大陆、福建南纺和三安光电四家公司介绍情况简单,仅阐述了控制缺陷定义和缺陷类型,并没有较为实际的内容;而太阳电缆、冠福家用、兴业科技、片仔癀、厦门钨业、龙溪股份及厦工股份七家公司分别从定性、定量两方面划定了内部控制缺陷的认定标准。虽然监管部门在《企业内部控制评价指引》中已对披露内部控制缺陷提出了要求,但由于对外揭露公司风险类似于"自报家丑",因而很多公司不愿如实披露。

在提及内部控制缺陷的报告里,仅47%披露了内部控制的具体缺陷情况或缺陷数量,即企业披露的内部控制评价报告缺陷中,一半以上仅承认公司内部控制存在不足,但未对缺陷做任何说明。此外,在这47%披露内控具体缺陷的报告中,仅一家公司披露了公司存在的缺陷数量和缺陷类型,其余仅列举公司个别缺陷,未做全面的统计和说明。这种现象与该行业的高风险性不成比例。这主要是由于大多数公司在披露内控信息时回避对内部控制缺陷认定及缺陷整改情况的披露。上市公司应该按要求披露内部控制缺陷及认定,以便更全面地向信息使用者披露内部控制信息。

(7)内部控制评价报告结论不明确

信息使用者根据企业所披露的内部控制评价报告可以了解到企业内部控制工作是否开展、内部控制的实施进程和实施效果、内部控制的有效性结论是否合理等。目前福建省科技型企业内部控制评价报告的质量和水平还有待提高,其内部控制评价报告未能明确表达内部控制的有效性情况,不少企业以"不存在重大缺陷"作为替代性结论,或未能给出结论。本书对2012年福建省科技型企业披露的内部控制评价报告内容进行了整理,发现仅66.67%的企业明确表示公司内部控制有效;4.44%在评价报告仅提到"公司未出现中国证监会、交易所对公司及相关人员的公开谴责或其他形式的惩戒",而未对公司内部控制情况做具体结论性评价;28.89%表示"公司内部控制控制活动不存在重大缺陷"或"公司与财务报告相关的内部控制是有效的"。可见,福建省科技型企业内部控制结论披露方式不规范、不明确,内部控制评价报告结论的说服力和信息传递效果有待提高。

3.2.4 外部监督成效不高

内部控制的外部监管是指资本市场的监管当局在已有的行政、

法规、公司治理等监管的基础上,对上市公司内部控制方面的监督,力求达到企业经营的效果和效率、财务报告可靠性和对现行法规的遵守,以解决市场模式下的代理问题,保护投资者利益,规范资本市场的运行。目前主要从保荐机构和会计事务所对企业内部控制评价报告进行核查和审计两个方面反映内部控制的外部监管状况。

(1)保荐机构对内部控制的核查情况

保荐人对上市公司首次公开发行股票、上市后发行新股或股票被暂停上市后申请恢复上市要承担保荐责任,保荐期间包括上市推荐期间和持续督导期间。保荐机构要在持续监督期内通过不定期现场检查、审阅相关制度及会议文件、抽查账目、考察各环节内控运行情况及访谈的形式来了解公司内控制度、各职能部门的设置及运行情况,在此基础上出具核查意见。2012年福建省科技型上市公司中有28家公司处于持续督导期,鉴此,对保荐机构出具的企业内部控制核查意见进行分析发现,保荐机构在核查意见的格式、核查依据及核查结论方面存在问题。

①核查意见的格式不规范

通过对28份核查意见进行研究发现,多数企业的核查意见分四个部分展开描述,即公司内部控制情况的介绍、公司董事会对内部控制的自我评价、保荐机构的核查程序和保荐机构对内部控制自我评价报告的核查意见,仅科华恒盛、福晶科技、日上集团及兴业科技四家企业有所例外。其中,科华恒盛和日上集团披露的核查意见只包含保荐机构核查情况、公司董事会对内部控制自我评价结论及保荐机构核查意见三部分;福晶科技披露的核查意见则无保荐机构核查程序的介绍;兴业科技的核查意见未将董事会对内部控制的自我评价列示出来。无论保荐对象是主板还是中小板、创业板的企业,若保荐机构出具的核查意见能够采用统一的描述格式,则既有利于信息使用者的阅读,也便于他们进行比较和决策。

另外,核查意见中虽然均指明以内部控制及其公司披露的内部控制自评报告作为核查对象,但在保荐机构为出具的核查意见签字盖章页,仅三五互联和雪人股份两家公司具有保荐人的签名、保荐机构的签章,并签署了确切的日期,其他的既无保荐人的签名,也没有保荐机构的签章,甚至有的日期项都是空白的。这会导致信息使用者对核查意见的有效性产生怀疑。

②核查意见的依据较多

保荐机构出具核查意见时所依据的法规是其核查的基础,若各保荐机构的核查依据能够一致,则核查结论的可比性较强。表3-8列示了2012年28份核查意见所依据的法律规范的统计情况,其中,《规范运作指引》是《深圳证券交易所创业板上市公司规范运作指引》、《深圳证券交易所中小企业板上市公司规范运作指引》的统称。

由表3-8可知,保荐机构大多会选择《证券发行上市保荐业务管理办法》和《规范运作指引》为核查依据。除此之外,若核查对象为创业板上市企业,则保荐机构会同时以《企业内部控制基本规范》及《深圳证券交易所创业板股票上市规则》作为核查依据;而中小板上市企业的保荐机构在核查时会同时依据《深圳证券交易所中小企业板保荐工作指引》,个别企业会选择其他法律规范一并作为核查依据。总之,保荐机构可选择的核查依据过多,有关机构应提出改进措施加以规范。

③核查结论表述不够明确

作为投资者,关注的是核查意见段的结论。在这28份核查意见中,保荐机构在结论段的描述可以分为两种类型,一种是"××证券经核查后认为,公司的内部控制制度符合我国有关法律、法规和规范性文件的相关要求,在重大方面保持了与企业业务及管理相关的有效的内部控制。××公司出具的内部控制自评报告真实、客观地反映了其内部控制制度的建设及运行情况",另一种则是在此基础上,后附"保荐机构对此报告无异议"字样,明确指出保荐机构的态度。两种结论相比,后一种描述方式更能够使投资者信服。保荐机构出具核查报告要做到勤勉尽责,以保证信息使用者的合法权益,因此监管当局应要求保荐机构出具更加明确的意见。

表 3-8 保荐机构核查依据统计表

核查依据	三五互联	三维丝	中能电气	易联众	乾照光电	青松股份	元力股份
《证券发行上市保荐业务管理办法》	√	√	√	√	√	√	√
《企业内部控制基本规范》	√	√	√	√	√		√
《深圳证券交易所中小企业板保荐工作指引》							
《规范运作指引》		√		√	√	√	√
《关于做好上市公司 2012 年年度报告工作的通知》				√	√	√	
《深圳证券交易所创业板股票上市规则》	√	√		√	√		
《中小企业板上市公司内部审计工作指引》							
《深圳证券交易所上市公司保荐工作指引》							
《深指引》、《公司法》、《证券法》、《上市规则》							√

核查依据	美亚柏科	纳川股份	富春通信	麦迪电气	福晶科技	国脉科技	海源机械
《证券发行上市保荐业务管理办法》	√	√			√	√	√
《企业内部控制基本规范》			√				
《深圳证券交易所中小企业板保荐工作指引》						√	
《规范运作指引》			√	√			
《关于做好上市公司 2012 年年度报告工作的通知》			√	√			
《深圳证券交易所股票上市规则》			√	√			
《中小企业板上市公司内部审计工作指引》						√	√
《深圳证券交易所上市公司保荐工作指引》	√						
《深指引》、《公司法》、《证券法》、《上市规则》						√	

续表

核查依据	鸿博股份	金达威	科华恒盛	蒙发利	闽发铝业	七匹狼	日上集团
《证券发行上市保荐业务管理办法》	√	√	√	√	√	√	√
《企业内部控制基本规范》					√		
《深圳证券交易所中小企业板保荐工作指引》	√	√	√	√	√	√	
《规范运作指引》				√	√	√	√
《关于做好上市公司2012年年度报告工作的通知》				√	√		
《深圳证券交易所股票上市规则》		√				√	
《中小企业板上市公司内部审计工作指引》							
《深圳证券交易所上市公司保荐工作指引》							
《深指引》、《公司法》、《证券法》、《上市规则》							

核查依据	榕基软件	三元达	泰亚股份	天广消防	星网锐捷	兴业科技	雪人股份
《证券发行上市保荐业务管理办法》	√	√	√	√	√		
《企业内部控制基本规范》	√						
《深圳证券交易所中小企业板保荐工作指引》		√	√		√	√	√
《规范运作指引》	√	√		√	√		
《关于做好上市公司2012年年度报告工作的通知》							√
《深圳证券交易所股票上市规则》	√		√				
《中小企业板上市公司内部审计工作指引》							
《深圳证券交易所上市公司保荐工作指引》							
《深指引》、《公司法》、《证券法》、《上市规则》							

(2)会计事务所对内部控制的审计情况

2010年,为了规范注册会计师执行企业内部控制审计业务,明确工作要求,保证执业质量,财政部等五部委发布了《企业内部控制审计指引》,作为注册会计师的执业准则。因此,会计师事务所接受企业委托,要对企业特定基准日的内部控制设计与运行的有效性进行审计,并出具企业内部控制审计报告。从福建省科技型企业内部控制审计报告来看,均为标准无保留意见,结论具有可比性,但报告依据的执业准则不一,披露比例不高。

①内部控制审计报告披露数量不高

2006年上海证券交易所和深圳证券交易分别发布了《上市公司内部控制指引》,均要求上市公司披露注册会计师对企业内部控制自我评价报告的鉴证意见。2007年12月,深交所发布了《中小企业板上市公司内部审计工作指引》,该指引规定中小板上市公司应当至少每两年要求会计师事务所对公司与财务报告相关的内部控制有效性出具一次内部控制审计报告。2009年10月,深交所发布了《深圳证券交易所创业板上市公司规范运作指引》,在指引中明确规定,上市公司在聘请会计师事务所进行年度审计的同时,应当至少每两年要求会计师事务所对公司与财务报告相关的内部控制有效性出具一次内部控制鉴证报告。然而,2012年福建省科技型上市公司内部控制审计报告披露情况却不太理想。

表3-9列示了福建省科技型上市公司内部控制审计报告的披露情况,并与全国上市公司的披露情况进行对比。从表中可看出,我国A股上市公司2012年内部控制审计报告的总体披露数量为60.92%,其中主板市场披露水平相对较高,为66.03%,创业板次之,达到59.72%,中小板为51.21%。2012年福建省科技型上市公司内部控制审计报告的披露数量为41.67%,其中主板市场披露水平最高为50%,中小板40%,创业板36.36%。可以看出,福建省科技型上市公司内部控制审计报告的披露数量不论是总体上或是板块之间,均低于全国水平。

表 3-9 2012 年内部控制审计报告披露数量比较

	闽科技型上市公司			全国上市公司		
	披露数量	公司总数	比重(%)	披露数量	公司总数	比重(%)
主板	6	12	50.00	933	1 413	66.03
中小板	10	25	40.00	359	701	51.21
创业板	4	11	36.36	212	355	59.72
合计	20	48	41.67	1 504	2 469	60.92

备注:此处所称的"内部控制审计报告"包含内部控制审计报告、内部控制鉴证报告、内部控制专项报告和内部控制审核报告。

②内部控制审计的执业准则不一

会计事务所的注册会计师作为第三方,负责审计企业内部控制是否有效并出具内部控制审计报告。目前福建省上市科技型企业披露的第三方审计报告名称各异,有内部控制鉴证报告、内部控制审计报告、内部控制审核报告及内部控制专项报告等四种(下文统一称为内部控制审计报告)。2010—2012 年企业内部控制审计的执业准则统计结果如表 3-10 所示。

统计结果显示,2012 年在深交所上市的样本企业中,1 家企业内部控制审计报告指明以《中国注册会计师审计准则》作为执业准则,13 家上市公司的报告均以《中国注册会计师其他鉴证业务准则第 3101 号——历史财务信息审计或审阅以外的鉴证业务》作为执业准则;而在沪市上市的样本企业有 5 家在 2012 年出具的内部控制审计报告,是以《企业内部控制审计指引》为执业准则。从中可知,现有披露的企业内部控制审计的执业准则不一,较少采用《企业内部控制审计指引》。因此,今后还需要强调注册会计师审计上市公司的内部控制时以《企业内部控制审计指引》为执业准则。

表 3-10 企业内部控制审计报告的依据统计表

依据	2010 公司数	2011 公司数	2012 公司数
《中国注册会计师其他鉴证业务准则第3101号》	8	23	13
《中国注册会计师审计准则》	1	0	1
《企业内部控制审计指引》	0	0	6

③内部控制审计报告意见均为标准无保留意见

根据《企业内部控制审计指引》，注册会计师对企业内部控制状况审计的意见类型主要有：无保留意见、带有强调事项段的无保留意见、无法表示意见和否定意见四种类型。表 3-11 列示了我国上市公司和福建省科技型上市公司内部控制审计报告意见的类型。从中可知，我国上市公司披露内部控制审计报告的结论意见大部分为标准无保留意见；但是，被出具带有强调事项段的无保留意见的有 21 家，否定意见的有 4 家，分别是贵糖股份、海联讯、北大荒、天津磁卡。而福建省科技型上市公司在所披露的内部控制审计报告均标准无保留意见，这说明福建省科技型上市公司所披露的企业内部控制审计报告质量高于全国水平，但从上面分析可知，福建省科技型上市公司总体披露的数量还不到一半，低于全国水平，可能存在"报喜不报忧"的情况。

表 3-11 2012 年上市公司内部控制审计报告意见类型

	闽科技型上市公司		全国上市公司	
	公司数量	比重(%)	公司数量	比重(%)
标准无保留意见	20	100.00	1 479	98.34
带有强调事项段的无保留意见	0	0.00	21	1.40
否定意见	0	0.00	4	0.27
无法表示意见	0	0.00	0	0.00
合计	20	100.00	1 504	100.00

④报告结论具有可比性

在上述科技型上市公司披露的内部控制审计报告中,CPA给出的结论大致可分为两种,一种是"我们认为,贵公司根据财政部颁发的《企业内部控制基本规范》及相关规范建立的与财务报表相关的内部控制于20××年12月31日在所有重大方面是有效的";而另一种则以"我们认为,××公司按照《企业内部控制基本规范》(财会〔2008〕7号)于截至20××年12月31日止在所有重大方面保持了与财务报表相关的有效的内部控制"作为审计结论。这些报告的有效性结论都是以积极方式阐述的,都是标准无保留意见,为外部使用者提供了合理保证。且无论是"于截至20××年12月31日止"还是"于20××年12月31日",均是基于对某一个时点内部控制状况的讨论。虽然CPA的评价依据有所不同,但其审计结论还是具有可比性的,为报告使用者提供了参考依据。

(3)缺乏强有力的法律监督和惩罚措施

尽管众多学者关于内部控制信息的研究大都提出了企业内部控制信息披露状况不好或者质量不高的原因之一在于缺乏法律监督,但对于科技型企业而言也存在同样的问题。虽然有关内部控制信息披露方面的指引和规范已经出台,但其效力明显弱于法律,并不能很好地约束管理当局监督上市公司内部控制信息的披露。同时,目前约束内控信息披露相关责任人员的法律并没有出台,并不能界定企业管理当局以及注册会计师对内部控制信息披露所负的责任,双方的责任只有得到落实才能有助于提高企业内部控制信息披露水平。另外,缺乏相应的惩罚措施,对未按照规定披露内部控制评价报告及审计报告的上市公司,仅仅进行轻微的通报批评,这也导致上市公司在披露内部控制信息时持"报喜不报忧"的态度。

3.3 本章小结

本章以福建省科技型上市公司为例,发现福建省科技型企业发展状况相对良好,企业注重科研经费投入,科技水平取得了长足进步。目前福建省科技型上市公司主要集中在中小板和创业板市场。从本章对其内部控制质量现状进行的分析可知,福建省科技型企业多数披露了内部控制评价报告,所披露的内部控制审计报告也获得了注册会计师标准无保留审计意见,企业内部控制质量有所提升,但福建省科技型企业内部控制还存在缺陷:

①内部控制环境方面:福建省科技型企业对内部控制工作重视不够、治理结构不健全导致企业内部控制环境不够完善。

②企业风险管控制方面:福建省科技型企业对行业风险认识不足,在科研经费监督、人力资本投资风险控制和人力资源流失防范的机制不够健全,可能会导致内部控制的缺陷,影响企业的科技创新能力。

③内部监督方面:福建省科技型上市公司基本按照规范披露了内部控制评价报告,披露数量逐年增多,披露质量有所上升,但是,内部控制评价标准不一、要求各异,评价环节未能突显科技型企业的特性,企业内部控制缺陷披露方式不规范,多数报告仅表示企业存在缺陷,或简单列举个别缺陷,未对年度内部控制评价过程中发现的缺陷数量、类型、所属环节等进行解释。此外,报告未能明确表达内部控制的有效性情况,不少企业以不存在重大缺陷作为替代性结论,或未能给出明确结论。从福建省科技型企业 2012 年度内部控制评价报告的内容可知,目前科技型企业内部控制评价报告的说服力和信息传递效果有待提高。

④外部监督方面:首先,从保荐机构的核查情况来看,其出具的核查意见存在格式不规范、核查依据不一及核查结论不够明确等问

题。其次，从会计事务所的审计情况来看，其出具的内部控制审计报告均为标准无保留意见，报告结论具有可比性，但内部控制审计的执业准则依据不一，各板块内部控制审计报告披露比率均低于全国水平，可能存在"报喜不报忧"的情形。最后，内部控制信息披露缺乏有力的法律监管和惩罚措施，说明福建省科技型企业内部控制外部监管力度不足。

第四章 科技型企业内部控制质量评价指标的构建

上一章以福建省科技型上市公司为样本,剖析了科技型上市公司内部控制质量的现状,发现福建省科技型企业在内部环境、风险管控、内部监督和外部监管等方面存在问题,制定科学且有效的内部控制质量评价指标可以提高内部控制评价工作的效率。近年来,学者对于企业内部控制评价指标的研究越来越多,研究方向包括内部控制缺陷、内部控制目标和要素、自我评估的自愿性等,但较少针对科技型企业内部控制质量的评价指标进行研究,本章试图从科技型企业的特征出发,从控制目标、风险控制和要素控制三个层面出发,构建一套科学且适合于科技型企业内部控制质量的评价指标体系。

4.1 构建科技型企业内部控制质量评价指标的原则

4.1.1 全面性和重要性结合

在构建科技型企业内部控制质量的评价指标时需要遵循内部控制评价原则。根据《企业内部控制评价指引》的规定,在评价内部控制设计与执行的有效性时需要遵循全面性原则,评价企业的全部业务以及控制活动,确定内部控制是否存在缺陷,得出内部控制有效性的评价结果。

同时,根据重要性原则评价科技型企业的特殊业务和高风险领域。结合全面性和重要性原则,符合成本效益原则,集中评价重点控制活动,避免人力物力的浪费,同时有利于发现实质性的内部控制缺陷，从源头上降低科技型企业的整体风险。

4.1.2 定性和定量结合

企业管理者根据内部控制制度实施控制活动，所以内部控制评价小组在制定内部控制评价指标时，以是否符合内部控制制度的规定作为定性指标。但是，科技型企业在战略目标、风险评估和研发活动等关键控制活动中，仅靠定性指标来评价可能存在主观性，需要利用量化指标客观评价某些内部控制目标和重要控制活动。

4.1.3 灵活性和客观性结合

对科技型企业内部控制质量设计评价指标时，必须重视风险控制、研发管理、筹资管理、人才管理等控制活动，企业应该遵循《企业内部控制评价指引》规定的评价范围，灵活选择合适的评价方式，确定适当的评价标准，设计符合自身特性的评价指标，用于发现和纠正内部控制缺陷。但是，灵活性不代表脱离实际，过分放大科技型企业的特征会影响评价标准的准确性，所以必须客观地制定评价指标和评价标准，用于发现和纠正企业的内部控制缺陷。

4.2 科技型企业内部控制质量评价指标的选取

本章根据目前内部控制评价的研究文献，结合第二章科技型企业内部控制的特点和第三章科技型企业内部控制质量的现状，从内部控制目标、企业整体风险和内部控制要素三个层面构建评价指标。首先，评价发展战略是否符合内部控制目标，结合经营效率效果、经营合法合规和信息真实准确目标的评价确定企业内部控制的整体有效性；其次，根据风险层面的风险识别和风险评估来确定要素层面的评价范围；最后，重点评价组织架构、资金、人才和技术四个要素的控制活动。因此，根据"目标—风控—要素"三个层面自上而下的评价思路，设计目标控制层面、风险控制层面和要素控制层面三个一级评价指标，在此基础上，分别设置二级指标和三级指标，构建符合科技型企业内部控制特征的评价指标。

4.2.1 目标控制层面指标构建

如前所述，判断一个企业内部控制是否有效取决于企业内部控制的目标是否实现，若企业的内部控制目标得到实现，则可认定其内部控制是有效的；反之，则可得出内部控制无效的结论。本书考虑到人才、技术和资金是科技型企业的主要资产和资源，因此，将这三大资产放在要素控制层面作为重要控制活动进行内部控制评价指标的设计。

（1）发展战略目标的指标选取

科技型企业面对行业更新换代快、技术竞争激烈和技术服务独立性等难题，需要根据企业所处的行业生命周期选择和制定发展战略。科技型企业战略目标的制定包括战略选择、战略内容和制定权限三个指标：A.战略选择。科技型企业可以利用SWOT分析法，根据复杂多变的内外部环境，在机会、威胁、优势和弱势的排列组合中确定适合的战略。B.战略内容。根据卡普兰和诺顿在《战略中心型组织》中的观点，战略框架包括财务、客户、业务和成长四个维度，所以科技型企业的发展战略包括以实现利润增长为目标、以顾客为导向、重视产品创新等方面。C.制定权限。战略委员会负责制定发展战略，战略的实施需要各部门的配合和监督。

战略目标实施效果可以从可持续发展能力、市场适应能力、核心竞争能力和顾客保有能力四个方面来评价：A.可持续发展能力。实施多元化的发展战略，提升产品或技术的社会贡献能力，才能在行业更新换代中克服企业生存风险，扩大市场占有率。B.市场适应能力。

科技型企业产品和服务的市场占有率,能够验证产品战略及创新技术是否适应市场需求。C.核心竞争能力。核心竞争力是科技型企业保证竞争优势的基础,主要考虑科技产品与技术研发成果的不可复制性,是否根据市场需求开拓营销网络。D.顾客保有能力。在创新成果商品化后的产品营销中还要考虑顾客满意程度和稳定程度,提供的产品和服务符合顾客需求。

(2)经营目标的指标选取

科技型企业应该重视研发成果商品化,并且强化市场营销能力,形成"研发－生产－销售"一体化的竞争优势,其中,提高经营效率和效果方面内部控制设计的评价指标可以考虑以下三个方面:A.生产经营计划。根据可行性分析研究,制定符合生产规模和产品战略的生产经营计划。B.新产品开发。研发项目是否经过合理规划,是否合理预计经济效益,实施流程是否经过集体审批。C.生产技术改造。是否构建了可行性分析指标,分析可能存在的风险和预期经济效益。

本书选取以下财务指标评价内部控制经营目标的实现程度:A.盈利能力。企业盈利的增长代表特定期间内的经营成果,盈利稳定增长是科技型企业可持续发展的基础。B.资产管理和偿债能力。资产周转率可以衡量企业资产转化为经济效益的能力,企业偿还债务的能力以及资金结构是否合理也是衡量经营管理效率的指标。C.发展能力。科技型企业扩大生产规模的能力、吸引投资的潜力及技术开发的能力,是适应行业快速更新换代的保证。

(3)合法合规目标的指标选取

科技型企业作为国家创新的生力军,其经营管理、研发活动等过程会受到特定法律法规的制约。在为实现科技型企业经营合法合规的目标,设计内部控制制度时,从宏观方面看,必须符合国家基本政策规定及劳动保护法;从行业方面看,研发活动必须符合科技领域的专门法律,以及专利技术保护法律。

科技型企业的合法合规目标是否实现可以从以下四个方面来衡

量:A.法律法规规定。从企业被起诉的次数、罚款金额和骗税情况等方面衡量是否违反法律法规。B.财务会计制度。是否符合财务会计准则规定,可以根据注册会计师独立审计意见来判断。C.资源利用与节能。特殊材料和能源资源的利用、回收处理等节能措施是否符合国家对资源利用的规定。D.环保综合治理。环境保护及"三废"的综合治理规划可以考虑工业污水处理率、吸尘率和固体废渣综合利用率的情况。

(4)财务报告目标的指标选取

保证财务报告及相关信息的真实完整是内部控制五大目标之一,与企业运行相关的信息可以分为企业决策所需信息和企业对外披露的信息,制定决策所需信息的真实性和完整性决定科技型企业发展方向是否偏离战略决策。此外,企业对外披露信息的真实完整也需要得到重视,可能影响外部信息使用者的投资决策和对企业的评价。评价企业财务报告目标的内部控制有效性,除了评价是否建立有关信息披露的制度外,可以从科技型企业信息披露是否合规、注册会计师对财务报告的审计意见等方面来评价。

4.2.2 风险控制层面指标构建

如前所述,基于成本效益原则与重要性原则,科技型企业内部控制评价应该根据风险识别和风险评估的结果确定重点控制领域。根据《企业内部控制评价指引》的规定,"识别和预防风险"是企业评价内部控制有效性的目标之一,并且企业应该将"高风险活动"作为重点关注对象,这就强调了实现以风险控制为导向的内部控制评价的重要性。

首先,根据科技型企业所处的内部和外部环境识别内部控制的内部风险和外部风险:A.内部风险。相对于企业外部风险,内部风险多源于企业内部可控因素,如生产、经营管理活动等偏离内部控制目标的风险。B.外部风险。外部风险源自企业外部不可控因素,比如国家的宏观政策、市场总体需求或自然环境发生变化等,都可能导致外部风险。

其次,对已识别的风险主要从以下三个方面进行评估:A.技术风险。技术开发过程中的风险、新技术研发计划是否符合企业生命周期和新技术投产后的市场前景等,是科技型企业可能存在的技术风险。B.市场风险。科技产品投入市场后,需要评估市场接受程度、产品或服务的可复制性等市场风险。C.管理风险。管理者的观念可能影响企业的重大决策,影响生产、运营等环节的资源配置,降低组织的科学协调性。

4.2.3 要素控制层面指标构建

本书从组织架构、资金、人才和技术四个方面设计评价指标,对要素层面的控制活动进行评价。

(1)组织架构

科技型企业组织架构内部控制设计与执行质量的评价指标,主要考虑到科技型企业在产权结构、企业文化和股权激励等方面的特殊性。

在评价组织架构内部控制的设计质量时,本书从以下三个方面进行设计:A.治理结构。是否建立合理有效的治理结构,比如董事会、监事会和经理层是否有明确的职责权限分工,部门间职能权限是否相互分离、相互制约。B.产权明晰。科技型企业对员工的股权激励和专利技术入股等问题可能影响股权结构,所以必须明确资产所有权的归属问题。C.企业文化。企业组织架构和职能结构的设置可能影响企业文化的传达效率。

对于组织架构内部控制执行质量主要从以下三个方面进行评价:A.制约能力。可以通过公司章程的规定是否完善,审计委员会、独立董事和监事会能否对公司事务发表独立意见,以及注册会计师对于组织架构的保留意见来判断组织架构的相互制约能力。B.独立性。包括科技型企业组织架构中各职能部门的相互独立、资产所有权的独立和专利技术管理的独立性等。C.文化渗透。在科技型企业部门间传递创新和学习的文化等,有助于企业战略思想深入人心,从而营造学习型组织的良好氛围。

(2)资金要素

从研发立项开始到技术成果投产后的市场运营,资金流转的效率取决于资金方面内部控制的有效性。本书主要探讨科技型企业资金的筹集、调度和管理问题。

资金要素内部控制设计的评价指标包括以下三个方面:A.资金筹措。资金筹措的金额是否超出年度预算范围;是否因为过度筹措资金影响资本结构并且面临财务风险;风险投资是否经过董事会和股东大会集体讨论通过等问题。B.资金使用。由于管理和业务需要,在集团母子公司之间的资金流动是否经过严格审批;母公司是否因资金冗余而降低资金利用效率。C.资金管理。筹措资金是否由专门部门管理;是否有严格的审批程序防止占用资金的现象。

科技型企业资金要素内部控制执行质量可从以下三个角度来评价:A.资金筹措。筹措资金金额与年度预算金额的差额、资产负债率是否处于正常值;是否影响资本结构。B.资金调度。资金调度的审批程序是否合理;审计报告中是否存在因母公司保留资金导致资金冗余的情况;审计报告中是否披露母子公司间资金暗箱操作。C.资金管理。企业是否定期抽查以明确资金去向;资金管理部门的职责权限是否明确。

(3)人才要素

人才资源是科技型企业的主要资源,人才要素的内部控制制度需要考虑人力资源引进、人才激励和人才退出这三个方面:A.引进开发。年度人力资源需求计划的制定是否结合生产经营实际需要;是否建立完善的保密制度;是否建立了员工能力开发的培训机制。B.人才激励。应对科技型企业人力资本的流动性,是否合理运用激励措施激发知识型人才的创新潜力,保证人才的稳定性。C.人才退出。关键技术人员离任是否建立退出机制。

衡量人力资源相关的内部控制执行质量主要包括以下三个方面：A.人才保有。包括关键技术人员变动情况、培训费用总额变化率及技术人员队伍变动情况。B.人才结构。包括职工整体结构变动情况、本科以上学历人员占比和高级专业技术人员占比。C.股权激励。明确股权激励对象和激励股权获授人资格界定、用于激励的股权份额占股份总额的比例等。

(4)技术要素

技术要素是科技型企业所特有的内部控制活动，技术要素内部控制制度的评价包括以下三个方面：A.研发风险。在研究与开发项目立项前，进行研发风险的识别和评估，选择风险应对或风险规避后，配备合适的研发团队进行研究活动。B.研究开发。经过可行性研究后，在研发风险可控的前提下，根据研究开发管理制度，明确研发部门人员的权限。C.专利保护。为科研成果建立无形资产台账，并由独立部门管理，形成研发成果保护制度。

研发管理内部控制的实施效果可以借助科技型企业的技术创新能力来衡量，具体评价指标包括：新产品开发数和专利项目数、R&D费用、研发设备数及 R&D 人员数等。

综上所述，科技型企业内部控制质量的评价指标按照目标层面、风险控制层面和要素层面设置的二级评价指标，如表 4-1 所示。

表 4-1　科技型企业内部控制质量评价指标

一级指标	二级指标	设计有效性指标	执行有效性指标
目标控制层面	战略目标	战略选择:SWOT 矩阵分析法 战略内容:财务、业务、R&D 等 制定权限:战略委员会权限等	可持续发展能力:多元化、社会贡献等 市场适应能力:市场占有率等 核心竞争力:市场需求、新技术开发等 顾客保有能力:顾客保持率等
	经营目标	生产经营计划:生产经营管理等 新产品开发:新产品规划管理等 生产技术改造:产品技术条件等	盈利能力:营业利润率等 资产管理:资产周转率等 偿债能力:资产负债率等 发展能力:净利润增长率等
	合规目标	政策法律环境:法律事务管理等 劳动安全与卫生环境:劳保与环保管理等	法律法规规定:违法违规次数等 财务会计制度:审计报告意见等 资源利用与节能:节能降耗措施等 环保综合治理:环保设施与治理等
	报告目标	信息管理:有关信息披露的制度	信息披露:是否合法合规等 财务报告:是否存在保留意见等
风险控制层面	风险识别	内部风险:企业内部生产、经营管理等环节的风险 外部风险:企业外部行业、市场、政策等存在的风险	
	风险控制	技术风险:研发、环保、安全方面的风险 市场风险:营销、服务等方面的风险 管理风险:运营中各环节资源配置中的风险	

续表

一级指标	二级指标	设计有效性指标	执行有效性指标
要素控制层面	组织架构	治理结构:相互制约 产权明晰:技术入股、股权激励等 企业文化:符合战略、利于传达等	制约能力:独立董事与监事会意见等 独立性:机构、产权等 文化渗透:员工对企业文化的接受度
	资金要素	资金筹措:资金筹措制度规定 资金使用:调拨与审批制度 资金管理:资金管理部门与制度	资金筹措:是否影响资本结构 资金使用:使用情况是否合理审批等 资金管理:是否处于独立部门监督之下
	人才要素	引进开发:员工聘任制度等 人才激励:绩效激励制度等 人才退出:离职退出机制等	人才保有:关键技术团队保有情况 人才结构:技术人员变动情况等 股权激励:股权激励制度实施情况
	技术要素	研发风险:研发风险识别与评估 研究开发:研发管理制度等 专利保护:研发成果保护制度等	创新能力:研发资金充足与否 资产管理:研发专利数量等

4.3 科技型企业内部控制评价流程与结果

4.3.1 评价流程

根据上文所设置的目标层面、风险层面和要素层面的评价指标,首先,评价内部控制目标层面的质量;其次,按照风险识别和评估得出科技型企业内部控制的重点控制范围;最后,对要素层面的重要控制活动分别评价。具体评价流程如图 4-1 所示。

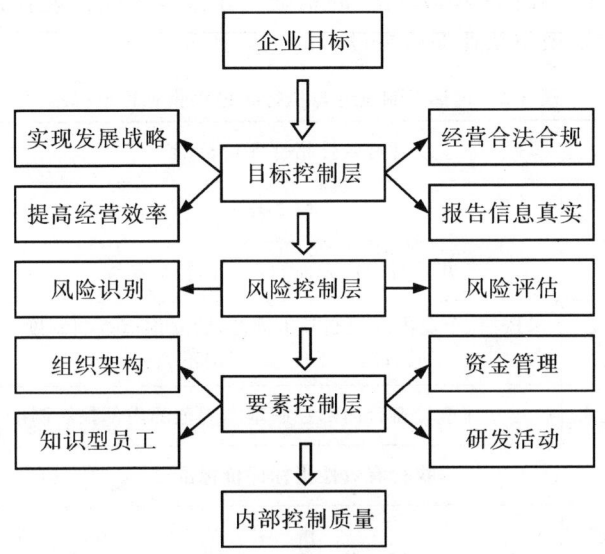

图 4-1 科技型企业内部控制质量评价流程图

4.3.2 评价标准与赋值

企业内部控制设计有效性指标的设置,一方面评价企业的内部控制制度是否符合《企业内部控制基本规范》的规定,另一方面考察企业的内部控制制度是否仅是照搬照抄内部控制基本规范,内部控制评价是否脱离企业的实际情况。执行有效性指标用于评价企业实施内部控制活动所获得的效果。如表 4-2 所示,根据是否制定内部控制制度以及制度是否完整,将评价标准分为缺失(0 分)、不合规或不完善(1 分)和合规且完善(2 分);根据是否实施内部控制活动和实施效果,将评价标准分为较差(0 分)、一般(1 分)和良好(2 分)。对于上述评分的确定,主要采用主观赋值法,该方法并不是根据测评者的主观看法随意给分,而是建立在客观基础上。因为是根据科技型企业特点,本着简单明了的原则,在构建了内部控制质量评价指标体系后,测评者在阅读相关文献的基础上并参考企业管理者和行内专家的专业知识与从业经验来设定的三级评分标准。

表 4-2 内部控制设计与执行有效性指标评价标准

设计有效性指标评价标准

评价标准	解释	评分
缺失	并未对特定方面制定内部控制制度	0
不合规或不完善	未按照《企业内部控制基本规范》建立内部控制制度,或者制度不完整、规定不完善	1
合规且完善	已建立完整且符合内部控制基本规范的内部控制制度	2

执行有效性指标评价标准

评价标准	解释	评分
较差	并未实施特定方面的内部控制活动或实施效果较差	0
一般	控制活动实施不全面或实施效果一般	1
良好	已对特定方面实施全面的内部控制活动,获得良好的内部控制实施效果	2

4.3.3 评价结果

根据表 4-1 制定的评价指标和表 4-2 制定的评价标准,评价科技型企业内部控制的设计和执行情况并且赋分。

表 4-3　内部控制设计与执行有效性评分样表

内部控制设计有效性评价			
指标	制度规定	结果说明	评分
内部控制执行有效性评价			
指标	执行效果	结果说明	评分

如表 4-3 所示,确定内部控制有效性根据得分情况分为无效、基本有效和有效三个级别:各指标赋分为 0 分的判定为无效、赋分为 1 分的判定为基本有效、赋分为 2 分的判定为有效,最后根据各指标得分的总和判定内部控制质量的优良程度。

在得出科技型企业内部控制质量的总分值后,本书参考于增彪等(2007)用于判定内部控制质量的等级标准,采用百分制对科技型企业内部控制设计与执行质量进行总体评价后,按其分值设置优、良好、中等、合格和差五个等级的评判标准,具体见表 4-4,即内部控制设计与执行质量总分为 90 分以上的,可判定该企业的内部控制质量为优,若总分在 59 分以下,则该公司的内部控制质量为差。

表 4-4　科技型企业内部控制质量评价等级标准

评价等级	分　值	优良程度
一	90 分以上	优
二	80—89 分	良好
三	70—79 分	中等
四	60—69 分	合格
五	59 分以下	差

4.4 本章小结

本章根据第二章归纳的科技型企业内部控制的特征及第三章福建省科技型企业内部控制质量现状,从"目标—风控—要素"三个层面,构建了科技型企业内部控制制度在设计与执行有效性方面的评价指标,并且确定评价标准,对内控设计与执行情况赋分值,提高评价指标的科学性,弥补了科技型企业在内部控制质量评价指标方面研究的不足,也为下一章科技型 S 公司内部控制质量的评价奠定了基础。

第五章 S科技型公司内部控制质量的评价

本章将上一章所构建的科技型企业内部控制质量的评价指标用于福建省S科技型公司内部控制质量的评价。首先,介绍S公司内部控制评价的现状;其次,从内部控制目标、风险控制和内部控制要素三个层面对S公司内部控制设计与执行是否有效进行评价;最后,对S公司2011年与2012年内部控制质量的评价结果进行比较分析,发现其尚需改进之处并提出相应的建议。

5.1 S公司简介

福建省S股份有限公司(以下简称"S公司")成立于2001年,并于2007年在深圳证券交易所上市交易,是目前福建省最大的钢铁生产基地,截至2013年12月31日,公司资产总额85.96亿元,净资产27.92亿元。S公司专注于系列产品的研发和生产,面向市场需求提供优质的板材、建筑材料和金属制品材。2009年12月公司经福建省科学技术厅、财政厅、国家税务局和地方税务局联合认定为福建省高新技术企业,并于2013年3月11日通过复审。近年来,S公司凭借产品质量、品牌优势和市场需求挖掘,不断提升企业发展水平,2011年实现营业收入192.82亿元,比上年增加20.66%;净利润为25 325.86万元,比上年增加130.35%;每股收益为0.474,比上年增长130.1%。但是,2012年由于受到市场和行业低迷的影响,实现的营业收入减少为182.82亿元,净利润为−21 543.64万元,出现了亏损状况。但是,2013年S公司抓创新降成本,扭亏为盈,实现营业收入192.99亿元,比上年增长5.56%;净利润达到5 389.83万元,比上年增长125.02%。

5.2 S公司内部控制评价现状

通过对S公司实地考察、访谈及查阅其2011年和2012年企业内部控制自我评价报告、年度报告等披露资料，发现2012年S公司内部控制评价报告与上一年度相比已有了较大调整，删除了不相关的公司基本情况，添加了董事会声明等，得出的有效性结论不再仅仅与财务报表相关；从内部控制审计情况来看，2012年度S公司未聘请会计师事务所出具内部控制审计报告。通过分析发现，S公司在内部控制评价和审计等方面仍存在不足之处。

5.2.1 内部控制评价存在的问题

S公司2012年只披露了内部控制自我评价报告，没有聘请专业的会计师事务所对其内部控制自我评价报告发表审计意见，根据调研、访谈和查阅相关的资料，发现S公司内部控制评价方面存在以下问题：

（1）内部控制目标的设定与内部控制要素混同

首先，没有设置关于实现公司发展战略的内部控制目标；其次，提出从完善治理结构与内部组织结构、强化经营风险控制和建立内部经济环境等方面来保证公司经营管理目标的实现，混淆了内部控制目标与内部控制五要素的关系。

（2）内部环境评价不够全面

S公司从治理结构、组织结构、权责分配和内部审计等方面来评价其内部控制环境的制定和执行情况，缺少人力资源和企业文化等方面的评价，没有突出科技型企业重视人才和创新文化的特征。

（3）风险评估的依据不够完整

《企业内部控制基本规范》要求风险评估应当根据所设定的控制

目标来识别风险、分析风险并提出相应的风险应对措施。S公司以是否确保公司经营安全和是否符合公司发展战略作为风险评估的标准，并没有将资产安全、经营合规和财务报告信息真实完整等三个内部控制目标考虑在内，说明其风险评估的评价依据不够完整。

(4)控制活动未突显科技型企业的特点

S公司的内部控制制度与执行情况包括资金、存货、采购与付款、生产、销售与收款、固定资产和在建工程、投资、合同管理、关联交易、对外担保、内部审计和信息披露等十二方面的内容，但缺少人力资源管理、研发管理、无形资产管理、安全生产管理和关键信息管理等关系到科技型企业可持续发展的重要控制活动和关键环节，致使投资者无法全面获知其内部控制设置和执行的真实情况。

(5)缺少内部控制评价的程序和内部控制缺陷的认定

S公司在内部控制评价报告中没有阐述开展内部控制评价工作的程序和方法，没有制定内部控制缺陷的认定方法，也没有披露内部控制缺陷和整改措施。

5.2.2 内部控制审计存在的问题

S公司2011年披露了内部控制审计报告，但是2012年度未聘请会计师事务所就公司的内部控制设计与运行是否有效发表审计意见；同时由于保荐期已结束，没有披露保荐机构对内部控制自评报告的审核报告。

由于缺少外部独立机构的审计，S公司对内部控制有效性披露的自我评价结论具有一定的主观性，可能影响S公司对外传递内部控制的信息真实情况，投资者等利益相关者也无法客观判断其内部控制的质量。

5.3　S公司内部控制质量的评价

根据S公司目前内部控制评价和审计的现状,拟制定内部控制评价方法,用上一章构建的内部控制质量评价指标,从目标层面、风险层面和要素层面等三个方面对S公司内部控制设计与执行的质量进行评价,以期获得更加客观真实的内部控制质量评价结果。

5.3.1　目标控制层面的评价

如上一章所述,本章将从发展战略目标、经营目标、合规目标和财务信息目标四个方面对S公司内部控制目标层面是否有效进行评价。

(1)发展战略目标的评价

①战略目标设计有效性评价

S公司在战略选择过程中遵循了SWOT分析法(如表5-1所示),从钢铁行业在"十二五"时期中的机遇、行业产能过剩的挑战、产品市场稳定的优势和生产要素成本方面的劣势等四个方面综合考虑了公司发展规划,制定低成本差异化的发展总战略,并且制定发展战略的权力归属于董事会下设的战略委员会,有合规且完善的内部控制制度。

②战略目标执行有效性评价

根据上一章所构建的评价指标体系,本章从可持续发展能力、市场适应能力、核心竞争能力和顾客保有能力等方面对S公司战略目标的执行情况进行评价。从表5-1可知,S公司在2011年和2012年行业整体发展低迷的背景下保持着靠前的市场排名和市场占有率,主打产品形成了一定的区域垄断能力,保持着较强的市场需求敏锐度和新项目的研发投产能力,这说明其差异化发展战略的实施效果比较好,公司战略目标的执行是有效的。

表 5-1　S公司战略目标设计与执行有效性评价

指标	2012 年			2011 年		
	战略目标设计有效性评价					
	制度规定	结果说明	评分	制度规定	结果说明	评分
战略选择	机遇:钢铁市场政策倾斜 挑战:同质化竞争激烈 优势:产品有稳定的市场和用户群体 劣势:高生产要素成本挤压利润空间	合规完善	2	机遇:内需潜力大 挑战:经济增速放缓导致微盈利 优势:海峡西岸经济区产业集群 劣势:劳动力、原燃料成本上涨	合规完善	2
战略内容	低成本差异化战略,具体为产品战略、市场战略、营销战略、研发战略、人才战略	合规完善	2	差异化战略,具体为产品战略、市场战略、营销战略、研发战略、人才战略	合规完善	2
战略制定	《战略委员内部控制制度》中对战略委员会行使职责权限的规定	合规完善	2	《战略委员会内部控制制度》中对战略委员会行使职责权限的规定	合规完善	2
评价	有效		6	有效		6

指标	战略目标执行有效性评价					
	执行效果	结果说明	评分	执行效果	结果说明	评分
可持续发展能力	坚持差异化发展路线,考虑到行业增长坡值,产品研发方向保持高科技和高社会贡献率	良好	2	大力实施差异化战略,经营管理集约化,产品开发具有市场潜力和规模效益	良好	2

续表

	2012年			2011年		
市场适应能力	2012年受铁矿石价格波动的影响,区域行业内竞争激烈,仍能保持ICB行业市值排名1位,营业收入排名1位	良好	2	2011年钢铁市场供大于求、产品价格波动、盈利空间不断缩小的大背景下,保持产品在福建省市场占有率达30%以上	良好	2
核心竞争能力	将致力于高等级建筑材料开发与升级至精品战略高度考虑,改善品种开发到批量生产的能力,综合技术达到国际先进和国内领先水平	良好	2	根据市场需求主打中高端研发产品,并以低碳环保、高综合性能等为标签	良好	2
顾客保有能力	产品销售以福建省钢材需求为依托,并辐射周边省份,是区域性的钢铁行业龙头	良好	2	福建省区域钢材市场第一品牌的地位	良好	2
评价	有效		8	有效		8

资料来源:S公司《战略委员内部控制制度》、《年度报告》

(2)经营目标的评价

①经营目标设计有效性评价

从S公司《生产调度工作制度》、《新产品开发管理办法》、《产品技术条件编制管理办法》等规定及调查分析,对其经营目标的设计进行评价,结果如表5-2所示。从评价结果来看,S公司为实现生产经营目标和提高经营管理效率,从生产调度能力、月度计划执行能力和能源利用率等三个方面制订了生产经营计划,新产品开发有完善的市场调研和高质量生产技术条件为基础,通过企业整体的标准化生产经营管理,在生产经营计划、新产品开发以及技术条件等方面都已建立了完善且合规的内部控制制度。

表 5-2　S 公司经营目标设计有效性评价

指标	2012 年			2011 年		
	制度规定	结果说明	评分	制度规定	结果说明	评分
生产经营计划	与 2011 年保持一致,从生产调度、月度计划和能源管理三个方面制定生产经营计划	合规完善	2	生产调度:按作业计划协调以完成生产经营目标 月度计划:以月度计划的完成情况制定季度、年度计划 能源管理:综合管理能源购销存,以提高能源利用率和经济效益	合规完善	2
新产品开发	与 2011 年保持一致,严格控制新产品研发项目的规划与管理	合规完善	2	以市场需求确定产品定位和技术标准,上报新产品开发管理委员会审核批准	合规完善	2
生产技术改造	与 2011 年保持一致,明确的产品技术条件保证产品质量符合产品定位	合规完善	2	在生产、经营各部门的配合下制定生产经营流程的产品技术条件	合规完善	2
评价	有效		6	有效		6

资料来源:S 公司《生产调度工作制度》、《新产品开发管理办法》、《产品技术条件编制管理办法》

②经营目标执行有效性评价

表 5-3 列示了 S 公司 2010—2012 年盈利能力、资产管理能力、偿债能力和成长性等反映公司经营效率和财务状况的指标。从中可看出,由于受到钢铁产能过剩和行业市场低迷的影响,铁矿石价格上升和钢材价格持续走低,导致 S 公司 2011 年盈利能力、资产管理能力、成长能力(主营业务增长率)虽然高于 2010 年同期值,但增长空间有限;而 2012 年各财务指标均低于 2011 年,甚至出现负值状况,说明 S 公司 2012 年经营效率比较低下。

表 5-3 S 公司 2010—2012 年相关财务指标

会计年度	2012 年	2011 年	2010 年
盈利能力			
营业利润率	－0.01	0.02	0.01
总资产收益率	－0.02	0.03	0.01
资产管理能力			
总资产周转率	2.06	2.31	2.12
流动资产/总资产	0.43	0.52	0.48
偿债能力			
速动比率	0.42	0.51	0.28
权益负债率	0.46	0.49	0.55
成长能力			
主营业务增长率	－0.05	0.21	0.19
净利润增长率	－1.85	1.30	1.60

表 5-4 S 公司经营目标执行有效性评价

指标	2012 年			2011 年		
	执行效果	结果说明	评分	执行效果	结果说明	评分
盈利能力	指标出现负值	较差	0	指标高于 2010 年同期值,但数值较低	一般	1
资产管理	指标低于 2011 年同期值	较差	0	指标高于 2010 年同期值,但数值较低	一般	1
偿债能力	指标低于 2011 年同期值	较差	0	指标高于 2010 年同期值,但数值较低	一般	1
发展能力	指标出现负值	较差	0	指标高于 2010 年同期值,但数值较低	一般	1
评价	无效		0	基本有效		4

(3)合法合规目标的评价

本章从政策法律环境和劳动安全与卫生环境两个方面对 S 公司合规目标的设计进行评价,评价结果如表 5-5 所示。S 公司 2011 年与 2012 年在经营合法合规目标方面的内部控制制度设计符合《企业内部控制基本规范》的规定,并且符合生产安全环保等方面的政策法规规定。

根据 S 公司合规目标的设计,本章从法律法规规定、财务会计制度、资源利用与节能和环保综合治理等四个方面对合规目标的执行情况进行考察。从表中可知,S 公司 2012 年对合规目标的执行情况良好,没有出现违规违法现象,在企业运营过程中良好的企业形象对保持市场竞争力起到了至关重要的作用。

表 5-5 S公司合规目标设计与执行有效性评价

指标	2012年			2011年		
	合规目标设计有效性评价					
	制度规定	结果说明	评分	制度规定	结果说明	评分
政策法律环境	与2011年一致,建立完善的法律事务管理内控制度	合规完善	2	由法律顾问室处理法律事务,进行法制宣传与咨询	合规完善	2
劳动安全与卫生环境	与2011年一致,建立完善的安全环保管理内部控制制度	合规完善	2	环境监测站监控重大危险源、作业安全管理考核及劳保用品供给等规定	合规完善	2
评价	有效		4	有效		4

续表

指标	2012 年			2011 年		
	合规目标执行有效性评价					
	执行效果	结果说明	评分	执行效果	结果说明	评分
法律法规规定	基准日内无违法、无诉讼、无罚款偷漏税情况	良好	2	收到省监管局的责令整改决定书和深交所的监管函	较差	0
财务会计制度	注册会计师年度审计报告出具标准无保留意见	良好	2	标准无保留意见审计报告	良好	2
资源利用与节能	控制工业循环用水处理,固体废物综合利用率达98.78%	良好	2	炼钢综合能耗均同比降低,一般工业固体废物和危险废物自行利用处置率达到了100%	良好	2
环保综合治理	2012年环保设施同步运行率达99.80%	良好	2	2011年环保设施同步运行率达99.82%	良好	2
评价	有效		8	存在违规现象,基本有效		6

(4) 财务信息目标的评价

根据《企业内部控制基本规范》的要求,S公司已制定了财务报告及其相关信息披露的管理制度,规定了信息披露的基本原则和职责管理等方面的内容,并且按规定进行了相关的信息披露(如表5-6所示),财务报告及其相关信息披露真实、合规、及时和准确,财务报告审计意见是标准无保留审计意见,因此,S公司在财务信息目标设计与执行方面的评价是有效的。

表 5-6　S 公司财务信息目标设计与执行评价

指标	2012 年			2011 年		
	财务信息目标设计有效性评价					
	制度规定	结果说明	评分	制度规定	结果说明	评分
信息管理	与 2011 年一致,制定了完整的信息管理和对外披露制度	合规完善	2	制定了年报信息、保密文件、管理事务等的披露原则和差错问责制度；对外报送:信息对外报送程序、杜绝内幕交易信息等信息披露管理制度	合规完善	2
评价	有效		2	有效		2

指标	财务信息目标执行有效性评价					
	执行效果	结果说明	评分	执行效果	结果说明	评分
信息披露	信息披露真实、合规、全面、及时和准确	良好	2	信息披露真实、合规、全面、及时和准确	良好	2
财务报告	标准无保留审计意见	良好	2	标准无保留审计意见	良好	2
评价	有效		4	有效		4

5.3.2 风险控制层面的评价

如表 5-7 所示,从风险评估确定控制活动范围的重要性来看,S 公司对内部风险和外部风险等层面的制度规定不够完善,技术风险评估缺失；由于重要性原则遵循不足,未突出科技型企业的重点领域与关键环节,在风险控制层面没有确定关键控制活动的范围,导致在技术风险和管理风险等方面的控制未执行到位,影响了风险控制层面的评价效果。

表 5-7 S 公司风险控制层面评价

指标	风险层面控制——风险识别						
	2012 年			2011 年			
	制度规定	结果说明	评分	制度规定	结果说明	评分	
内部风险	环保风险、节能减排风险和兼并重组风险	合规欠完善	1	经营风险	合规欠完善	1	
外部风险	行业风险、市场风险和资源风险	合规欠完善	1	市场风险、政策性风险	合规欠完善	1	
评价	基本有效		2	基本有效		2	

指标	风险层面控制——风险控制					
	2012 年			2011 年		
	执行效果	结果说明	评分	执行效果	结果说明	评分
技术风险	加大节能降耗生产技术指标落实力度	仅环保方面	1	未针对技术风险实施控制活动	缺失	0
市场风险	优化管理降低成本,技术创新打造竞争优势,产销一体化响应市场需求	良好	2	深化营销和服务差异化,形成差异化竞争优势	合规欠完善	1
管理风险	优化决策体系,建立快速反应的采购渠道机制,降低生产要素采购成本	仅资源方面	1	强化降本促效,优化生产资源配置	仅资源方面	1
评价	合规不完善,基本有效		4	技术风险评估缺失,基本有效		2

5.3.3 要素控制层面的评价

如上一章所述,本章将从组织架构、资金、人才和技术四个方面对 S 公司内部控制要素层面是否有效进行评价。

(1) 组织架构的评价

本章从公司治理结构、产权关系和企业文化等方面对 S 公司的组织架构设计进行评价(如表 5-8 所示)。S 公司根据相关法律法规的规定,逐步建立、健全了公司治理结构,明确了股东大会、董事会、监事会和经理层的权利和责任,产权关系清晰;经过多年的沉淀,构建了一套涵盖企业精神、价值观、经营理念和共同愿景的企业文化体系。在执行过程中,公司的决策机构、监督机构与执行层权责分明、各司其职、有效制衡,公司文化渗透深入人心;同时,由于没有技术入股和股权激励的实施,公司的产权归属比较明晰。因此,S 公司在组织架构方面的设计和执行是有效的。

表 5-8 S 公司组织架构设计与执行评价

指标	2012 年			2011 年		
	组织架构设计有效性评价					
	制度规定	结果说明	评分	制度规定	结果说明	评分
治理结构	与 2011 年一致,设置相互制约的组织架构	合规完善	2	治理结构设置符合相关法律法规规定,并且有监事会和独立董事的监督	合规完善	2
产权关系	与 2011 年一致,资产所有权在公司章程和媒体监督的制约下保持独立	合规完善	2	无专利技术入股和股权激励计划,控股股东或其他关联方不得占用资产	合规完善	2
企业文化	相互制约的机构设置有利于企业文化的传达	合规完善	2	相互制约的机构设置有利于企业文化的传达	合规完善	2
评价	有效		6	有效		6

续表

指标	2012年			2011年		
	组织架构执行有效性评价					
	执行效果	结果说明	评分	执行效果	结果说明	评分
制约能力	独立董事和监事会对年度报告期内事项无异议	良好	2	公司治理规范在公开披露下有效运行,符合证监会和深交所规范性文件的要求	良好	2
独立性	资产产权、业务活动、机构与人员设置保持独立	良好	2	拥有自主经营能力且业务独立完整	良好	2
文化渗透	以人为本、重人才培养的企业文化,员工技术创新成果在6·18海峡两岸职工创新赛中斩获金奖	良好	2	建设动态信息网络畅通信息沟通渠道,开展劳动竞赛加强创新、安全建设	良好	2
评价	有效		6	有效		6

（2）资金要素的评价

为了对 S 公司资金活动内部控制是否有效进行评价,本章从资金筹措、使用和管理等方面的设计与执行进行考察。S 公司根据自身的经营发展需求和筹资原则,制订了科学合理的筹资计划,建立了完善的资金使用和管理制度（如表 5-9 所示）。公司 2012 年按筹资计划发行债券,以满足企业经营所需,并按规定用途使用资金,但 S 公司 2012 年资产负债率达到了 0.69,高于 2011 年的水平,S 公司净利润为负值,资产负债率偏高,偿债能力没有得到改善,加大了其财务风险。因此,S 公司在资金筹措内部控制方面的执行能力有待提高。

表 5-9　S 公司资金要素设计与执行评价

指标	2012 年			2011 年		
	资金要素设计有效性评价					
	制度规定	结果说明	评分	制度规定	结果说明	评分
资金筹措	与 2011 年一致,研发、生产、经营等用途的资金筹措根据相应制度规定	合规完善	2	募集资金:公开发行证券及募集特殊用途的资金 筹资原则:长中短结合灵活选择筹资渠道,严格控制资本成本	合规完善	2
资金使用	与 2011 年一致,筹措资金的使用和调拨不得超出合理预算范围,并且严格控制审批程序	合规完善	2	资金使用:实际使用与投资计划差异不得超过 30% 结余资金:董事会通过和保荐机构同意意见才可使用 资金调拨:集团内部大额资金调拨实行分级审批	合规完善	2
资金管理	与 2011 年一致,资金的管理与监督定期由内审部门及注册会计师进行	合规完善	2	管理:内审部门按季度检查,资金管理部门并向审计委员会报告 监督:董事会出具专项报告并需要 CPA 鉴证	合规完善	2
评价	有效		6	有效		6

指标	资金要素执行有效性评价					
	执行效果	结果说明	评分	执行效果	结果说明	评分
资金筹措	成功发行第二期 4 亿元公司债券,完成第一期债券付息;资产负债率 0.69,继续攀升,偿债能力进一步变弱	资产负债率偏高	0	根据证监会批复发行第一期 6 亿元公司债券;资产负债率 0.67,同比上升 2.72%	资产负债率偏高	1

续表

	2012年			2011年		
资金使用	第二期募集资金投资项目通过专项报告对外披露	良好	2	首次公开发行股票募集资金在严格审批下已按计划使用完毕,具体情况通过专项报告对外披露	良好	2
资金管理	天健正信会计师事务所对第二期4亿元公司债券出具验证报告;独立董事对专项报告发表独立意见	良好	2	天健正信会计师事务所对第一期6亿元公司债券出具验证报告;独立董事对专项报告发表独立意见	良好	2
评价	基本有效		4	基本有效		5

(3) 人才要素的评价

S公司在人才资源政策方面,具有详细的知识型人才引进措施,制定了明确的人才考核与创新奖励制度,但是人才培训制度、知识型人才离任退出机制缺失,很可能影响公司关键技术的保有和机密的维护,这说明公司在人力资源政策设计方面有效性不足(如表5-10所示)。S公司的人才结构尚合理,未发生核心技术团队和关键技术人员的变动,但没有实施股权激励制度,可能会影响员工的积极性,这表明S公司在人才要素执行方面是基本有效的。

表5-10 S公司人才要素设计与执行评价

指标	2012年			2011年		
	人才要素设计有效性评价					
	制度规定	结果说明	评分	制度规定	结果说明	评分
引进开发	与2011年一致,规定了知识型员工聘任标准及流程	无人才培训制度	1	人才选拔年度需求结合生产经营实际,公开透明并明确保密义务	无人才培训制度	1

续表

指标	2012年			2011年		
人才激励	明确薪酬考核委员会制定高管人员效益工资的权限,鼓励员工参与职业技能竞赛	合规完善	2	员工薪资与绩效挂钩的考核制度、创新成果奖励制度	合规完善	2
人才退出	与2011年一致,人才退出制度缺失	缺失	0	未建立员工退出机制,未明确关键岗位人员离职的工作交接或离任审计制度	缺失	0
评价	基本有效		3	基本有效		3

人才要素执行有效性评价

指标	执行效果	结果说明	评分	执行效果	结果说明	评分
人才保有	核心技术团队和关键技术人员未发生变动	有效	2	未出现关键技术人员离职情况	有效	2
人才结构	技术人员1 160人,占职工总数的14.57%;本科及以上员工1 185人,占职工总数的14.88%	有效	2	技术人员739人,占职工总数的9.6%;本科及以上员工928人,占职工总数的12%	有效	2
股权激励	与2011年一致,未实行股权激励制度	不适用	0	公司未实行股权激励制度	不适用	0
评价	基本有效		4	基本有效		4

(4)技术要素的评价

S公司对于新产品和新技术的立项与开发保护具有较详细的内部控制制度,但由于S公司在风险层面内部控制的设计和执行不够完善,与技术相关的研发风险评估也没有相应的制度作为支撑点,可能导致研发风险的加大(如表5-11所示)。因此S公司在技术要素方面的设计评价是基本有效。但是2012年S公司加大了研发强度,在2011年研发成果的基础上新增新产品开发3项、专利申请18项和专利授权 21 项。因此,S 公司在创新能力和资产管理方面是有效的。

表 5-11 S 公司技术要素设计与执行评价

指标	2012 年			2011 年		
	技术要素设计有效性评价					
	制度规定	结果说明	评分	制度规定	结果说明	评分
研发风险	与 2011 年一致,缺少研发风险识别与评估制度	缺失	0	未对研发活动可能存在的风险进行识别与评估	缺失	0
研究开发	与 2011 年一致,根据研发标准化管理制度开展研发与转产活动	合规完善	2	将新产品、新技术研发与转产纳入管理考核渠道,完善研发机构的标准化管理	合规完善	2
专利保护	与 2011 年一致,研发形成的专利和专有技术由科技部统一归口管理	合规完善	2	项目实施机构完成研发活动后,由科技部负责专利和专有技术管理工作	合规完善	2
评价	基本有效		4	基本有效		4
指标	技术要素执行有效性评价					
	执行效果	结果说明	评分	执行效果	结果说明	评分
创新能力	研发支出 71 680.21 万元,占营业收入的 3.92%	良好	2	研发支出 63 439.94 万元,占营业收入的 3.29%	良好	2
资产管理	在 2011 年研发成果基础上,新增金属制品工业材铆螺钢和线材 3 项新产品开发,新增专利申请 18 项和专利授权 21 项	良好	2	优钢项目部形成建筑材、工业材和中板材三类钢材升级换代成果,与科研院校联合开发 21 项新技术工艺,新增专利申请 21 项和专利授权 22 项	良好	2
评价	有效		4	有效		4

5.4　S公司内部控制质量评价结果

针对S公司内部控制评价和审计的现状,本章运用"目标—风控—要素"三个层面的评价指标,对S公司内部控制的设计和执行质量进行评价,表5-12列示了S公司内部控制质量评分汇总。从表中可看出,S公司2011年、2012年内部控制质量得分分别为76分和75分,属于中等水平。根据指标评价的情况来看,S公司内部控制制度的构建较完善,但是内部控制执行能力有待提高,因此,本章认为S公司2012年度内部控制的设计与执行是基本有效的。

首先,从评价流程来看,S公司内部控制目标控制层面的设计与执行较为全面,风险控制层面的内部控制在设计与执行方面还需得到公司高层的重视和强化,要素控制层面存在部分环节没有完善的制度设计。其次,从指标评价结果来看,S公司在战略、合规和信息完整等目标控制层面的设计与执行比较有效,但是在经营目标方面,经营的效率效果不太理想,这不能否定其经营管理和内部控制能力,因为整体低迷的市场环境和激励竞争对S公司的经营成果和财务状况的影响较大。

总之,上述评价指标的设置与评价结果可以使企业相关利益者对S公司的内部控制信息和内部控制质量一目了然。如果能以上述的方式对外披露公司内部控制质量的相关信息,那么投资者就可从中获知S公司的优势和劣势,从而对S公司的核心竞争力和可持续发展能力做出判断。

表 5-12 S 公司内部控制质量评分汇总表

一级	二级	具体指标	2012 年	2011 年	说　明
目标控制层面	制定	战略目标	6	6	
		经营目标	6	6	
		合规目标	4	4	
		信息目标	2	2	
	执行	战略目标	8	8	
		经营目标	0	4	满分 8 分,市场波动影响经营目标实现
		合规目标	8	6	满分 8 分,2011 年存在违规现象
		信息目标	4	4	
风险控制层面	识别	内部风险外部风险	2	2	满分 4 分,合规但不够完善
	评估	技术风险市场风险管理风险	4	2	满分 6 分,合规但不够完善
要素控制层面	制定	组织架构	6	6	
		资金要素	6	6	
		人才要素	3	3	满分 6 分,无人才培训制度、人才退出机制
		技术要素	4	4	满分 6 分,缺少研发风险识别与评估制度
	执行	组织架构	6	6	
		资金要素	4	5	满分 6 分,资产负债率偏高
		人才要素	4	4	满分 6 分,未实施股权激励计划
		技术要素	4	4	
总分			75	76	满分 100 分,整体有效但存在欠缺

5.5　提高 S 公司内部控制质量的建议

从 S 公司内部控制质量的评价结果来看，S 公司在内部控制目标、风险控制和内部控制要素的评价方面还存在不足之处，鉴此，可以从以下几个方面改进：

(1) 完善公司技术风险评估体系，重视技术的研究开发、产品的市场定位等方面的风险识别，将科技型企业内部和外部风险控制在可承受范围内，更好地实现公司的战略目标和经营目标。

(2) S 公司应进一步加强从人才聘任、管理、激励到退出等关键控制活动的管理。应该补充人才退出制度，保障专利技术等无形资产所有权不会因为关键技术人员的离职而受到影响，保护创新成果；同时进一步完善人才管理制度，激励知识型员工的工作热情和创造性，推动公司的技术创新和研发能力的提高。

(3) S 公司应该进一步完善资金借贷、材料采购和产品销售等方面的成本控制。应该优化资本结构，降低资本成本，以保证充足的资金用于技术研发，应对更新换代迅速的市场环境；同时还需要控制生产要素的采购成本和产品市场价格的波动，加快生产销售的资金周转，以提高公司经营的效率效果。

5.6　本章小结

本章运用上一章所构建的科技型企业内部控制质量评价指标，对 S 公司内部控制质量进行评价。通过与 2011 年的纵向对比，根据内控目标、风险控制和内控要素三个层面的评价结果来看，2012 年 S 公司内部控制设计与执行质量总体上基本有效，但是经营目标和合规目标执行、风险识别与评估、人才要素和技术要素制定、资金要素和人才要素执行等方面存在不足,据此为 S 公司的内部控制建设和完善提出了相应的改进措施。

第六章 科技型企业内部控制质量影响因素研究

前文的论述阐明了公司治理、公司特征和外部监管对企业内部控制质量的影响,分析了科技型企业内部控制质量现状与评价指标的构建及运用。本章在构建科技型企业内部控制质量衡量指标的基础上,从公司治理、公司特征和外部监管等方面对科技型企业内部控制质量的影响因素进行实证检验。

6.1 研究假说的提出

6.1.1 公司治理因素对内部控制质量的影响

根据国内外学者的研究文献,公司治理因素对内部控制质量的影响主要体现在四个方面:股权结构、董事会运作、管理层激励机制和内部监督水平。

(1)股权结构对内部控制质量的影响

股权结构是指公司总股本中不同性质的股份所占的比例及其相互关系。股权集中度是股本结构的一种体现方式,是对股本分布状态的衡量。对于股权集中度对内部控制质量的影响,学术界存在两种不同的理论:"监管假设理论"和"侵占假设理论"。"监管假设理论"认为,大股东为保护其自身利益,会主动采取措施监督经营者行为。在管理者与股东之间存在冲突的情况下,大股东的存在能够有效保护所有者权益。"侵占假设理论"认为,股权集中度过高,大股东会侵占小股东的利益。根据科技型企业的成长历史,多数科技型企业是由为数不多的几个发起人共同创办的,因此股权集中度较高。虽然大股东的存在能够采取有效措施监督管理者行为,防止管理者过分追求个人目标行为,但是大股东的存在也使得公司管理者和其他股东无法对大股东产生制衡。科技型企业面临竞争激烈的市场环境,需要良好的研发潜能和市场眼光;科技型企业要获得长远、稳定的发展,需要在决策中进行谨慎的考量和选择;但是企业股权过于集中,不仅存在其他股东权益被侵占的风险,而且也不利于公司管理层集思广益,进行科学决策,从而影响企业内部控制的建立健全。据此,本书提出以下假说:

假说1:股权集中度对科技型企业内部控制质量产生负向影响。

(2)董事会运作对内部控制质量的影响

董事会是企业的重要经营决策机构,董事会的有效运行有助于企业重大事项的科学决策,而董事会的运行状态可通过董事会会议的召开来体现。董事会会议是指董事会在职责范围内研究决策公司重大事项和紧急事项而召开的会议。国内外研究中,对董事会会议频率体现的内部控制质量信号存在不同的观点。一般认为,董事会定期召开会议体现了董事会的治理效率。而Jasen(1993)认为,董事会召开会议往往出于对企业面临困难的紧急处理方式探讨,较少用于评价企业经营管理者的绩效,因而董事会的会议频率高,说明企业面临的问题多。我国《公司法》对股份有限公司董事会每年的会议召开次数有最低规定,可见董事会会议的召开并不一定多数用于解决企业出现的紧急困难。根据2008—2012年福建省科技型上市公司公布的董事会工作报告,企业审议年度财务决算、年度财务预算、年度利润分配方案、年度审计机构聘请、董事会候选人推选议案等定期重大事项均通过董事会会议审议,这再次说明我国董事会会议召开除了处理紧急事件,更多用于正常情况下重大事项的决策。因此本书认为,年度董事会会议召开的频率高说明企业董事会能够有效运行,能够及时处理公司重大事件和紧急事件,对企业内部控制质量起正向作用。据此,本书提出以下假说:

假说 2：高频率的董事会会议对科技型企业内部控制质量产生正向影响。

(3)管理层激励对内部控制质量的影响

现代公司制企业的所有权与经营权分离,容易导致代理问题,极易产生道德风险和逆向选择。委托人解决代理问题的主要方法在于完善对代理人的监督和激励。监督可以防范"道德问题",激励则可以有效避免与代理人签订契约前的"逆向选择",因此有效的管理层激励能够改善治理结构,提升企业绩效,提高内部控制质量(张先治,2010)。高管激励的手段主要有薪酬激励和股权激励。

高管薪酬激励是最普遍、直接的高管激励方式,合理且富有激励性的薪资能够解决公司的委托代理问题,增强经理人的受托意识,提高高管敬业意识,更好地服务于股东及其他利益相关者。张晖明(2002)、张俊瑞等(2003)研究发现,公司绩效与高管薪酬存在显著正相关关系。由本书第三章对科技型企业内部控制质量现状的阐述可知,目前我国科技型企业管理者专业管理水平不高,激励机制的缺乏使得科技型企业管理者自我提升和完善内部控制的动力不足。有效的高管薪酬激励能够改善科技型企业管理者对内部控制的态度,对内部控制质量的提升起重大促进作用。据此,本书提出以下假说:

假说 3：高管薪酬激励对科技型企业内部控制质量产生正向影响。

科技型企业的领导结构存在一种特殊情况——董事长兼任总经理职位。科技型企业多数成长自中小民营企业,企业的创业者往往持有公司多数股权并参与公司经营管理。根据本书对福建省科技型企业的统计,2012 年福建省科技型企业中有 35.42% 存在董事长兼任总经理的情况,高于我国上市公司的平均水平 23%。董事长是公司董事会的领导,其职责具有组织、协调、监督的性质。董事长与总经理(或 CEO)的职务应当相互分离,如此其他董事才能做好对管理者的监督,保证监督机制的有效性。董事长与总经理两职合一使得企业可能存在舞弊风险,不利于企业内部控制的有效实施。据此,本书提出

以下假说:

假说 4:两职合一对科技型企业内部控制质量产生负向影响。

(4)内部监管对内部控制质量的影响

内部监管是企业对内部控制的建立与实施情况进行监督检查,评价内部控制的有效性,发现内部控制缺陷,并及时加以改进。《企业内部控制基本规范》中规定,监事会、审计委员会和内部审计部门应该对企业内部控制的设计和运行情况履行监督、审查和评价等职责。内部各监管部门的有效发挥可确保内部控制在企业各层次及经营管理各环节的有效运行,帮助管理层识别与管理风险;发现、报告与纠正内部控制设计、运行中存在的问题与缺陷,并对内部控制实施的效率与效果进行评价,以提高企业内部控制的质量,并且有利于企业内部控制评价报告和内部控制审计报告的形成。

2001年1月,证监会与国家经贸委联合发布《上市公司治理准则》,提出上市公司董事会应建立审计、战略、提名和薪酬等专门委员会,审计委员会(Audit Committee)是董事会设立的专门工作机构,主要职责是保持公司内部审计与外部审计的沟通、监督及核查等相关工作。审计委员会的设立可以更好地代表中小股东的利益,从而保证中小股东利益不受大股东或"内部人"的侵害,能够有效地提高内部控制质量。本书对2008—2012年福建省科技型上市公司进行了统计,发现所有样本公司均建立了审计委员会。

《企业内部控制基本规范》中规定,内部审计机构应当结合内部审计监督,对内部控制的有效性进行监督检查,内部审计机构对监督检查中发现的内部控制缺陷,应当按照企业内部审计工作程序进行报告。企业内部控制评价的内容包含两个层面:一是企业层面,即对企业内部环境、风险评估、控制活动、信息与沟通、内部监督等五要素进行评价;二是企业业务层面的内部控制控制系统的评价,"引导会议法"是国际内部审计师协会推荐的内部控制自我评价的方法,并被广泛采用,其是指内部审计人员与被评价单位管理人员组成评价小组,管理人员在内部审计人员的帮助下对本企业或本部门内部控制的恰当性和有效性进行评价,然后根据评价和集体讨论来提出改进建议出具评价报告,并由管理者实施。企业通过内部审计机构对内部控制质量进行评价,并出具企业内部控制评价报告,有利于发现企业内部控制的缺陷,改善企业管理,提高经济效益。因此,是否披露企业内部控制评价报告能够在一定程度上体现审计委员会、内部审计等监督作用的发挥水平和企业内部控制的质量。鉴此,本书提出以下假说:

假说5:内部控制评价报告披露对科技型企业内部控制质量产生正向影响。

监事会(Supervisory Board)设立的目的是防止董事会或经理滥用职权,损害公司和股东利益。因此,监事会监督职能的充分发挥有利于提高公司治理水平。关于监事会对内部控制质量的影响,国外文献相对较少,主要原因在于,处于国际主流地位的美、英等国家的大多数公司治理模式是单层结构,不设置监事会。在国内研究中,薛祖云和黄彤(2004)的研究表明监事会规模与企业会计信息质量存在显著正相关关系。《企业内部控制基本规范》中规定,董事会负责内部控制的建立健全和有效实施,监事会对董事会建立与实施内部控制进行监督。因此,监事会的有效监督有助于企业内部控制的有效实施,提升企业内部控制质量,而监事会的规模在一定程度上反映了监事会的监督职能履行能力和质量(张先治,2010)。因此,为了研究监事会职能发挥对科技型企业内部控制质量的影响,本书提出以下假说:

假说6:监事会规模对科技型企业内部控制质量产生正向影响。

6.1.2 公司特征因素对内部控制质量的影响

根据 Bronson et al.(2006)、Doyle et al.(2007b)、Franklin(2007)及蔡丛光(2010)等国内外研究文献,公司特征对内部控制质量的影响主要集中在公司规模、成长性、财务杠杆、研发能力和业务复杂程度等方面。

(1)公司规模对内部控制质量的影响

Bronson et al.(2006)、Doyle et al.(2007a)、Bryan 和 Lilien(2005)、张颖和郑洪涛(2010)、田勇(2011)、鲁清仿(2009)、曹建新等(2009)和李育红(2010)等诸多研究证明公司规模越大,企业的内部控制质量越高。公司的规模往往以资产总值作为替代变量。企业拥有的资产体现了其运用现有资源创造价值的能力。企业的资产规模越大,可用于投入内部控制建设的资源越多,可能越有利于企业内部控制制度的建立和健全。此外,张颖和郑洪涛(2010)认为,内部控制的经营和模式可以被复制和推广,大规模公司推行内部控制能够获得规模效应。可见,公司规模对企业内部控制质量产生正向影响。我国的科技型企业,公司规模随着公司的发展不断成长壮大,规模较大的公司拥有的资源较多,有更多的资金和更强烈的动机进行内部控制建设,从而进一步推动公司的健康发展。据此,本书提出以下假说:

假说7:公司规模对科技型企业内部控制质量产生正向影响。

(2)公司成长性对内部控制质量的影响

公司的成长性是指公司一定时期内经营能力的提升水平,体现公司的发展潜力和发展速度。Doyle et al.(2007b)和 Ashbaugh-Skaife et al.(2007)认为,成长性与内部控制质量呈负相关关系,过快的成长会导致企业配套内部控制机制的不适用。为适应企业成长速度,公司需要新的内部控制机制、新的控制过程,以及新的人员配备。若企业内部控制健全速度跟不上企业成长速度,会导致制度设计与发展现状的不适用,制度执行无法实现现实管控需要,势必影响企业内部控制质量,引发风险隐患。但是,林斌和饶静(2009)持相反观点,认为 Doyle 及 Ashbaugh-Skaife 等学者的研究针对的是国外成熟资本市场,研究对象是已建立内部控制制度的企业,只是成长过快使得内部控制跟不上步伐,而我国内部控制制度尚不完善,成长性较快的公司通常有更好的业绩,能够获得更多资源用于内部控制制度的完善。对于我国科技型企业而言，多数尚未建立完善的内部控制体系，成长较快的企业通常盈利状况良好，资源充足，有助于企业内部控制的建立健全。据此，本书提出以下假说：

假说8：公司成长性对科技型企业内部控制质量产生正向影响。

(3)财务杠杆对内部控制质量的影响

Franklin(2007)指出企业负债率高往往内部控制存在缺陷。但是，科技型企业集研究、开发、生产、贸易和服务等多种活动于一身，资金需求量大，因而企业会采取不同方式进行融资。财务杠杆说明了科技型企业资本结构的情况；合理财务风险下的融资，有利于科技型企业获得充足资金满足生产经营及研发需要，保持企业良好的发展能力，使财务杠杆发挥正面效应，从而促进企业内部控制战略目标及经营目标的实现。据此，本书提出以下假说：

假说9：财务杠杆对科技型企业内部控制质量产生正向影响。

(4)研发能力对内部控制质量的影响

科技型企业的重要特征之一是具备较强的研发能力。Chan et al.(2001)对从事研发和不从事研发的企业进行比较研究，发现从事研发的企业具备较好的股票历史收益，并且研发强度与企业权益市场上的回报正相关。良好的研发能力能够保持企业的市场竞争力和盈利能力，企业能够获得更多的资源进行内部控制建设，也更有动机健全内部管控系统，这样可以防范和控制研发风险，维护现有成果，提高企业的技术创新水平。据此，本书提出以下假说：

假说10：研发能力与科技型企业内部控制质量呈正相关。

(5)公司业务复杂程度对内部控制质量的影响

公司的业务复杂程度主要归因于企业的经营业务布局。企业根据经济形势和市场竞争需要，结合自身实际情况，对公司的产业和业务发展进行趋势布局，从而实现既定环境和既定条件下的最佳布局。根据不同的需要，公司业务的复杂程度各异。Bronson et al.(2006)、Doyle et al.(2007b)、Ashbaugh-Skaife et al.(2007)、蔡丛光(2010)、刘亚莉、马晓燕和胡志颖(2011)等研究均认为公司业务的复杂程度与内部控制质量负相关。原因在于,公司的内部控制系统需包含公司所有经营业务,并且要适应公司所处的经营环境。公司的业务越复杂,内部控制设计和执行的难度越大,内部控制质量越难以保证。科技型企业业务多元化,跨地区跨领域经营逐渐普遍,内部控制制度要适应不同业务的需要,确保分部之间的衔接和管控,要求企业具备高水平的内部控制设计和执行能力。我国科技型企业目前内部控制系统尚未完善,公司业务越复杂,内部控制的设计与运行的难度将加大。据此,本书提出以下假说:

假说11:公司业务复杂程度与科技型企业内部控制质量负相关。

6.1.3 外部监管因素对内部控制质量的影响

企业内部控制的内部监管主要由股东、监事会、审计委员会等承担,而外部监管主要由政府监管机构和中介机构负责。外部监管主要表现为两方面:一是内部控制审计报告的披露要求,二是证监会和交易所等监管部门所做出的违法违规处罚。

Patterson et al.(2007)研究表明,内部控制监管主体颁布的法律法规能够有效强化企业内部控制系统。证监会等五部委、上海证券交易所和深圳证券交易所均提出内部控制的相关规范,要求管理层对企业内部控制的有效性进行自我评价和披露,同时聘请会计师事务所对内部控制自我评价的有效性进行审计,并出具审计报告。内部控制审计是指会计师事务所受托对特定基准日内部控制设计与运用的有效性进行审计。鉴于注册会计师审计报告具有一定的权威性、震慑力和社会公信度,社会各界普遍关注注册会计师出具的审计意见。科技型企业进行内部控制审计,体现了财政部等五部委及证券交易所的监督情况,能够使科技型企业及时完善内部控制建设,对内部控制缺陷和问题采取补救和整改措施,从而改善内部控制质量。据此,本书提出以下假说:

假说12：内部控制审计对科技型企业内部控制质量产生正向影响。

单华军（2010）认为监管部门对企业提出惩戒，说明企业内部控制薄弱，存在实质性缺陷。目前科技型企业受到证监会和交易所等机构的违规处理主要包括：公司运营违法违规、领导人违规持股、领导人涉嫌犯罪、信息披露违规、信息披露虚假、发行上市信息披露虚假和信息披露遗漏等。监管部门的违规处罚不仅会给企业带来经济损失，并且会给企业声誉带来负面影响，增加企业资本成本，严重影响企业内部控制的环境。因此，科技型企业如果出现违规处罚，说明企业内部控制存在一定的缺陷，内部控制质量不高。据此，本书提出以下假说：

假说13：违规处罚与科技型企业内部控制质量呈负相关。

6.2 研究设计

6.2.1 样本选取

本书选取2008—2012年福建省A股科技型上市公司为样本进行实证检验，这是因为，2008年财政部等五部委颁布了《企业内部控制基本规范》，以加强和规范企业内部控制。该规范文件的出台使得我国企业内部控制的建设得到广泛关注，内部控制信息强制披露成为趋势。

本书"科技型企业"的确认标准为获得我国科技部等相关部门颁发的科技相关资格认定的企业。科技型企业相关资格认定包含："高新技术企业"、"高科技企业"、"火炬计划"、"863计划"、"创新型企业"和"国家规划布局内重点软件企业"，本书将获得以上一项或一项以上认定的企业确认为科技型企业。

根据以上标准,本书对数据进行收集处理,剔除数据缺失值,共取得 165 个样本观测值。本书研究数据部分来源于对公司披露的年报、内部控制自我评价报告、内部控制审计报告等信息的手工搜集,部分来源于巨潮资讯网、RESSET 中国金融研究数据库。本研究所使用的统计软件是 SPSS19.0。

6.2.2 模型构建

基于本章上文关于科技型企业内部控制质量影响因素的分析和假说,本书设计了如下模型:

$$\begin{aligned}ICQ_{it} = &\alpha_0 + \alpha_1 Own_{it} + \alpha_2 Board_{it} + \alpha_3 Salary_{it} + \alpha_4 Leader_{it} + \alpha_5 Spvis_{it} + \\&\alpha_6 ICAss_{it} + \alpha_7 LnS_{it} + \alpha_8 Grow_{it} + \alpha_9 Debt_{it} + \alpha_{10} Rsch_{it} + \alpha_{11} Bsnss_{it} + \\&\alpha_{12} ICAud_{it} + \alpha_{13} Pnish_{it} + \alpha_{14} D^{year} + \varepsilon_{it}\end{aligned} \quad (6-1)$$

ICQ_{it} 是第 i 公司 t 期的内部控制质量,Own_{it} 是第 i 公司 t 期的股权集中度,$Board_{it}$ 是第 i 公司 t 期的董事会会议次数,$Salary_{it}$ 是第 i 公司 t 期的高管薪酬比率,$Leader_{it}$ 是第 i 公司 t 期的领导结构,即董事长和总经理两职合一状况,$Spvis_{it}$ 是第 i 公司 t 期的监事会规模,$ICAss_{it}$ 是第 i 公司 t 期的内部控制评价状况,LnS_{it} 是第 i 公司 t 期的公司规模,$Grow_{it}$ 是第 i 公司 t 期的成长性,$Debt_{it}$ 是第 i 公司 t 期的财务杠杆水平,$Rsch_{it}$ 是第 i 公司 t 期的研发能力,$Bsnss_{it}$ 是第 i 公司 t 期的业务复杂程度,$ICAud_{it}$ 是第 i 公司 t 期的内部控制审计报告披露情况,$Pnish_{it}$ 是第 i 公司 t 期的违规处罚情况,并设置年度哑变量(D^{year})以控制年度差异。

6.2.3 变量定义

(1)内部控制质量指标的度量

模型(6-1)中的被解释变量为内部控制质量(ICQ)。目前研究中,按照企业内部控制目标的实现程度衡量内部控制质量是较为科学的方法之一,如 Chih-Yang Tseng(2007)、张颖和郑洪涛(2010)以及李育红(2011)等研究均以企业内部控制目标的实现程度作为内部控制质量的衡量指标。为了力求准确衡量,防止以笼统方式评价科技型企业内部控制质量,本书将《企业内部控制基本规范》提出的内部控制目标与科技型企业特征相结合,设计内部控制质量的度量指标。《企业内部控制基本规范》指出内部控制五个目标应当包含:战略目标、经营目标、报告目标、资源目标及合规目标。其中,报告目标指企业向利益相关者公布真实、完整、可靠的信息。通过对样本数据的统计,2008—2012 年福建省科技型上市公司公布的财务报告均进行了外部审计,并且都获得了注册会计师的无保留审计意见,其中98.3%获得了标准无保留意见,1.7%取得带解释段的无保留意见。因此本书不以报告目标来区分各科技型企业内部控制质量优劣。此外,资源目标指资源的安全完整,该目标主要通过内部控制其他目标实现情况体现(李育红,2011)。鉴此,本书分别采用内部控制战略目标、经营目标及合规目标来度量企业内部控制质量,在此基础上构建科技型企业内部控制质量的综合指标。

①内部控制战略目标(ICQ_S)的构建。彼得·德鲁克在《管理实践》中提出了企业战略目标的八个关键领域,包含市场、技术发展、生产力提升、利润和社会责任等。结合科技型企业技术依赖性强和市场风险高的特点,本书将科技型企业战略目标的实现归纳为核心竞争能力和市场适应能力两方面。因此,科技型企业内部控制的战略目标(ICQ_S)从两方面进行设计:科技型企业核心竞争力通过研发投入比率和无形资产比率体现,市场适应能力通过销售净利率衡量。本书利用 SPSS 统计分析软件主因素分析法取得内部控制战略目标的综合得分,用以表示战略目标的实现程度。

②内部控制经营目标(ICQ_O)的构建。管红桥(1998)指出企业经营方式包括产品经营和资本经营不同层次。产品经营指企业对

技术产品的开发、生产与销售,注重产品市场和销售利润成长。资本经营指企业围绕资本保值进行经营治理,注重资本增值最大化。因此,本书选取营业利润率和投入资本回报率作为科技型企业两种经营方式的衡量指标。此外,为了更好地结合科技型企业特征,本书将无形资产周转率作为企业投入资本运营能力的衡量指标,与营业利润率和投入资本回报率共同纳入内部控制经营目标的指标构建中。本书通过 SPSS 统计分析软件主因素分析法,计算企业经营目标的综合得分,用于衡量科技型企业内部控制经营目标的实现程度。

③内部控制合规目标(ICQ_C)的构建。科技企业内部控制合规目标(ICQ_C)的实现程度采用单位资产审计费用率的倒数来表示。国内外不少研究证明了审计费用与内部控制缺陷存在正相关关系,Raghunandan 和 Rama(2006),Hogan 和 Wilkins(2008)、张敏和朱小平(2010)及朱春艳和伍利娜(2009)指出在上市公司被处罚的当年,审计师会要求更高的审计费用。单位资产审计费用率,剔除了公司规模对审计费用的影响,该比率越高,说明企业合规性越差。本书采用单位资产审计费用率的反向指标来衡量科技企业内部控制合规目标(ICQ_C)的实现程度。

④内部控制质量综合指标(ICQ)的构建。本书根据上述内部控制战略目标、经营目标及合规目标的内部控制质量指标,构建企业内部控制质量的综合指标,即通过 SPSS 统计软件,将内部控制战略目标、经营目标及合规目标进行主因素分析,计算综合得分,形成科技型企业内部控制质量的综合指标(ICQ)。

(2)公司治理

对于股权集中度(Own),本书以企业前十大股东的股权集中状况来体现,使用集中度的衡量指标——赫芬德尔指数(Herfindahl Hirschmann Index)计量股权集中程度,该指数通过各主体持股比例的平方和来衡量,这样可以减少股东数量和规模的影响,较好地测量股权集中度的变化情况;董事会会议频率(Board)为董事会年度召开会议的次数；高管薪酬激励（Salary）以高管薪酬总额占营业收入的比率来衡量；领导结构，即董事长兼任总经理情况（Leader），设置二元哑变量，若公司董事长兼任总经理取值为1，否则取值为0；监事会规模（Spvis）则以监事会人数占公司规模的比率表示，由于我国《公司法》对不同规模公司的监事会组成人数有不同要求，该比率排除了公司规模因素对监事会规模的影响，能够更好地表示监事会规模对科技型企业内部控制质量的影响；内部评价报告披露情况（ICAss）设置二元哑变量，若公司披露内部控制评价报告取值为1，否则取值为0。

（3）公司特征

公司规模（LnS）采用公司总资产的自然对数；成长性（Grow）以企业利润总额增长率来衡量；财务杠杆（Debt）采用股票市价总额占负债账面价值的比率来衡量，Altman（1968）采用了22个财务比率经过数理统计筛选建立了5个变量的Z-score模型用以衡量企业财务状况，模型中以股票市价总额占负债账面价值的比率反映企业基本财务结构是否稳定，该指标也体现了股东提供的资本与债权人提供的资本的相对关系；至于研发能力（Rsch），我国《高新技术企业认定标准》中，将研发人员占企业总人数的比重作为衡量企业研发能力的指标之一，这是因为，研发的关键在于人才，研发人才是企业知识产权的主要生产者，在研发人员能力水平相对稳定的情况下，研发人才是否充足是影响企业研发能力的重要因素。因此，以企业技术研发人员占总人数的比率作为研发能力（Rsch）的替代变量；业务复杂程度（Bsnss）以企业参股、控股子公司总数来表示。

（4）外部监管

内部控制审计（ICAud）以企业是否披露内部控制审计报告来衡量，该指标为二元哑变量，若企业披露内部控制审计报告取值为1，否则取值为0；违规处罚情况（Pnish）以企业当年受到证监会、交易所和公安局等违规处和诉讼的情况为依据，设计二元哑变量，若企业当年受到违规处罚或存在重大诉讼案件取值为1,否则取值为0。

(5)年度哑变量

本书设置了年度哑变量(D^{year})用于控制宏观经济等时间序列因素的影响。由于本书选用的样本区间为2008—2012年,因此设置4个年份虚拟变量,如果样本属于2012年,则样本变量取值为1,否则取值为0,以此类推。本书以2008年为基准变量。

上述变量的含义与计算公式如表6-1。

表6-1 变量的含义与计算方法

变量		含义	计算方法
被解释变量	ICQ	内部控制质量	内部控制战略目标、经营目标及合规目标的综合得分
	ICQ_S	内部控制战略目标	研发投入比率、无形资产率及销售净利率的综合得分
	ICQ_O	内部控制经营目标	营业利润率、投入资本回报率及无形资产周转率的综合得分
	ICQ_C	内部控制合规目标	$\dfrac{1}{\text{单位资产审计费用率}} = \dfrac{\text{总资产}}{\text{审计费用}} \times 100\%$
公司治理变量	Own	股权集中度	企业前10位股东持股比例的平方和
	Board	董事会会议频率	董事会年度召开会议次数
	Salary	高管薪酬激励	高管薪酬比率 $= \dfrac{\text{高管薪酬总额}}{\text{营业收入}} \times 100\%$
	Leader	领导结构	董事长兼任总经理情况,若公司董事长兼任总经理取1,否则取0
	Spvis	监事会规模	$\dfrac{\text{监事会总人数}}{\text{公司总资产的自然对数}} \times 100\%$
	ICAss	内部控制自我评价	如果企业披露内部控制评价报告取1,否则取0

续表

变量		含义	计算方法
公司特征变量	LnS	公司规模	公司总资产的自然对数
	Grow	公司成长性	利润总额增长率 $= \left(\dfrac{\text{本期利润总额}}{\text{去年同期利润总额}} - 1 \right) \times 100\%$
	Debt	财务杠杆	市值负债率 $= \dfrac{\text{股票市价总额}}{\text{负债账面价值总额}} \times 100\%$
	Rsch	研发能力	$\dfrac{\text{技术研发人员}}{\text{总人数}}$
	Bsnss	业务复杂程度	参股、控股子公司数量
外部监管变量	ICAud	内部控制审计	如果企业披露内部控制审计报告取1,否则取0
	Pnish	违规处罚情况	如果企业受到监管部门违规处理取1,否则取0
控制变量	D^{year}	年度哑变量	以2008年作为基准变量

6.3　实证结果分析

6.3.1　描述性统计分析

表6-2列示了各研究变量的描述性统计结果。从表中可见,科技型企业内部控制质量综合指标(ICQ)的均值(0.000)高于中位数(−0.031),可见科技型企业内部控制质量多数处于中下水平,其最小值为−1.699,最大值为1.629,标准差为0.487,说明各科技型企业内部控制质量综合水平相对接近。科技型企业内部控制战略目标

(ICQ_S)、经营目标(ICQ_O)及合规目标(ICQ_C)的均值也都高于中位数,说明多数科技型企业在内部控制的战略、经营和合规目标方面均低于平均水平。此外,科技型企业内部控制战略目标(ICQ_S)的标准差(1.000)较小,说明科技型企业内部控制战略目标的实现程度相近;但是,科技型企业内部控制经营目标(ICQ_O)的标准差(11.608)较大,说明在经营目标方面,各科技型企业的实现程度差异明显;科技型企业内部控制合规目标(ICQ_C)的最小值为7.436,最大值为178.427,可见科技型企业在法律法规的遵循性方面也存在显著差别。

表 6-2 研究变量的描述统计

	均值	中位数	最小值	最大值	标准差
ICQ	0.000	−0.031	−1.699	1.629	0.487
ICQ_S	0.000	−0.139	−2.702	2.534	1.000
ICQ_O	11.463	9.159	−35.187	45.728	11.608
ICQ_C	35.098	22.697	7.436	178.427	31.428
Own	0.171	0.151	0.001	0.548	0.096
Board	9.036	9.000	3.000	19.000	2.811
Salary	0.345	0.185	0.005	2.307	0.388
Leader	0.279	0.000	0.000	1.000	0.450
Spvis	18.720	14.486	0.000	81.413	11.751
ICAss	0.818	1.000	0.000	1.000	0.387
LnS	21.171	21.022	19.663	23.338	0.820
Grow	6.836	8.096	−2 142.734	761.231	199.829

续表

	均值	中位数	最小值	最大值	标准差
Debt	1 236.458	593.277	24.081	12 045.972	1 588.647
Rsch	22.340	15.650	1.920	87.190	20.213
Bsnss	7.679	6.000	1.000	39.000	6.753
ICAud	0.418	0.000	0.000	1.000	0.495
Pnish	0.133	0.000	0.000	1.000	0.341

就公司治理变量而言,公司股权集中度(Own)的均值为0.171,可见样本中公司股权集中度相对较高,从其极值和标准差可知,各样本公司的股权集中度存在较大差异;根据董事会会议频率(Board)的均值(9.036),可知样本公司每年约召开9次会议,同时根据极值可知,2008—2012年福建省科技型企业董事会最少召开3次会议,最多召开19次会议;高管薪酬激励(Salary)均值为0.345%,样本企业高管薪酬最低为营业收入的0.005%,最高为营业收入的2.307%,可以推测样本科技型企业的高管薪酬激励机制尚不健全,有些企业未能形成薪酬激励机制;领导结构(Leader),即董事长与总经理两职合一情况均值为0.279,说明样本中有27.9%的科技型企业董事长兼任总经理,两职兼任情况相对普遍;监事会比率(Spvis)均值(18.721)与中位数(14.486)相对接近,但从其最大值(81.413)和最小值(0.000)可知,科技型企业之间监事会规模存在较大差异;内部控制评价报告披露情况(ICAss)的均值为0.818,说明样本企业中81.8%披露了内部控制评价报告,披露情况较为良好。

就公司特征变量而言,从公司规模(LnS)的均值(21.171)和中位数(21.022)的情况,可知科技型企业之间公司规模相对接近;成长性(Grow)的均值为6.836%,最大值为761.231%,最小值为−2 142.734%,这说明科技型企业成长能力存在巨大差异,也体现了科技型企业的高成长性及高风险性的特点;财务杠杆(Debt)的均值(1236.485)远高于中位数(593.277),且最大值与最小值之间存在巨大差异,表明科技型企业的财务结构差异巨大;由研发能力(Rsch)的均值(22.340)可知,样本科技型企业研发人员比率为22.34%,我国高新技术企业认定标准中对研发人员比重的要求为10%,可见科技型企业研发人员比重较高,具备较充足的智力资源用于创新及研发。业务复杂程度(Bsns)均值为7.679,说明样本科技型企业平均参控股子公司数量约为8家,从极值可知科技型企业业务复杂程度各异,最多参控股子公司为39家,最少1家。

内部控制审计(ICAud)均值为0.418,高于中位数,可知样本科技型企业中内部控制审计报告的披露比率为41.8%,科技型企业内部控制审计报告披露水平较低。违规处罚情况(Pnis)均值为0.133,高于中位数,说明科技型企业发生违规处罚的情况相对较少。

6.3.2 相关性分析

一般而言,Pearson相关系数r的绝对值,在0.0~0.2之间,为极弱相关;在0.2~0.4之间为弱相关;在0.4~0.6之间为中等程度相关;0.6~0.8之间为强相关;0.8~1.0之间为极强相关。当变量相关系数超过0.9,分析时会存在共线性的问题,当相关系数在0.8以上,可能会有共线性问题(Hossain,1995)。本书对模型(6-1)研究变量的相关性进行分析,表6-3为研究变量的Pearson相关性检验结果,除被解释变量之间相关性较高外,其他变量的相关系数绝对值最高为0.46,在可解释和可忍受范围内,不存在多重共线性的问题。

表 6-3　研究变量的相关系数

	ICQ	ICQ_S	ICQ_O	ICQ_C	Own	Board	Salary	Leader	Spvis	ICAss	LnS	Grow	Debt	Rsch	Bsnss	ICAud	Pnish
ICQ	1.00																
ICQ_S	0.74	1.00															
ICQ_O	0.87	0.74	1.00														
ICQ_C	0.48	0.01	0.06	1.00													
Own	0.09	−0.09	−0.03	0.33	1.00												
Board	−0.07	−0.11	−0.13	0.11	0.07	1.00											
Salary	0.26	0.37	0.40	−0.26	−0.09	−0.17	1.00										
Leader	−0.13	0.01	−0.12	−0.08	−0.06	−0.10	−0.01	1.00									
Spvis	0.31	0.02	0.08	0.37	0.05	0.12	−0.03	−0.18	1.00								
ICAss	−0.06	0.21	0.02	−0.24	0.07	0.02	0.08	0.01	−0.17	1.00							
LnS	0.27	−0.11	−0.12	0.42	0.10	0.13	−0.45	−0.03	0.38	−0.28	1.00						
Grow	0.24	0.12	0.24	0.11	0.09	−0.06	−0.03	−0.03	0.05	−0.08	0.03	1.00					
Debt	0.45	0.38	0.36	−0.20	−0.03	−0.16	0.40	−0.03	−0.08	0.15	−0.33	0.07	1.00				
Rsch	0.14	0.46	0.16	−0.15	−0.16	0.06	0.13	0.09	−0.22	0.11	−0.09	0.02	0.15	1.00			
Bsnss	−0.16	−0.20	−0.29	0.18	−0.25	0.23	−0.26	−0.08	0.23	−0.12	0.46	−0.20	−0.31	0.00	1.00		
ICAud	−0.03	0.08	0.04	−0.14	0.03	−0.01	−0.02	0.10	−0.05	0.40	−0.16	−0.05	0.12	0.02	0.03	1.00	
Pnish	−0.13	0.03	−0.09	−0.15	−0.07	0.17	−0.10	0.15	−0.10	0.14	−0.06	−0.19	0.08	0.12	0.07	0.21	1.00

6.3.3 回归结果分析

表 6-4 给出了模型(6-1)公司治理、公司特征和外部监管对科技型企业内部控制质量影响的回归结果。模型 1 至模型 4 分别是相关因素对内部控制质量综合指标(ICQ)、内部控制战略目标(ICQ_S)、内部控制经营目标(ICQ_O)、内部控制合规目标(ICQ_C)影响的回归结果。

从表中可以看出,在模型 1 至模型 4 中,Adj R^2 分别为 0.593、0.617、0.510 和 0.869,说明各模型总体拟合度较高;从显著性检验(F test)结果可知,各模型的回归结果是显著有效的,且各模型的残差独立性检验值(DW test)均接近 2,这意味着模型均不存在序列自相关问题。

表 6-4 科技型企业内部控制质量影响因素回归结果

Variable	模型 1 ICQ	模型 2 ICQ_S	模型 3 ICQ_O	模型 4 ICQ_C
Constant	−8.187***	−8.689***	−69.353***	−680.182***
	(−9.268)	(−4.939)	(−3.003)	(−21.062)
Own	−0.178	−0.602	−11.997	57.930***
	(−0.623)	(−1.057)	(−1.605)	(5.544)
Board	−0.004	−0.026	−0.111	0.118
	(−0.371)	(−1.353)	(−0.444)	(0.336)
Salary	0.420***	1.206***	9.580***	6.555**
	(5.051)	(7.283)	(4.407)	(2.156)
Leader	−0.116**	−0.127	−3.269**	−1.632
	(−1.985)	(−1.094)	(−2.141)	(−0.765)
Spvis	0.007**	0.006	0.053	0.736***
	(2.991)	(1.338)	(0.832)	(8.323)

续表

Variable	模型 1 ICQ	模型 2 ICQ_S	模型 3 ICQ_O	模型 4 ICQ_C
ICAss	0.016	0.248	−1.090	1.533
	(0.202)	(1.591)	(−0.533)	(0.537)
LnS	0.374***	0.356***	3.671***	32.982***
	(8.798)	(4.205)	(3.304)	(21.229)
Grow	0.0003**	0.0003	0.0085**	0.0014
	(2.336)	(1.295)	(2.521)	(0.292)
Debt	0.0001***	0.0002***	0.0039***	0.0002
	(7.495)	(6.024)	(7.938)	(0.257)
Rsch	0.003**	0.018***	0.041	0.022
	(2.46)	(6.993)	(1.214)	(0.465)
Bsnss	−0.016***	−0.013	−0.278**	−0.938***
	(−3.378)	(−1.388)	(−2.212)	(−5.337)
ICAud	0.042	0.023	1.135	1.439
	(0.724)	(0.202)	(0.756)	(0.685)
Pnish	−0.120	−0.089	−2.878	−2.186
	(−1.520)	(−0.566)	(−1.392)	(−0.756)
D^{year}	控制	控制	控制	控制
Adj R^2	0.593	0.617	0.510	0.869
F test	15.061***	16.564***	11.057***	65.231***
DW test	1.846	1.916	1.752	2.072
N	165	165	165	165

注：上标***、**和*分别表示在1%、5%和10%的水平上显著。

由模型 1 可知,在公司治理因素方面:①高管薪酬激励(Salary)的系数为正,在 1% 的水平上显著,这表明高管的薪酬激励能够有力提升科技型企业内部控制质量。公司高管通过董事会授权行使公司经营权,有效的薪酬激励,有利于高管积极发挥经营管理权,提高管理者的内部控制意识,并能不断提升科技型企业内部控制质量,该结果验证了假说 3。②董事长与总经理两职合一(Leader)的系数为负且显著,说明科技型上市公司股东众多,利益各异,董事长兼任总经理容易导致权力过于集中,存在内部人现象,不利于董事会对总经理管理能力的监督。因此董事长与总经理两职合一不利于科技型企业内部控制质量的提升,该结果验证了假说 4。③监事会规模(Spvis)的系数为正且显著,这表明监事会的监督正向影响科技型企业内部控制的质量。监事会的主要职责就是对董事会和总经理行政管理系统进行监督,防止损害公司及股东利益的行为发生,监事会的有效监督,为企业各项业务顺利开展、经营合法合规和社会责任承担等提供了有力保障,能够为企业内部控制创造良好环境,该结果验证了假说 5。④股权集中度(Own)和董事会会议频率(Board)的系数均为负,而内部评价报告披露(ICAss)的系数为正,但均不显著,因此,假说 1、2、6 没有得到验证。

在公司特征因素方面:①公司规模(LnS)的系数为正且高度显著,说明公司规模对科技型企业内部控制质量综合指标具有正向影响。规模较大的公司拥有更多的资源,能够吸收更多的资金和人才,充分投入企业生产经营,进一步开发核心技术和消费者市场,并且出于资产安全考虑,企业会尽量避免违法违规事件发生,因此公司规模越大越有利于科技型企业内部控制战略目标、经营目标及合规目标的实现,从而对内部控制质量产生正向影响,该结果验证了假说 7。②成长性(Grow)对科技型企业内部控制质量产生显著正向影响。企业成长性高说明企业的运营状况良好,营业利润得到大幅增加,一方面体现了科技型企业战略目标取得的成效,另一方面也获得了更多资源用于企业后续发展和内部控制建设及完善,该结果验证了假说 8。③财务杠杆(Debt)的系数为正且高度显著,该指标反映了科技型企业股东持股价值与企业负债之间的关系,说明了财务结构的合理性;科技型企业资金需求量大,合理的财务结构有利于企业在可承受的财务风险下,获得充足资金实现企业内部控制的战略目标和经营目标,因此财务杠杆对科技型企业内部控制质量产生正向影响,该结果证明了假说 9。④研发能力(Rsch)的系数为正且显著,说明研发能力越高,越有利于提高科技型企业内部控制的质量,验证了假说 10。⑤业务复杂程度(Bsnss)的系数为负,且显著性水平为 1%,说明企业业务越复杂,内部控制设计和执行的难度越大,管理当局对企业业务结构的整合不易,不利于科技型企业快速适应市场变化进行业务结构改革,并且各个分部机构之间实现有效协调和运营难度较大,内部控制容易出现缺陷,甚至出现违法违规等问题。因此,业务复杂程度不利于科技型企业内部控制质量提升,该结果验证了假说 11。

在外部监管因素方面,内部控制审计(ICAud)的系数为正,而违规处罚(Pnish)的系数为负,但两者均不显著,因此,假说 12、假说 13 没有得到支持。这说明科技型企业外部监管成效不明显,外部监管力度有待加强。

由模型 2 可知,高管薪酬激励(Salary)在 1%的显著性水平上对科技型企业内部控制战略目标产生正向影响,证明了假说 3;公司规模(LnS)、财务杠杆(Debt)和研发能力(Rsch)与科技型企业内部控制战略目标均具有高度显著的正相关,分别印证了假说 7、假说 9 和假说 10。

在模型 3 中,高管薪酬激励(Salary)的系数为正且显著性水平为 1%,验证了假说 3;董事长与总经理两职合一(Leader)与科技型企业内部控制经营目标显著负相关,验证了假说 4;公司规模(LnS)、成长性(Grow)和财务杠杆(Debt)的系数均为正且显著,表明了这三个公司特征因素对科技型企业内部控制经营目标的实现具有积极效应,分别验证了假说 7、假说 8 和假说 9;业务复杂程度

(Bsnss)对科技型企业内部控制经营目标具有显著的负向影响,验证了假说11。

从模型4的回归结果可知,股权集中度(Own)对科技型企业内部控制合规目标产生显著的正向影响,该结果与假说不符,原因可能在于:基于科技型企业的发展历史,企业主要股权持有者多数为企业创办者,对企业有深厚的感情,出于对经济利益和个人感情考虑,大股东在企业运营过程中会努力维护企业形象,防范企业违法违规现象的发生,因此,股权集中度与科技型企业内部控制合规目标呈正向相关关系;高管薪酬激励(Salary)和监事会规模(Spvis)对科技型企业内部控制合规目标的实现具有显著的正向影响,分别验证了假说3和假说5。公司规模(LnS)的系数为正且高度显著,而业务复杂程度(Bsnss)的系数为负且高度显著,该结果分别验证了假说7和假说11。

通过以上回归结果分析,本书可以得出如下结论:

(1)公司治理因素方面:高管薪酬激励(Salary)和监事会规模(Spvis)对科技型企业内部控制质量产生显著的正向影响,董事长与总经理两职合一(Leader)对科技型企业内部控制质量具有显著的负向效应。其中,高管薪酬激励对科技型企业内部控制的战略目标、经营目标及合规目标均产生正向作用,监事会规模主要通过影响科技型企业内部控制合规目标从而对内部控制质量产生正向作用,董事长与总经理两职合一主要对科技型企业内部控制经营目标产生不利影响;而股权集中度、董事会运作、内部审计对科技型企业内部控制质量的影响不显著。

(2)公司特征因素方面:公司规模(LnS)、成长性(Grow)、财务杠杆(Debt)和研发能力(Rsch)均有利于提升科技型企业内部控制的质量;业务复杂程度(Bsnss)则不利于科技型企业内部控制质量的提高。在各影响因素中,公司规模对科技型企业内部控制的战略目标、经营目标及合规目标均产生显著正向影响;成长性主要影响科技型企业内部控制经营目标;财务杠杆通过正向影响科技型企业内部控制战略目标和经营目标,从而对内部控制质量产生显著影响;研发能力(Rsch)主要通过对内部控制战略目标的影响来发挥其正向作用;业务复杂程度对科技型企业内部控制经营目标和合规目标均具有显著的负向影响。

(3)外部监管方面:内部控制审计(ICAud)、违规处罚(Pnish)对科技型企业内部控制质量分别产生正面和负面影响,但影响均不显著。这表明科技型企业外部监管成效不明显。

6.3.4 稳健性检验

为了验证上述实证结果的可靠性,本章进行如下稳健性检验。

(1)关于替换解释变量表征指标的稳健性检验

本书替换了解释变量的表征指标,例如,对于股权集中度指标,采用前五大股东持股比例的平方和(Own_H5)替代;董事会运作状况由独立董事人数(Board_I)表征;高管薪酬激励由公司高管的薪酬总额(Salary_Q)表示;监事会规模的表征指标为监事会人数(Spvis_Q);公司规模由营业收入的自然对数(LnSale)表示;成长性由总资产增长率(Grow_A)替换;财务杠杆由股东权益与负债的比值(Debt_S)来表征;外部监管方面违规处罚情况由企业受到违规处罚力度(Pnish_M)表征,该指标等于违规处罚金额/利润总额。替换解释变量的表征指标后,重复上文的检验过程,回归结果列示于表6-5中,模型5至模型8中的被解释变量分别为内部控制质量综合指标(ICQ)、内部控制战略目标(ICQ_S)、经营目标(ICQ_O)和合规目标(ICQ_C)。

从回归结果可知,模型总体拟合度较高,不存在序列自相关问题。从模型5解释变量的系数和显著性可知,高管薪酬激励、监事会规模、公司规模、成长性、财务杠杆和研发能力对科技型企业内部控制质量的提升均存在显著的正向影响,董事长与总经理两职合一降低了科技型企业内部控制的质量,这表明假说3、假说4、假说5、假说7、假说8、假说9和假说10检验结果的稳健性。业务复杂程度对科技型企业内部控制质量依旧保持负向影响,但仅对内部控制经营目标的负向影响是显著的。

表 6-5 稳健性检验——替换解释变量表征指标的回归结果

Variable	模型 5 ICQ	模型 6 ICQ_S	模型 7 ICQ_O	模型 8 ICQ_C
Constant	-1.728^{***}	-3.232^{***}	-7.977	-363.070^{***}
	(-2.801)	(-2.756)	(-0.545)	(-9.669)
Own_H5	0.393	-0.684	-4.883	-19.163
	(1.175)	(-1.074)	(-0.615)	(-0.94)
Board_I	0.001	0.012	-0.029	0.297
	(0.18)	(1.293)	(-0.26)	(1.038)
Salary_Q	0.000^{***}	0.000^{***}	0.000^{***}	0.000
	(4.311)	(3.199)	(3.069)	(-0.656)
Leader	-0.145^{**}	-0.126	-4.560^{***}	-2.470
	(-2.093)	(-0.952)	(-2.767)	(-0.584)
Spvis_Q	0.057^{***}	0.065^{**}	0.427	0.354
	(4.134)	(2.476)	(1.305)	(0.422)
ICAss	-0.039	0.267	-1.097	-0.354
	(-0.412)	(1.485)	(-0.489)	(-0.062)
LnSale	0.047^{*}	0.057	0.555	19.286^{***}
	(1.75)	(1.103)	(0.862)	(11.677)
Grow_A	0.001^{***}	0.001	0.030^{***}	0.008
	(2.935)	(1.648)	(2.807)	(0.284)
Debt_S	0.0004^{***}	0.0010^{***}	0.0128^{***}	-0.0012
	(5.283)	(6.572)	(6.905)	(-0.256)

续表

Variable	模型 5 ICQ	模型 6 ICQ_S	模型 7 ICQ_O	模型 8 ICQ_C
Rsch	0.004***	0.020***	0.072**	−0.037
	(2.701)	(6.929)	(1.997)	(−0.402)
Bsnss	−0.004	−0.009	−0.215*	0.044
	(−0.821)	(−0.947)	(−1.772)	(0.14)
ICAud	−0.049	−0.058	−0.080	−2.216
	(−0.731)	(−0.453)	(−0.05)	(−0.542)
Pnish_M	0.005	0.013**	0.153**	−0.310
	(1.476)	(2.124)	(2.069)	(−1.632)
D^{year}	控制	控制	控制	控制
Adj R^2	0.440	0.520	0.445	0.461
F test	8.593***	11.463***	8.745***	9.263***
DW test	1.935	1.905	1.783	1.931
N	165	165	165	165

注:上标***、**和*分别表示在1%、5%和10%的水平上显著。

(2)关于替换内部控制质量度量指标的稳健性检验

通过上文的主成分因素分析,可知科技型企业内部控制战略目标中市场适应能力起主要作用,经营目标中产品经营方式是主要成分。因此,在检验中,将内部控制战略目标由销售利润率来表征,经营目标以营业利润率来表征。对于科技型企业内部控制合规目标考虑审计费用情况和公司受到诉讼或处罚程度两方面因素,其中,审计费用情况等于总资产/审计费用,公司收到处罚程度等于诉讼或处罚金额/利润总额,两个指标通过SPSS主因素分析法计算综合得分,用于表示科技型企业内部控制合规目标实现程度;最后,对战略目标、经营目标及合规目标进行主因素分析，计算综合得分，得出科技型企业内部控制质量的综合指标。模型9至模型12表示内部控制质量综合指标、战略目标、经营目标及合规目标替换表征指标后的回归结果。替换指标后并重复上文的检验过程，回归结果列示于表6-6。

从回归结果可知，模型总体拟合度较高，不存在序列自相关问题。从模型9各解释变量的系数和显著性可知，高管薪酬激励、公司规模、成长性和财务杠杆对科技型企业内部控制质量均存在显著的正向影响，而股权集中度和业务复杂程度对科技型企业内部控制质量具有显著的负向效应，这表明了假说3、假说4、假说7、假说8、假说9和假说11检验结果的稳健性。

表6-6 稳健性检验——替换内部控制质量表征指标的回归结果

Variable	模型9	模型10	模型11	模型12
	ICQ	ICQ_S	ICQ_O	ICQ_C
Constant	−8.806***	−72.785***	−67.494***	−661.566***
	(−4.857)	(−3.343)	(−2.995)	(−21.35)
Own	−1.404**	−21.030***	−16.911***	62.346***
	(−2.403)	(−2.996)	(−2.327)	(6.241)
Board	0.001	0.264	−0.269	0.432
	(0.072)	(1.103)	(−1.087)	(1.27)
Salary	0.744***	8.037***	9.434***	5.974**
	(4.328)	(3.894)	(4.415)	(2.033)
Leader	−0.302**	−3.585**	−3.635**	−0.483
	(−2.465)	(−2.436)	(−2.385)	(−0.231)
Spvis	0.008	0.113*	0.019	0.741***
	(1.468)	(1.789)	(0.295)	(8.279)

续表

Variable	模型 9	模型 10	模型 11	模型 12
	ICQ	ICQ_S	ICQ_O	ICQ_C
ICAss	−0.161	−2.107	−1.807	0.746
	(−0.931)	(−1.014)	(−0.84)	(0.252)
LnS	0.401***	3.738***	3.694***	31.859***
	(4.677)	(3.629)	(3.464)	(21.729)
Grow	0.001***	0.008***	0.010***	0.001
	(2.864)	(2.668)	(2.948)	(0.13)
Debt	0.0004***	0.0043***	0.0044***	0.0003
	(9.626)	(9.465)	(9.408)	(0.453)
Rsch	0.000	0.004	0.002	−0.020
	(0.074)	(0.118)	(0.071)	(−0.465)
Bsnss	−0.026***	−0.372***	−0.194	−0.884***
	(−2.695)	(−3.182)	(−1.6)	(−5.306)
ICAud	0.158	2.167	1.499	1.685
	(1.346)	(1.537)	(1.027)	(0.84)
Pnish	0.255*	2.975	2.988	2.472
	(1.673)	(1.622)	(1.574)	(0.947)
D^{year}	控制	控制	控制	控制
Adj R^2	0.569	0.559	0.556	0.869
F test	13.752***	13.232***	13.070***	64.753***
DW test	1.935	1.951	1.894	2.116
N	165.000	165.000	165.000	165.000

注：上标***、**和*分别表示在1%、5%和10%的水平上显著。

6.4 本章小结

基于对科技型企业内部控制质量影响因素的理论分析,本章从公司治理、公司特征及外部监管等方面提出了科技型企业内部控制质量影响因素的研究假说,以沪深两市 2008—2012 年期间的福建省科技型上市公司为样本观测值,以内部控制目标的实现程度来衡量企业的内部控制质量,检验了科技型企业内部控制质量的影响因素。检验结果发现:

(1)公司治理因素对科技型企业内部控制质量产生影响。具体而言,高管激励机制中的薪酬激励对科技型企业内部控制质量具有显著的正向影响,监事会职能的发挥有利于提高科技型企业内部控制的质量,而董事长与总经理两职合一对科技型企业内部控制质量具有显著的负向影响。此外,股权集中度、董事会运作和内部审计对科技型企业内部控制质量的影响不显著,这说明还需要进一步完善公司治理结构,提高董事会运作效率,使之真正成为企业内部控制建立健全和有效实施的责任主体;同时,提高内部审计机构的独立性,强化其对内部控制的监督评价工作。

(2)公司特征因素显著影响科技型企业内部控制质量。公司规模、成长性、财务杠杆和研发能力均能促进科技型企业内部控制质量的提升;而业务复杂程度则对科技型企业内部控制质量产生显著的负向效应。

(3)外部监管对科技型企业内部控制质量不产生影响。内部控制审计和违规处罚对科技型企业内部控制质量的影响均不显著,说明科技型企业内部控制的外部监管成效不高,应该进一步加强科技型企业内部控制的外部监管力度。

第七章 内部控制质量与公司R&D投资效率研究

前文研究了科技型企业内部控制质量的现状,构建了符合科技型企业内部控制质量的评价指标,并对其影响因素进行了实证检验。本章对科技型企业内部控制的经济后果之一——R&D投资效率进行研究,即建立R&D投入产出指标体系,对科技型企业R&D投资效率进行测度,在此基础上,以福建省科技型上市公司为研究样本,考察科技型企业内部控制质量对R&D投资效率产生的影响。

7.1 企业R&D投资效率的界定

7.1.1 企业R&D投资的概念

R&D是研究与开发(Research & Development)的英文简称。根据联合国教科文组织(UNESCO)的规定,R&D是指在科学技术领域中为增加知识,以及运用这些知识去创造新的应用而进行的系统性的、创造性的活动。R&D的范围主要包括基础研究、应用研究和试验发展三类科研活动。其中,基础研究是为了推进科技进步而进行的初步探索,它没有特定的应用或使用目的,其研究成果一般是广泛的真理、普遍的理论或定律,用来反映知识的原始创新能力;应用研究是为了增加科学技术而进行的系统的创造性探索活动,它是运用基础研究所取得的科学知识,探索有实用目的新知识、新技术;如在企业中,一般是同新产品、新工艺和新材料有关的研究;试验发展,也称试验开发,是运用基础研究和应用研究的知识,为了引入、开发新材料、新产品、新装置,或为了对现有材料和中间生产进行重大改进而开展的系统的创造性活动。因此,研究是探索未知,而开发则是从潜在的或基本的因素中创造出某种具体的物质形态,如新产品、新工艺和新材料等,这三类科研活动在R&D过程中相互影响,相互衔接,推动技术创新和科技发展。

企业R&D活动已经成为提升我国创新能力的重要手段。吕政(2005)认为企业正在成为科技创新的主体,企业用于科技研发的投入逐步增长,重大项目的技术改造取得了显著成效。因此,企业的R&D活动是全方位的,是一项系统工程,不仅包括研究与试验发展活动,还包括R&D成果应用中的技术支持。因此,企业R&D投资是企业在开展R&D活动中所发生的所有人力和财力的投入。

7.1.2 企业R&D投资效率的概念

人的需求具有无限增长和扩大的趋势,而在一定时间与空间范围内资源总是有限的,与人无限的需求相比,可以用来满足人的需求的资源总是相对不足的,这便是资源的稀缺性。如何运用有限的资源使其发挥更大的效用,满足人们更多的需求,也即在资源稀缺的前提下研究如何提高"效率",是经济学的基本课题之一。马克思主义经济学十分重视对经济效率问题的研究,而马克思对经济效率问题的论述是我们研究和探讨经济效率问题的基本理论依据。经济效率问题的核心通常被理解为是资源的节约,即对资源的有效利用的程度。而马克思则把这一切都归结为是对"劳动时间"的节约。

意大利经济学家帕累托(Vilfredo Pareto)在《政治经济学讲义》(1896)和《政治经济学教程》(1906)中给出了"效率"的定义,"即对于某种资源的配置,如果不存在其他生产上可行的配置,使得该经济中的所有个人至少和他们的初始时情况一样良好,而且至少有一个人的情况比初始时严格地更好,那么资源配置就是最优的"。在帕累托的这个表述中,"最优"这个词实际上可以用"有效率"来取代,帕累托认为当与现有资源配置方式相比,没有其他任何一种资源配置方式能在不损害其他人利益的基础上改善至少一个人的状况时,此时资源的配置是最有效率的。"帕累托效率"被西方经济学界广泛使用。显然这个概念相当精确,但同时也相当狭窄。保罗·萨缪尔森(Paul A.Samuelso)在其著作《经济学》中对"效率"的定义是:效率意味着不存在浪费,即当"经济在不减少一种物品生产的情况下,就不能增加另一种物品的生产时,它的运行便是有效率的"。此时经济处于生产可能性边缘之上。

而我国学者胡汝(1992)认为:"经济效率是指社会利用现有资源进行生产所提供的效用满足的程度,因此也可一般地称为资源的利用效率。它是需要的满足程度与所费资源(成本)的对比关系。因此,需要明确的是,它不是生产多少产品的简单的数量概念,而是一个效用概念或社会福利概念。"

总之,在一定条件下,人们将有限的资源在若干种可供选择的用途上进行配置,最大限度地满足人类欲望时,资源达到最优配置,经济活动到达最高效率,这是最理想的状态。一般而言,我们用需要的满足程度与所费资源的对比来描述经济活动所达到的"效率"水平。

对于"R&D 投资效率"的概念,学者们还未明确提出,因此,也没有一个完整的定义。本章认为,R&D 投资效率是 R&D 投资活动所取得的经济效率。因此,可以用经济效率的概念来定义 R&D 投资效率,即 R&D 投资活动如果是有效率的,它应该表现为一种状态,一种能够使 R&D 投资活动的产出实现最大化的状态。至于R&D 投资效率的衡量,可以用 R&D 投资所取得的成果与所消耗或占用的投入额之间的比率来测算,也就是 R&D 投资活动所得与所费、产出与投入的对比关系。在产出量一定时,投入越少则投资效率越高;在投入量一定时,产出越多则投资效率越高。

7.1.3 企业 R&D 投资效率的评价方法

人们对效率度量的热切关注推动着效率评价方法的不断发展和完善,目前效率评价的主要方法有:比率分析法(Ratio Analysis)、回归分析方法(Regression Analysis)、随机前沿分析法(Stochastic Frontier Analysis,简称 SFA)和数据包络分析法(Data Envelopment Analysis,简称 DEA)。这四种效率评价方法的原理及优缺点比较如表 7-1 所示。

从表中可知,比率分析法只考虑一种投入和一种产出,虽然简便易行,但偏误较大。回归分析方法虽然能够分析产出的影响因素,但不能用于效率的比较。随机前沿分析法(SFA)和数据包络分析法(DEA)都属于"效率前沿方法",然而随机前沿分析法的前沿函数的选择、权重的设置较为主观,并且 SFA 不适合用于多投入—多产出的效率评价。因此,本章选择 DEA 方法来评价公司 R&D 投资效率。

1978 年 Charnes、Coopor 和 Rhodes 提出第一个 DEA 模型——CCR 模型,标志着 DEA 方法的诞生。DEA 方法的一个特点是其能以相对效率为基础,以相同投入水平上产出较多或者相同产出水平上投入较少者为最优样本点,并以这些决策单元(DMU)所形成的生产前沿面进行相对有效性评价,并定义最优样本点的相对效率为 1,其他样本点的效率值则取决于其与生产前沿面间的距离,因此,它所进行的绩效评价是一种相对有效性的评价。DEA 方法的优势主要体现为:①无须统一指标的量纲,无须设定指标的权重,无须设置具体的函数形式,使评价结果较为客观;②适用于多投入—多产出的效率评价,而 R&D 活动是多投入—多产出的复杂系统。DEA 方法可以较为准确和可靠地测度公司 R&D 投资效率。

表 7-1 效率评价方法的比较

方法	评价原理	优点	缺点
比率分析法	计算单一投入与产出指标的比值作为效率值	简便易行	偏误较大，无法处理多投入或/和多产出的情况
回归分析	以研究的某一产出作为因变量，多个投入变量作为自变量，进行回归分析，得到投入变量对产出变量的影响程度	简便易行，反应投入变量对产出变量的影响	不能用于效率比较，无法处理多产出的情况
随机前沿分析法（SFA）	利用生产函数和随机扰动项构造出随机生产前沿，并通过极大似然法估计参数值，最后采用技术无效率项的条件期望来作为技术效率	区分随机误差项与技术非效率项，且能对效率的外生影响因素进行"一步法"分析	前沿函数的误设可能导致评价结果不可靠；前沿函数的产出指标只有一个，多用于处理多投入—单产出决策单元的效率评价
数据包络分析法（DEA）	借助于数学规划方法确定相对有效的生产前沿面，将各个决策单元投影到 DEA 的生产前沿面上，并通过比较决策单元偏离 DEA 前沿面的程度来评价它们的相对效率	采用 DEA 方法时无须统一指标的量纲，无须设定指标的权重，无须设置具体的函数形式，在决策单元为多投入—多产出系统时，DEA 方法优于其他效率评价方法	由于未考虑到随机因素的影响，当样本中存在特殊点时，DEA 方法的技术效率结果将受到很大影响

7.1.4 企业 R&D 投资效率的度量

企业 R&D 投资效率衡量了企业 R&D 活动投入产出的相对效率，以 RDE(Research and Development Efficiency)表示。本章采用 DEA 模型计算得出企业的 R&D 投资效率。

为研究企业的R&D投资效率,选取反映R&D活动投入和产出的相关指标进行研究。在查阅公司R&D投资效率的国内外文献中,发现R&D投入指标一般包括:R&D经费投入和R&D人员投入;R&D产出指标一般包括:专利申请数、技术性销售收入、新产品销售收入、营业收入。由于上市公司一般不披露技术性销售收入、新产品销售收入(一般通过专项调查获得),因此本章选择的R&D投入产出指标如下:

R&D投入指标:①R&D经费投入:根据《企业会计准则第6号——无形资产》(2006)中界定,研究是指为获取并理解新的科学技术知识而进行的独创性的有计划调查;开发是指在进行商业性生产或使用前,将研究成果或其他知识应用于某项计划或设计,以生产出新的或具有实质性改进的材料、装置、产品等。R&D经费投入是指公司当年研究与开发的投资总额。②R&D人员投入:技术和研发人员是R&D活动的生力军,是R&D活动中最具能用性创造性的活资源。R&D人员投入是指企业当年技术和研发人员的数量(史欣向和陆正华,2010)。

R&D产出指标:①专利申请数:专利可以保护公司产品的独特性,确保公司未来的技术空间,减少竞争对手发展相同技术的机会,是公司获得持续竞争优势的重要资源,是衡量企业R&D活动绩效的很好指标(Knut et al.,2006)。专利申请数是指企业当年向国家专利局申请并最终获得专利权的专利数量。②营业利润:营业利润是企业进行R&D活动的最终产出(陆国庆,2011)。

考虑到R&D活动中,R&D投入所带来的产出效果可能不能在投入当年就显现出来,一般约有一至两年的滞后期(Schumann et al.,1995)。本章将R&D活动的时滞选择为1年,即认为企业在t年对R&D活动的投入,在$t+1$年表现出产出效果,具体指标见表7-2:

表 7-2　企业 R&D 投入产出指标

R&D 投入	资本投入	t 年 R&D 经费投入
	智力投入	t 年 R&D 人员投入
R&D 产出	直接产出	$t+1$ 年专利申请数
	最终产出	$t+1$ 年营业利润

7.2　理论分析与研究假说

创新是一个民族进步的灵魂,是国家兴旺发达的不竭动力;创新也是企业扩大市场份额、获得超额收益、培育核心竞争力的中坚力量。学者的研究表明,技术创新有助于提高企业价值,例如,Guth(1990)认为企业通过技术创新可以开发或引入新产品、降低产品生产成本,以提高产品的市场竞争力;技术创新也可使企业率先进入新的业务领域,带来新的利润增长点,使企业盈利能力得到提高。Stopford(1994)通过研究指出技术创新是企业获得核心竞争力的重要途径,是决定企业经营业绩的主要因素。而 Buckley et al.(1997)认为在市场竞争日趋白热化、企业经营国际化程度日益加深以及产品生命周期越来越短的情况下,技术创新对于企业的生存和发展日益重要。R&D 活动推动着技术进步,技术进步引发产品创新,产品创新刺激新的消费需求,由此带来新的经济增长点和企业盈利的契机。许多学者的实证研究也发现技术创新对于企业价值的提升具有较大的促进作用。例如,Bosworth 和 Rogers(2001)探讨了澳大利亚大型企业的 R&D 活动和知识产权对企业价值的影响,他们运用 1994—1996 年间的 R&D 数据和 1996 年专利、商标和外观设计申请数据,实证结果表明企业 R&D 支出和专利对企业的市场价值具有显著的正向影响。Sundaram et al.(1996)认为,对于宣告R&D支出改变的公司而言,R&D支出的改变与公司的市场价值存在正向影响。史欣向和陆正华(2010)研究发现,企业R&D投资效率与企业的总收入和税前利润显著正相关。陈修德、彭玉莲和卢春源(2011)研究表明,中国上市公司R&D投入、无形资产对企业市场价值具有显著的正向影响;专利作为技术创新的重要代理变量,虽然对企业价值存在影响,但不十分显著。陈守明、冉毅和陶兴慧(2012)研究制造业上市公司的R&D投入和企业价值之间的关系,实证结果表明,R&D投入对当年和下一年的企业价值产生显著的正向影响。总之,在科技日新月异的背景下,企业要想增强自身的竞争优势,就必须在企业内部不断培养技术创新的潜力,并不失良机地将这些潜力转化为有经济价值的科技成果和有竞争力的畅销产品。企业要想在激烈的市场竞争中谋求立足之地,就必须着力培养自身的核心竞争力,在R&D活动中下狠功夫,努力开拓具有潜力R&D项目,在大力提高R&D投入的同时不遗余力提高R&D投资效率,唯有如此才能使企业的技术创新能力走在行业前列,才能使企业抓住瞬息万变的市场中蕴藏的无限商机。

  R&D投资是企业战略投资决策的重要组成部分,至于公司投资效率的问题,Myers和Majluf(1984)、Jensen和Meckling(1976)、Jensen(1986)等认为,现实中普遍存在的信息不对称和代理冲突等问题,往往使得公司资本错误配置,引发投资不足或过度投资等非效率行为,降低了公司的投资效率。与一般项目投资相比,R&D项目通常具有投资额大、风险高、周期长且需要持续性的投资等特性;同时R&D投资具有资产专有性,其投资与否、成功的概率都是企业的商业机密,外部投资者难以获知,信息不对称程度更高。另外,企业所有权与经营权的分离突破了所有者自身能力、素质、时间和精力的限制,有利于企业在具备出色的经营管理能力、素质、时间和精力的职业经营者的管理下蓬勃发展;然而,所有权与经营权的分离是一把双刃剑,由于所有者与经营者的目标函数不一致、信息不对称和契约不完备，经营者可能因厌恶R&D投资的高风险而缺乏培育R&D项目的积极性，从而规避R&D投资，并可能未尽力实现所有者期望的企业价值最大化目标，甚至为了自身的利益（更高的薪酬补贴、更高的权力地位、更多的闲暇时间等）损害了所有者的利益。因此，如何缓解所有者与经营者之间的信息不对称与代理冲突问题，以提升公司的R&D投资效率和竞争优势至关重要。

自从1992年美国COSO委员会发布《内部控制——整体框架》、2002年颁布《上市公司会计改革和投资者保护法案》，即《萨班斯—奥克斯利法案》（简称SOX法案）以来，各国政府相继出台了与本国国情相结合的内部控制的规范体系。2008年我国颁布了《企业内部控制基本规范》，随后出台了《企业内部控制配套指引》和解释公告，目的在于促进上市公司建立和健全完善的内部控制制度，以保护投资者的利益。《企业内部控制基本规范》中指出，内部控制是由董事会、监事会、经理层和全体员工实施的、旨在实现控制目标的过程；包括内部环境、控制活动、风险评估、信息与沟通及内部监督五个要素。可见，内部控制是一项系统工程，其涉及范围上至董事会，下至各个基层岗位、全体员工，贯穿于决策、执行和监督全过程，覆盖企业及其所属单位的各种业务和事项。内部控制也是一种内在的制度安排，其有效执行可以合理保证企业经营管理合法合规、资产安全、财务报告及相关信息真实完整，提高经营效率和效果，促进企业实现发展战略。因此，加强企业内部控制的建设与实施有利于缓解委托代理冲突和信息不对称问题。

第一，内部控制的有效实施可减轻代理冲突。这是因为要使所有者与管理者之间的目标趋于一致，需要构建一套有效的公司治理机制，对管理者进行监督、制衡与激励，约束管理者的机会主义，降低代理成本。《企业内部控制基本规范》指出，企业实施内部控制的基础是内部环境，而内部环境一般包括治理结构、机构设置及权责分配、内部审计、人力资源政策、企业文化等。在《企业内部控制应用指引第1号——组织架构》中明确指出，企业应当根据国家有关法律法规的规定,明确董事会、监事会和经理层的职责权限、任职条件、议事规则和工作程序,确保决策、执行和监督相互分离,形成制衡;企业梳理治理结构,应当重点关注董事、监事、经理及其他高级管理人员的任职资格和履职情况,以及董事会、监事会和经理层的运行效果;治理结构存在问题的,应当采取有效措施加以改进。因此,规范的公司治理结构为内部控制环境的优化奠定基石,有助于企业形成一种科学、民主的决策氛围,增强群体决策的能力,提高企业 R&D 投资决策的科学性和合理性;激励和监督管理者努力工作,抑制管理者的自利行为,如厌恶风险、偷懒等,降低代理成本,在一定程度上可避免非效率投资行为的产生。

第二,完备的内部控制有利于防范和控制 R&D 投资风险。内部控制的重要环节是风险评估,风险评估是指企业及时识别、系统分析经营活动中与实现内部控制目标相关的风险,合理确定风险应对策略。如果企业构建起完善的内控风险管理体系,就可及时识别企业 R&D 项目潜在的风险并积极思考相应的风险防范措施,修正不合理的 R&D 投资决策。而控制活动是内部控制的重要手段,其根据对 R&D 投资项目的风险评估结果,采用相应的控制措施,如授权审批控制、会计系统控制、财产保护控制、预算控制、运营分析控制等,可及时发现企业内部各契约方可能的失误,矫正低效的投资行为,将 R&D 投资风险控制在可承受度之内,从而有序地推进 R&D 项目的进展,提高 R&D 投资效率。

第三,完善的内部控制可以提高财务信息质量,降低信息不对称。各国监管部门致力于推进上市公司构建完善的内部控制制度,最基本的关注点是改善上市公司的财务会计及相关信息的质量,保护投资者的利益,促进资本市场的健康发展。国内外学者的研究表明,内部控制的有效实施可提高财务报告及相关信息的质量,如 Goh 和 Li(2011)研究表明,企业内部控制存在的问题越多,会计信息的质量越差;刘启亮等(2013)研究发现,较好的内部控制有助于提升公司的会计信息质量。因此,内部控制质量的改善降低了信息的不确定性,将公司真实的财务状况和经营成果展现出来,减轻了因逆向选择而导致的较高的融资成本。同时,实施内部控制的重要条件是信息与沟通。如果企业建立顺畅而有效的信息与沟通制度,就可及时、准确、完整地收集与企业R&D投资项目相关的信息,并使这些信息在企业各相关层级之间进行及时传递和有效沟通,在一定程度上降低企业内部相关部门的信息不对称,使之更全面了解R&D投资的实际进展情况,并能更合理地执行公司的R&D项目,从而提高R&D投资效率。

第四,持续的监控有利于R&D项目的顺利推进。企业内部控制行之有效的重要保证是监控,即必须对整个企业运营过程进行持续监控,并在必要时做出修改,从而使企业运营系统做出动态反应,且随着情况的需要而变化。R&D项目是企业的一项重大投资决策,对于重大投资的内部控制,深圳证券交易所在2006年颁布的《上市公司内部控制指引》中明确规定,公司重大投资的内部控制应遵循合法、审慎、安全、有效的原则,控制投资风险、注重投资效益;公司应在《公司章程》中明确股东大会、董事会对重大投资的审批权限,制定相应的审议程序;公司应指定专门机构,负责对公司重大投资项目的可行性、投资风险、投资回报等事宜进行专门研究和评估,监督重大投资项目的执行进展,如发现投资项目出现异常情况,应及时向公司董事会报告;公司董事会应定期了解重大投资项目的执行进展和投资效益情况,如出现未按计划投资、未能实现项目预期收益、投资发生损失等情况,公司董事会应查明原因,追究有关人员的责任。因此,完善的持续监控机制有助于促进重大投资项目的有序推进,及时发现、控制风险,提高投资收益。

基于以上的理论分析,本章提出如下假说:

假说:内部控制质量越高,企业R&D投资效率越高。

7.3 研究设计

7.3.1 数据来源

(1)公司 R&D 投资数据

我国财政部制定的最新《企业会计准则》自2007年1月1日起施行。《企业会计准则第6号——无形资产》规定了企业研究和开发活动的会计处理。该准则第6号第7条规定：企业内部研究开发项目的支出，应当区分研究阶段支出与开发阶段支出，分别按本准则规定处理。第8条和第9条规定：企业内部研究开发项目研究阶段的支出，应当于发生时计入当期损益；企业内部研究开发项目开发阶段的支出，能够满足一定条件时，应当确认为无形资产。然而，准则对于企业研究与开发费用的披露并未做出具体规定。

通过查阅沪深两市上市公司年度财务报告，发现上市公司研究与开发费用的披露存在差异。一些上市公司在年度财务报告的董事会工作报告中单独披露公司近三年研发投入情况，包括研发投入金额(研发费用或研发支出)及其占营业收入的比例，这一数据反映了公司在研发活动中投入的总金额。另一些公司在年度财务报告附注的"支付的其他与经营活动有关的现金"或"管理费用"这两个项目中披露公司的研发投入情况，常用的名称有"研发费、研究开发费、技术开发费、技术研究费、咨询及技术开发费、科研费"等。本章认为上市公司在"支付的其他与经营活动有关的现金"中披露的研发投入是基于收付实现制的研发投入，本章对公司 R&D 投资效率研究的其他会计指标都是基于权责发生制的，为了保持口径一致，本章不采用年度财务报告附注的"支付的其他与经营活动有关的现金"中披露的研发投入。上市公司在"管理费用"中披露的研发投入只是研发投入中费用化的部分,并不是公司研发投入总额,本章也不予采用。因此,基于研究的严谨性考虑,本书采用年度财务报告的董事会工作报告中单独披露的研发投入总额,通过查阅上市公司年度财务报告,获得R&D经费投入和R&D人员投入数据。

(2)公司专利申请数

样本上市公司的公司专利申请数手工收集自中国国家知识产权局网站①。需要说明的是,部分样本公司的专利申请数为0,可能的原因包括:①研发活动是一项周期长、风险高的活动,企业在本年度还没有获得专利产出;②企业通过研发活动获得了新知识新技术新设计,如生产过程的窍门、专有技术等。但是基于一些原因这些研发成果不适合申请专利。本章参考国内外学者的研究方法,使用0.5代替专利申请数为0的情况,一方面满足了DEA模型产出指标必须大于0的要求,另一方面不会使实证结果产生偏差,符合谨慎性原则(史欣向和陆正华,2010)。

(3)其他数据

内部控制指数来源于DIB内部控制与风险管理数据库,其他控制变量数据都来源于国泰安数据库(CSMAR)。

7.3.2 样本选取

2008年财政部等五部委颁布了《企业内部控制基本规范》,该规范文件的出台使得我国企业内部控制信息强制披露成为趋势,因此,本章选取2008—2013年福建省A股科技型上市公司为样本进行实证检验。如前文所述,至2012年止在沪深上市的福建省科技型企业有48家,即选取这48家公司2008—2012年的研发投入数据和2009—2013年的研发产出数据,利用DEA方法计算公司连续5年

---

① 中国国家知识产权局网站网址,http://www.pss-system.gov.cn/sipopublicsearch/portal/index.shtml。

的 R&D 投资效率。

本章按照如下原则进行样本的选取:第一,选取在年度财务报告中披露研发投入总额的福建省科技型上市公司。第二,剔除特别处理的公司(在上市公司的股票简称前冠以 ST 或 * ST)。这些公司的生产经营出现了较大的非正常干扰因素,财务状况或其他状况出现异常,因此不应该纳入研究样本中。第三,剔除主营业务利润为负的公司,因为 DEA 模型要求产出值大于 0。第四,剔除数据资料不完整的样本公司。经过上述筛选,本章最终获得 108 个有效样本,其中,2008 年样本公司 6 家,2009 年 8 家,2010 年 25 家,2011 年 31 家,2012 年 38 家。本研究所使用的统计软件是 Stata12.0,基本数据处理使用 Excel 软件。

7.3.3 模型构建

以 OLS 模型、Tobit 模型检验内部控制质量对公司 R&D 投资效率的影响。构建的实证模型如下:

$$RDE_{i,t} = \alpha_0 + \alpha_1 ICQ_{i,t-1} + \sum \lambda Var_{i,t-1}^{con} + \varepsilon_{i,t} \tag{7-1}$$

其中,$RDE_{i,t}$ 表示 i 公司 t 期的 R&D 投资效率,$ICQ_{i,t-1}$ 表示 i 公司 $t-1$ 期内部控制质量,$Var_{i,t-1}^{con}$ 表示控制变量。影响公司 R&D 投资效率的因素较多,根据相关研究文献和本章的研究特点,选取了两类控制变量——公司治理变量与公司特征变量。其中,公司治理变量包括:董事会规模(Bsize)、独立董事比例(INDR)、领导结构(Leader)及高管薪酬(Salary);公司特征变量包括:公司规模(LnS)、公司年龄(Age)、现金流量(CFR)、投资机会(IO);并设置了年度的哑变量(D^{year})。

由于 DEA 模型计算出的公司 R&D 投资效率是相对效率,其值为 0 到 1 之间,即回归模型的因变量 RDE 的取值范围为[0,1]。此时用多元线性回归模型和最小二乘法估计模型参数,可能导致估计量有偏,需要用极大似然法估计,即使用 Tobit 回归模型来分析会有更好的拟合效果①。本章采用的 Tobit 模型的基本形式如下:

$$y_i^* = \beta_0 + \beta_1 x_1$$
$$y_i = y_i^* \text{ (if } y_i^* > 0); y_i = 0 \text{(if } y_i^* \leqslant 0)$$

引入本章研究的因变量和自变量,构建如下 Tobit 模型:

$$\text{RDE}_{i,t}{}^* = \alpha_0 + \alpha_1 \text{ICQ}_{i,t-1} + \sum \lambda \text{Var}_{i,t-1}^{\text{con}} + \varepsilon_{i,t} \qquad (7\text{-}2)$$
$$\text{RDE} = \text{RDE}^* \text{ (if RDE}^* > 0); \text{RDE} = 0 \text{(if RDE} \leqslant 0)$$

7.3.4 变量界定

(1)被解释变量——R&D 投资效率(RDE)

如上文所述,本章以 R&D 经费投入、R&D 人员投入和专利申请数、营业利润分别作为 R&D 投入指标和产出指标,利用 DEA 模型计算出公司的 R&D 投资效率,以 RDE 表示。

(2)解释变量——内部控制质量(ICQ)

DIB 内部控制指数是基于内部控制战略、经营、报告、合规和资产安全五大目标的实现程度设计内部控制基本指数,同时将内部控制缺陷作为修正变量对内部控制基本指数进行修正,最终形成综合反映上市公司内控水平和风险管控能力的内部控制指数。该指数为

---

① Tobit 模型是 1981 年获得诺贝尔经济学奖者 James Tobit(1958)在研究家庭收入与耐用消费品支出之间关系时首先提出的一个经济计量学模型。他在研究时观察到家庭在耐用消费品上的支出(作为模型的被解释变量)只是低于消费的门槛(该耐用消费品的最低支出水平)而被认为是 0,这类变量被称为"受限因变量"。但是这种受限不是人为的,而是由于我们无法直接观察到真实情况所造成的对能观测到的数据的限制,这类样本对耐用消费品存在潜在的需求,Tobit 认为在研究时不能将这类样本剔除,否则模型估计结果无法得到无偏和一致的结果。后来的学者也常常将这类模型称为"受限因变量模型"。

企业、投资者、监管部门以及金融机构等提供有效的决策和参考依据,具有较强的科学性。因此,本章以DIB内部控制指数来衡量企业内部控制质量(ICQ_D)。同时,由于各公司的DIB指数值差异较大,为了使回归结果更客观,本章以DIB指数的自然对数作为内部控制质量(ICQ_LnD)的第二个度量指标。

(3)控制变量

根据相关研究文献,本章选取了两类控制变量——公司治理变量与公司特征变量。

①公司治理变量

公司的治理结构如董事会规模、独立董事比例、领导结构会在一定程度上影响公司R&D投资水平(唐清泉等,2011),因此也可能对公司R&D投资效率产生影响。鉴此,本章也将上述因素作为控制变量引入模型。本章采用董事会人数来衡量董事会规模,以Bsize表示;采用独立董事人数/董事会人数来衡量独立董事比例,以INDR表示。领导结构(Leader),即公司董事长和总经理是否两职合一,当公司董事长和总经理两职合一时,取值为1;否则,取值为0。

王燕妮(2011)的实证结果表明,高管薪酬激励对公司研发投入都具有显著正向影响。因此,高管薪酬激励也可能影响公司R&D投资效率,本章以金额最高的前三名高管的报酬总额的自然对数作为高管薪酬的代理变量,以Salary来表示。

②公司特征变量

A.公司规模(LnS)

公司规模与研发效率的关系一直是学术界争论的焦点。一些学者认为,大规模企业实力雄厚,管理人员和技术人员素质较高,有能力进行耗资大、风险高、回报高的前沿技术的研发,更有利于研发效率的提高(Chen et al.,2004;姚洋、章奇,2001),占据行业技术领先地位的一般都是大企业;另一些学者则认为,伴随企业规模的扩大,企业的管理控制能力降低,影响研发效率的提高(Scherer和Ross,

1990);而小规模企业反应敏捷,善于捕捉市场机会,即使其从事的研发可能并不是"高精尖",却能有效地将研发成果转化成能满足市场需求的产品。但是小企业研发力量薄弱,往往只能模仿和追随行业中的大规模企业;大企业凭借其在行业中的影响力,能够吸引更多优秀的研发和管理人才加盟,形成"马太效应",不断提高 R&D 投资效率。本书用公司年末总资产的自然对数来表示公司规模的大小(陈修德和梁彤缨,2010),以 Lns 表示。

B.公司年龄(Age)

随着公司的成长,公司在研发活动中的各种努力所形成的隐性成果不断积累:与研发活动相关的管理经验逐渐丰富、技术人员的研发能力不断提升,以往的研发项目的成败的启示不断积淀。因此,公司的研发效率可能受到公司年龄的影响(Sorensen 和 Stuart,2000;高建刚,2012)。本书的公司年龄是指公司成立的年数,以 Age 来表示。

C.现金流量(CFR)

企业 R&D 活动需要大量的现金,无论是购买设备、仪器和材料,还是支付研发人员的工资,都离不开现金。良好的现金流量是企业 R&D 活动顺利进行的可靠保证,因此,企业现金流量直接影响企业的 R&D 投资(唐清泉等,2011)。本书以公司经营活动现金流量净额/年末总资产,即资产获现率作为现金流量的代理变量,以 CFR 表示。

D.投资机会(IO)

Malmendier and Tate(2005)的研究表明企业的投资机会能促进企业的研发投入。本书选用 Tobin's Q 值表示企业的投资机会,其中 Tobin's Q 值=公司市场价值/公司重置成本=(流通股数×年末收盘价+非流通股数×年末每股净资产+长期负债合计+短期负债合计)/年末总资产,本书以 IO 表示。

③年度哑变量

本书设置了年度哑变量(D^{year})用于控制宏观经济等时间序列因

素的影响。由于本书选用的样本区间为 2008 年至 2012 年,因此,设置了 4 个年份虚拟变量,如果样本属于 2012 年,则样本变量取值为 1,否则取值为 0,以此类推。本书以 2008 年为基准变量。

上述变量的含义与计算公式如表 7-3 所示。

表 7-3 变量定义与计算方法

变量类型	变量名称	变量代号	变量操作性定义与说明
被解释变量	公司 R&D 投资效率	RDE	DEA 模型计算结果
解释变量	内部控制质量	ICQ_D	DIB 内部控制指数
		ICQ_LnD	DIB 内部控制指数的自然对数
控制变量	董事会规模	Bsize	董事会总人数
	独立董事比例	INDR	独立董事人数/董事会总人数
	领导结构	Leader	如果董事长和总经理为同一人时,则 Leader 取 1,否则取 0
	高管薪酬	Salary	高管前三名薪酬的自然对数
	企业规模	LnS	年末公司总资产的自然对数
	公司年龄	Age	企业成立时间
	现金流量	CFR	公司经营活动现金流量净额/年末总资产
	投资机会	IO	Tobin'Q 值
	年度哑变量*	D^{year}	共有 5 年,设置 4 个年度哑变量

7.4 实证结果分析

7.4.1 描述性统计分析

表 7-4 列示了各研究变量的描述性统计结果。从中可知,DEA 模型计算出的公司 R&D 投资效率(RDE)是相对效率,取值范围在 0 到 1 之间,其均值为 0.4513,中位数为 0.3645,说明福建省科技型上市公司 R&D 投资效率不高,且有半数以上的公司 R&D 投资效率在 0.3645 以下。公司内部控制指数(ICQ_D)均值为 683.2908,与中位数接近,从最小值、最大值与标准差来看,说明样本公司的内部控制质量差异较大;但从其自然对数值(ICQ_LnD)来看,标准差降低,仅为 0.0836。从公司治理变量来看,领导结构(Leader)的均值为 0.2778,说明样本公司中 27.78% 的公司董事长与总经理两职合一,72.22% 的公司两职分离;从董事会规模(Bsize)、独立董事比例(INDR)、高管薪酬(Salary)的极值和标准差来看,各样本公司均存在一定的差异。就公司特征变量来看,现金流量(CFR)的均值 0.038,最小值为 -0.126,最大值为 0.211,表明各样本公司的资产获现率差异较大,有的公司甚至缺乏现金流量;从公司规模(LnS)、公司年龄(Age)和投资机会(IO)的极值与标准差来看,各样本公司都存在一定差异,但差异较大的是各公司成立时间,其次是投资机会。

表 7-4 研究变量的描述性统计结果

变量名	观测值	均值	中位数	标准差	最小值	最大值
RDE	108	0.4513	0.3645	0.3714	0.0000	1.0000
ICQ_D	108	683.2908	689.4050	55.2199	478.0700	840.3200
ICQ_LnD	108	6.5235	6.5358	0.0836	6.1698	6.7338

续表

变量名	观测值	均值	中位数	标准差	最小值	最大值
Leader	108	0.2778	0.0000	0.4500	0.0000	1.0000
Salary	108	14.0328	14.0824	0.6058	12.7591	15.5939
Bsize	108	8.4352	9.0000	1.5241	5.0000	12.0000
INDR	108	0.3740	0.3636	0.0466	0.3000	0.5000
LnS	108	21.0957	20.9972	0.7823	19.6627	23.2756
Age	108	13.4722	13.0000	4.2634	5.0000	27.0000
CFR	108	0.0383	0.0486	0.0681	−0.1260	0.2110
IO	108	1.9015	1.5713	0.9870	0.9933	7.1383

7.4.2 相关性分析

本书以 Pearson 相关系数来检验回归模型的因变量和自变量的相关程度以及自变量之间是否存在多重共线性问题,研究变量的相关系数如表 7-4 所示。从中可以看出,公司 R&D 投资效率(RDE)与内部控制质量(ICQ_D)的相关系数为 0.2112,P 值为 0.0283,可见,公司 R&D 投资效率与内部控制质量呈显著正相关。从控制变量来看,公司 R&D 投资效率与董事会规模(Bsize)、高管薪酬(Salary)、公司规模(LnS)、公司年龄(Age)、现金流量(CFR)及投资机会(IO)呈正相关,而与领导结构(Leader)、独立董事比例(INDR)呈负相关。另外,从 Pearson 系数中看,除了董事会规模与独立董事比例的相关系数(−0.6224)较大外,其余控制变量之间的两两相关系数的绝对值都较小,线性相关关系较弱,因此,回归模型的自变量间不存在多重共线性问题。

表 7-4 研究变量的相关系数

	RDE	ICQ_D	ICQ_LnD	Leader	Salary	Bsize	INDR	LnS	Age	CFR	IO
RDE	1										
ICQ_D	0.2112* (0.0283)	1									
ICQ_LnD	0.2153* (0.0253)	0.9962*** (0.0000)	1								
Leader	−0.1535 (0.1128)	−0.0721 (0.4584)	−0.0643 (0.5087)	1							
Salary	0.2225** (0.0206)	0.1614* (0.0952)	0.1744* (0.0710)	−0.0808 (0.4059)	1						
Bsize	0.0081 (0.9336)	0.1547 (0.1098)	0.1447 (0.1350)	0.0674 (0.4884)	0.1695* (0.0795)	1					
INDR	−0.0735 (0.4498)	0.1123 (0.2470)	0.0974 (0.3157)	−0.0655 (0.5007)	−0.0622 (0.5227)	−0.6224*** (0.0000)	1				
LnS	0.2651*** (0.0056)	0.1274 (0.1890)	0.1148 (0.2370)	−0.0718 (0.4604)	0.4257*** (0.0000)	0.1291 (0.1828)	0.0861 (0.3758)	1			
Age	0.0454 (0.6407)	0.1104 (0.2555)	0.1275 (0.1885)	0.0187 (0.8479)	−0.027 (0.7816)	0.1263 (0.1928)	0.0269 (0.7825)	0.2138** (0.0263)	1		
CFR	0.2121** (0.0276)	0.2095** (0.0295)	0.2054** (0.0330)	−0.1854** (0.0547)	0.2037** (0.0345)	0.1445 (0.1357)	−0.0752 (0.4394)	0.0522 (0.5915)	0.0260 (0.7892)	1	
IO	0.1919** (0.0467)	0.2340*** (0.0148)	0.2242** (0.0197)	−0.3154*** (0.0009)	0.2105** (0.0288)	−0.0009 (0.9926)	0.0377 (0.6987)	0.0588 (0.3452)	−0.0398 (0.6827)	0.2262** (0.0186)	1

注：* 表示 0.1 水平上显著相关，** 表示 0.05 水平上显著相关，*** 表示 0.01 水平上显著相关。

7.4.3 回归结果分析

表 7-5 报告了 OLS 模型回归后企业内部控制质量与 R&D 投资效率关系的估计结果。模型(1)、模型(2)中分别用 ICQ_D、ICQ_LnD 度量公司的内部控制质量,在两个模型中,R^2 值均达到了 0.27,显示模型的拟合效果尚可,从 F 检验结果可知,模型回归结果是显著有效的。从表中可知,模型(1)、模型(2)中内部控制质量(ICQ_D、ICQ_LnD)的回归系数分别为 0.0012 和 0.7577,且均在 5% 的水平上显著,说明内部控制质量对公司 R&D 投资效率具有显著的正面影响,即随着内部控制质量的提高,公司 R&D 投资效率呈现上升趋势,显示了上述研究假说得到印证。

表 7-5 内部控制质量与公司 R&D 投资效率的回归结果(OLS 模型)

Variable	模型(1)		模型(2)	
	系数	t 值	系数	t 值
Constant	−2.0212**	−1.91	−6.1957***	−2.73
ICQ_D	0.0012**	2.21		
ICQ_LnD			0.7577**	2.29
Leader	−0.0295	−0.43	−0.0300	−0.43
Salary	0.0619	1.05	0.0584	0.98
Bsize	−0.0756***	−2.99	−0.0739***	−2.91
INDR	−2.0719**	−2.49	−2.0227**	−2.42
LnS	0.1098**	2.22	0.1117**	2.27
Age	0.0095	1.02	0.0089	0.95
CFR	0.5010	1.01	0.5049	1.02
IO	0.0530	1.14	0.0542	1.18

续表

Variable	模型(1)		模型(2)	
	系数	t 值	系数	t 值
D^{year}	yes		yes	
F test	5.11***		5.13***	
R^2	0.2703		0.2704	
N	108		108	

注：上标***、**和*分别表示1％、5％和10％的显著水平。

表 7-6 报告了 Tobit 模型回归后内部控制质量与 R&D 投资效率关系的估计结果。同样，从表中可知，模型(1)、模型(2)中内部控制质量(ICQ_D、ICQ_LnD)的回归系数分别为 0.0014 和 0.9054，也均在 5％的水平上显著，说明内部控制质量与公司 R&D 投资效率显著正相关，上述研究假说得到进一步印证。

表 7-6 内部控制质量与公司 R&D 投资效率的回归结果(Tobit 模型)

Variable	模型(1)		模型(2)	
	系数	z 值	系数	z 值
Constant	-3.4464**	-2.20	-8.4318**	-2.66
ICQ_D	0.0014**	2.04		
ICQ_LnD			0.9054**	2.12
Leader	-0.0254	-0.30	-0.0257	-0.30
Salary	0.0674	0.89	0.0631	0.83
Bsize	-0.0859***	-2.73	-0.0839***	-2.65
INDR	-2.2659**	-2.07	-2.2102**	-2.00
LnS	0.1813**	2.51	0.1838**	2.55
Age	0.0124	1.00	0.0118	0.94

续表

Variable	模型(1)		模型(2)	
	系数	z 值	系数	z 值
CFR	0.4284	0.72	0.4330	0.73
IO	0.0884	1.22	0.0901	1.25
D^{year}	yes		yes	
F 统计量	3.66***		3.65***	
Pseudo R^2	0.1963		0.1962	
N	108		108	

注：上标***、**和*分别表示1％、5％和10％的显著水平。

就控制变量而言，在 OLS 和 Tobit 模型回归结果中显示，董事会规模(Bsize)的系数为负且显著，说明董事会规模对 R&D 投资效率具有抑制作用，这可能源于董事会规模越大，董事会的内部沟通协调难度加大，容易产生意见分歧，不利于投资效率的提升；独立董事的比例增加，更有利于对公司经营者进行监督，但回归结果显示，独立董事比例(INDR)与 R&D 投资效率也呈显著负相关，这可能由于上市公司设立独立董事仅仅是满足国家相关政策的需求，独立董事的作用还没有真正发挥；同时，与内部董事相比，独立董事对企业经营情况不太熟悉，更易产生信息不对称问题，因此，不利于 R&D 投资效率的提高；而公司规模(LnS)的系数显著为正，这表明公司规模越大，公司的研究开发能力越强，越有利于提高 R&D 投资效率。

7.4.4 稳健性检验

为了验证以上实证结果的可靠性，本书进行以下两个方面的检验。
(1)关于替换 R&D 投资效率表征指标的检验
前文采用 DEA 模型计算企业的 R&D 投资效率是以营业利润

作为 R&D 投资产出，在稳健性检验中本书将采用营业收入作为 R&D 投资产出，利用 DEA 模型重新计算企业的 R&D 投资效率，并对前文的假说重新进行 OLS 模型、Tobit 模型回归检验，回归结果如表 7-7、表 7-8 所示。从中可看出，内部控制质量的指标（ICQ_D、ICQ_LnD）的系数均显著为正，表明公司内部控制质量的提升促进了 R&D 投资效率的改善，验证了前述假说检验结果的可靠性。

表 7-7 稳健性检验——替换 R&D 投资效率表征指标的回归结果（OLS 模型）

Variable	模型（1）		模型（2）	
	系数	t 值	系数	t 值
Constant	−1.6687*	−1.73	−4.9267*	−1.94
ICQ_D	0.0009*	1.67		
ICQ_LnD			0.5911*	1.71
Leader	0.0433	0.60	0.0429	0.59
Salary	0.0526	0.93	0.0505	0.89
Bsize	−0.0779***	−2.84	−0.0766***	−2.80
INDR	−0.9913	−1.10	−0.9518	−1.06
LnS	0.0840*	1.85	0.0854*	1.88
Age	0.0215***	2.71	0.0211***	2.66
CFR	−0.4911	−1.01	−0.4922	−1.01
IO	−1.6687*	−1.73	−4.9267*	−1.94
D^{year}	yes		yes	
F 统计量	2.73***		2.73***	
R^2	0.1779		0.1777	
N	121		121	

注：上标***、**和*分别表示 1%、5% 和 10% 的显著水平。

表 7-8 稳健性检验——替换 R&D 投资效率表征指标的回归结果（Tobit 模型）

Variable	模型(1)		模型(2)	
	系数	z 值	系数	z 值
Constant	−2.5274*	−1.82	−6.5244**	−2.21
ICQ_D	0.0011*	1.72		
ICQ_LnD			0.7250*	1.76
Leader	0.0400	0.51	0.0397	0.51
Salary	0.0536	0.78	0.0510	0.74
Bsize	−0.0920***	−3.09	−0.0905***	−3.01
INDR	−1.3426	−1.32	−1.2966	−1.28
LnS	0.1341*	1.92	0.1361*	1.94
Age	0.0252**	2.54	0.0248**	2.48
CFR	−0.4865	−1.02	−0.4878	−1.03
IO	0.0790	1.29	0.0804	1.32
D^{year}	yes		yes	
F 统计量	13.83***		13.83***	
Pseudo R^2	0.1923		0.1921	
N	121		121	

注：上标 ***、** 和 * 分别表示 1%、5% 和 10% 的显著水平。

(2) 关于替换内部控制质量表征指标的检验

如前一章所述，张颖和郑洪涛（2010）以及李育红（2011）等以企业内部控制目标的实现状况作为内部控制质量的衡量指标，鉴此，上一章根据科技型企业特点从内部控制战略目标、经营目标及合规目标视角构建了科技型企业内部控制质量的综合指标（ICQ_O）。另外，本章借鉴方红星和金玉娜（2013）的研究方法度量企业内部控制质量（ICQ_R），该衡量方式以三大目标为导向，通过公司经营信息、审计意见信息、内部控制自评报告信息、公司合规信息等可感知因素来度量内部控制有效性,将内部控制质量(ICQ_R)分为高、中、低三种情况。如果上市公司在报告年度出现下列情形之一:公司被出具非标准意见的内部控制审计报告、内部控制自我评价报告中认为内部控制存在重大缺陷、经营发生亏损、发生违规行为、审计师发表非标准意见的审计报告,内部控制质量(ICQ_R)取值为-1;如果上市公司在报告中没有发生上述低质量内部控制的情形,且获得标准意见的内部控制审计报告,则表明内部控制的目标实现,内部控制质量(ICQ_R)取值为1;不存在低质量内部控制和高质量内部控制中的情况的公司,内部控制质量(ICQ_R)取值为0。将这两种度量内部控制质量的替代指标代入模型(7-1)中重新进行OLS模型、Tobit模型回归检验,回归结果列示于表7-9、表7-10中。从中可看出,两个度量内部控制质量的指标(ICQ_O、ICQ_R)的系数均显著为正,进一步表明前述假说检验结果的稳健性。

表7-9 稳健性检验——替换内部控制质量表征指标的回归结果
(OLS模型)

Variable	模型(1)		模型(2)	
	系数	t值	系数	t值
Constant	-1.0729	-0.96	-2.3770**	-2.25
ICQ_O	0.1609**	1.96		
ICQ_R			0.3607*	1.72
Leader	-0.0222	-0.32	-0.0414	-0.61
Salary	0.0418	0.66	0.0976	1.56
Bsize	-0.0603**	-2.31	-0.0729***	-2.77
INDR	-1.4246	-1.55	-2.0842**	-2.34
LnS	0.0938*	1.86	0.1189**	2.37
Age	0.0151*	1.74	0.0114	1.22

续表

Variable	模型(1)		模型(2)	
	系数	t 值	系数	t 值
CFR	0.3598	0.69	0.9527*	1.78
IO	0.0587	1.36	0.0619	1.45
D^{year}	yes		yes	
F 统计量	5.54***		6.70***	
R^2	0.2712		0.2779	
N	108		108	

注：上标***、**和*分别表示1%、5%和10%的显著水平。

表 7-10 稳健性检验——替换内部控制质量表征指标的回归结果（Tobit 模型）

Variable	模型(1)		模型(2)	
	系数	z 值	系数	z 值
Constant	-2.2781	-1.42	-4.1781**	-2.66
ICQ_O	0.1948*	1.75		
ICQ_R			0.5459**	1.95
Leader	-0.0122	-0.14	-0.0395	-0.47
Salary	0.0448	0.56	0.1230	1.54
Bsize	-0.0699**	-2.17	-0.0898***	-2.77
INDR	-1.5356	-1.28	-2.5552**	-2.24
LnS	0.1614**	2.13	0.1997***	2.67
Age	0.0193*	1.63	0.0157	1.27
CFR	0.2230	0.34	1.0725	1.63
IO	0.0980	1.39	0.1036	1.49
D^{year}	yes		yes	

续表

Variable	模型(1)		模型(2)	
	系数	z 值	系数	z 值
F 统计量	3.72***		4.35***	
Pseudo R^2	0.1967		0.2126	
N	108		108	

注：上标***、**和*分别表示1%、5%和10%的显著水平。

7.5 本章小结

基于理论分析，本章提出了研究假说：内部控制质量越高，企业R&D投资效率越高，并以2008—2013年期间福建省科技型上市公司为样本观测值，用DEA模型计算公司的R&D投资效率，以DIB内部控制指数和内部控制目标的实现程度来衡量企业内部控制质量，构建OLS和Tobit回归模型，检验了内部控制质量与公司R&D投资效率之间的关系。研究结果发现：内部控制质量显著影响公司的R&D投资效率，公司的R&D投资效率随着内部控制质量的增强而提升。本章的研究拓展和丰富了内部控制和R&D投资研究的相关内容，有利于从新的视角解释公司R&D投资行为和投资效率问题。

第八章 结论

本章对全文内容进行总结,主要阐述本书的研究结论与政策建议,并提出本书的局限性及未来研究方向。

8.1 研究结论

自从财政部等五部委出台《企业内部控制基本规范》(2008年)、《企业内部控制配套指引》(2010年)以来,不论是企业内部控制制度的建设,还是学者们对内部控制评价体系的研究,都取得了丰硕的成果。本书以福建省科技型企业为研究对象,对其内部控制质量现状进行分析归纳,总结了科技型企业内部控制存在的问题;根据科技型企业的特征,从强化控制目标、重视风险评估和优化业务控制三个层面构建了科技型企业内部控制质量的评价指标,并以S公司为案例,运用所构建的评价指标对其内部控制的设计和执行是否有效进行评价;在此基础上,以2008—2012年期间沪深两市A股福建省科技型企业为研究样本,对其内部控制质量的影响因素、内部控制质量与R&D投资效率之间的关系进行实证检验。本书的主要结论有以下几点:

(1)内部控制质量是企业内部控制设计质量和内部控制执行质量的综合度量。企业要实现高质量的内部控制,既需要企业内部控制设计合理有效,又需要运行过程具备适应性和有效性,同时运行结果符合既定目标。通过对科技型企业内部控制的特征归纳,剖析了目前福建省科技型上市公司内部控制质量的现状。首先,科技型企业不够重视内部控制工作,公司治理结构不完善,导致企业内部控制环境薄弱;其次,科技型企业对行业风险认识不足,在科研经费监督、人力资本投资和人力资源流失防范方面缺乏有效机制,容易引致内部控制的缺陷;再次,福建省科技型上市公司基本按照规范披露了内部控制评价报告,披露数量逐年增多,披露质量有所上升;但是,内部控制评价标准不一,多数科技型企业的内部控制评价未能突显科技型企业的特征,企业内部控制缺陷披露方式不规范,多数报告仅表示企业存在缺陷,有的评价结论不明确,这说明企业尚需加强内部监督力度。最后,从外部监管来看,保荐机构出具的核查意见存在格式不规范、核查依据不一及核查结论不够明确等问题;会计事务所出具的内部控制审计报告均为标准无保留意见,报告结论具有可比性,但内部控制审计的执业准则依据不一,各板块内部控制审计报告披露比率均低于全国水平,可能存在"报喜不报忧"的现象,说明企业内部控制信息披露缺乏有力的法律监管,外部监管力度还有待加强。

(2)构建了科技型企业内部控制质量的评价指标。首先,强化内部控制目标在内部控制评价中的指引作用,突出实现发展战略目标、经营目标、合规目标和财务信息目标等在内部控制评价过程中的地位。其次,强调风险控制层面的内部控制建设,有利于科技型企业防范研发风险、经营风险和人才流动风险,也便于科技型企业在风险识别和评估过程中确定内部控制的关键环节和重要控制活动,实现成本效益原则。再次,根据风险评估结果所确定的重要控制活动范围,再从组织架构、资金、人才、技术等要素层面进行评价,从而使得内部控制要素、内部控制目标和风险管理紧密结合,更加全面地评价科技型企业内部控制的设计与执行质量。在指标构建过程中,更多地采用定性指标对内部控制设计质量进行评价,而对内部控制执行质量则更多采用定量指标。

(3)以福建省S科技型企业为对象进行案例分析,发现其内部控制质量评价中存在的问题,并运用所构建的评价指标对其内部控制质量进行评价,得出其内部控制设计与执行基本有效的结论,说明所构建的评价指标具有实用性。从中也发现S公司内部控制存在的缺陷,其内部控制的执行能力有待提高,据此为 S 公司的内部控制制度的完善提出了相应的建议。

(4)根据科技型企业的特征和文献梳理,提出了公司治理、公司特征和外部监管因素对科技型企业内部控制质量影响的研究假说;根据企业内部控制目标,结合科技型企业注重技术、人才、资金和市场的特点,设计科技型企业内部控制质量衡量指标,对科技型企业内部控制质量的影响因素进行检验。结果发现,公司治理结构和公司特征因素均对内部控制质量产生影响,而外部监管因素的影响则不显著,具体表现为:首先,在公司治理方面,高管薪酬激励、监事会职能的发挥有利于提升科技型企业内部控制的质量,而董事长与总经理两职合一则对科技型企业内部控制质量产生显著的负向影响。其次,在公司特征方面,公司规模、成长性、财务杠杆和研发能力对科技型企业内部控制质量具有显著正向作用,但业务复杂程度不利于科技型企业内部控制质量的提升。再次,在外部监管因素方面,内部控制审计对科技型企业内部控制质量产生正向影响,违规处罚对科技型企业内部控制质量具有负向影响,但均不显著,说明科技型企业外部监管成效不明显,我国科技型企业内部控制的外部监管力度仍有待加强。

(5)R&D 投资是公司的一项重要战略决策,其投资效率的高低关系到公司的核心竞争力的培育与可持续发展,对于科技型企业更是如此。而企业内部控制制度的建立健全与有效实施可以合理保证企业合规目标、报告目标、经营目标和战略目标等的实现。从内部控制的五要素入手,本书通过理论分析提出了内部控制质量的提升有助于提高公司的 R&D 投资效率的研究假说,并通过实证检验得以验证。

8.2 政策建议

通过本书研究可知,目前福建省科技型企业在内部控制质量方面还存在缺陷。本书根据科技型企业特点,构建了相应的内部控制质量评价指标,并以 S 公司为例进行评价,在此基础上进行实证研究,结果发现,公司治理和公司特征能够显著影响科技型企业内部控制质量,而外部监管对科技型企业内部控制质量的提升作用还不明显;同时内部控制质量对公司的 R&D 投资效率具有显著的正向影响。据此本书提出如下政策建议:

(1) 强化"以人为本"的方式优化科技型企业内部控制环境

企业内部控制的基础是控制环境,目前我国科技型企业内部控制环境薄弱,管理者内部控制意识不强,公司治理结构不完善。科技型企业发展的核心动力是技术人才和管理人才,而科技型企业人才资源具有素质高、流动性大的特点,因此,科技型企业在内部控制建设中,应根据企业自身特点,优化企业内部控制环境,完善公司治理结构;同时以人为本,充分发挥企业人才资源优势,才能激发他们的工作热情与创新能力,研发出更多的新技术、新专利、新产品,创新营销手段,开发新市场,从而为企业创值与发展奠定基础。

(2) 强化科技型企业风险导向的内部控制体系的构建

科技型企业具有投资大、风险高等特征,从企业外部环境来看,行业竞争激烈和市场监管不到位,市场竞争不够规范;从企业内部环境来看,风险投资、技术研发、知识型员工培养等有别于一般类型企业的业务环节,都会对科技型企业生产和经营活动产生重大的影响。但是,科技型企业管理者风险意识不强,在科研经费和人力资源方面缺乏有效的监管机制;同时,出于研发需要产生的财务杠杆,以及企业的研发人才比重对科技型企业内部控制质量产生显著影响。因此,科技型企业在内部控制建设过程中,应该强化以风险识别与评估为导向的内部控制体系,重点关注科研经费的监督、人力资本投资和人才流失等企业特有风险,才能有效管控企业的关键风险点,以防范和化解科技型企业的经营风险和财务风险,确保资产的安全与完整,提高 R&D 投资效率。

(3)完善科技型企业的内部监督机制

加强企业内部监督机制,是企业内部控制体系有效实施的关键切入口。从前文的研究可知,监事会职能的发挥与科技型企业内部控制质量呈显著正相关,但内部控制评价报告对科技型企业内部控制质量的影响不显著。因此,科技型企业应当明确管理当局对内部控制的责任;确保审计委员会和内部审计机构的独立性,充分发挥其在企业内部控制中的监督、审查和评价的作用,提升企业内部控制评价报告水平;同时完善监事会人员配置,充分发挥监事会的监督职能,从而为企业内部控制质量的提升提供保证。

(4)完善科技型企业内部控制质量评价规范

要改善科技型企业内部控制质量评价的范围、标准和报告格式不规范等问题,一是要健全科技型企业的内部控制体系,这样有助于企业完善治理结构,理顺经营者与所有者的关系,规范科技型企业的经营行为,提高内部控制评价的质量和信息披露的自愿性;二是要形成统一的科技型企业内部控制评价规范,提高内部控制评价信息披露的质量,促使科技型企业内部控制质量评价规范化、法律化,从而改变科技型企业内部控制质量评价和信息披露不受重视的现状。

(5)加强外部监管力度,出台内部控制报告审计准则

目前只有上市公司委托会计事务所依据《企业内部控制审计指引》对科技型企业内部控制评价报告进行审计,这样的外部监督力度相对薄弱;正如上文研究发现,注册会计师出具的内部控制审计报告强制性披露手段对科技型企业内部控制质量的影响不显著,且目前企业内部控制审计报告的披露水平仍旧不高;企业发布的内部控制评价报告,若不进行审计,就缺乏可靠性,披露价值将下降。因此,缺乏强有力的监管机构实施监督和约束行为,导致科技型企业内部控

制评价的自愿性不足。鉴此，监管机构应该进一步加强外部监管，形成独立的内部控制信息披露平台，根据行业和地域进行划分，帮助投资者及利益相关者了解真实的科技型企业内部控制质量。我国现行的审计准则虽然有涉及注册会计师对公司内部控制测试的问题，但是，注册会计师还需要一套能够有效指导其进行内部控制报告审计的准则，如美国上市公司会计监管委员会（PCAOB）推出的第2号和第5号审计准则，有效地为注册会计师提供了内部控制审计执业准则。

8.3 研究局限性与未来研究方向

本书以福建省科技型上市公司为研究样本，探讨了科技型企业内部控制质量的现状，构建了内部控制质量评价指标并在S公司中应用，在此基础上，考察了科技型企业内部控制质量的影响因素和经济后果，为提升科技型内部控制质量水平提供了经验证据。但是由于科技型企业在商业秘密方面保护的原因，及研究数据和信息获取有一定难度，本书研究还存在以下局限性：

（1）由于资料获取有一定难度，而在内部控制执行质量评价中需要科技型企业的内部数据资源，但这些关键信息因条件限制而难以获取，因此可能会影响评价的客观性。此外，本书只统计分析了福建省科技型上市公司在内部控制质量方面的现状，不具有全面性。事实上，目前科技型中小企业普遍存在内部控制建设薄弱、内部控制评价不规范等问题，未来可以针对科技型中小企业的特殊性，研究构建区别于科技型上市公司、而适用于科技型中小企业的内部控制质量评价指标。

（2）本书在构建评价指标时默认内部控制目标层面、风险评估层面和要素层面是平行存在的，未设置权重以区别三个层面的重要性，所以未来研究中可以通过实证分析得出适当的权重，使得评价指标更加全面,评价结果更加客观。

(3)本书仅仅研究了福建省科技型上市公司内部控制质量的现状、影响因素与经济后果,未来还可以将研究样本进行拓展,考察我国科技型企业内部控制质量问题,并进行省际之间的对比。

(4)本书对科技型企业内部控制质量影响因素研究进行了尝试和探索,而对于科技型企业内部控制质量经济后果的研究,本书仅仅涉及了R&D投资效率,在后续研究中还可以探讨科技型企业内部控制质量对股票价格、公司价值和公司绩效等方面的影响。

参考文献

[1]Akihior Hashimoto,Shoko Haneda.Measuring the Change in R&D Efficiency of the Japanese Pharmaceutical Industry.Research Policy,2008(37):1829—1836.

[2]Amit Seru.Firm Boundaries Matter:Evidence from Conglomerates and R&D Activity.Journal of Financial Economics,2014,111(2):381—405.

[3]Andrew J.Leone.Factors Related to Internal Control Disclosure:A Discussion of Ashbaugh,Collins,and Kinney(2007)and Doyle,Ge,and McVay(2007).Journal of Accounting and Economics,2007(44):224—237.

[4]Ashbaugh-Skaife H.,D.Collins,and W.Kinney.The Discovery and Reporting of Internal Control Deficiencies Prior to SOX-mandated Audits.Journal of Accounting and Economics,2007(44):166—192.

[5]Ashbaugh-Skaife H.,D.Collins,W.Kinney and R.LaFond.The Effect of SOX Internal Control Deficiencies and Their Remediation on Accrual Quality.The Accounting Review,2008,83(1):217—250.

[6]Bedard J.C.,L.Graham.Detection and Severity Classifications of Sarbanes-Oxley Section 404 Internal Control Deficiencies.The Accounting Review,2011,86(3):825—855.

[7]Bosworth D,Rogers M.Market value,R&D andIntellectual Property:An Empirical Analysis of Large Australian Firms.The Economic Record,2001,(12):323—337.

[8] Bronson S. N., J. V. Carcello and K. Raghunandan. Firm Characteristics and Voluntary Management Reports on Internal Control.Auditing:A Journal of Practice and Theory,2006,25(2):25－39.

[9] ChanKam. C., B. Farrell, P. Lee. Earnings Management of Firms Reporting Material Internal Control Weaknesses Under Section 404 of the Sarbanes-Oxley Act.Auditing:A Journal of Practice and Theory,2008,27(2):161－179

[10]Chan Louis K.C,Josef Lakonishok,Theodore Sougiannis. The Stock Market Valuation of Research and Development Expenditures.The Journal of Finance,2001,10(56):24－31.

[11]Charnes A., W.W.Coopor, E.Rhodes.Measuring the Efficiency of Decision Making Units.European Journal of Operational Research,1978,(4):429－444.

[12]Chih-Yang Tseng.Internal Control,Enterprise Risk Management, and Firm Performance. University of Maryland, College Park.2007.

[13]Chin-Tai Chen,Chen-Fu Chien,Ming-Han Lin and Jung-TeWang.Using DEA to Evaluate R&D Performance of the Salary Puters and Peripherals Firms in Taiwan.International Journal of Business,2004,9(4):347－360.

[14]Chuleeporn Changchit.The Construction of An Internet-Based Intelligent System for Internal Control Evaluation.Expert Systems with Applications,2003(25):449－460.

[15]Committee of Sponsoring Organizations of the Treadway Commission (COSO): Internal Control-Integrated Framework, 1992.

[16]Christine Petrovits,Catherine Shakespeare, Aimee Shih. The Causes and Consequences of Internal Control Problems in

Nonprofit Organizations.The Accounting Review,2011(1):325—357.

[17]Dai Weidong,Yang Xue,Han Lijiao.Strategies on Human Capital Investment of Knowledge-Based Employees Based on the Growth of High Technology Enterprises.Proceedings of 2009 IEEE the 16th International Conference on Industrial Engineering and Engineering Management,2009:264—268.

[18]David M.Willis,Susan S.Lightle.Management Reports on Internal Control.Journal of Accountancy,2000,(4):57—64.

[19]Deng Deqiang.Internal Control Quality and Institutional Investors' Decision:A Perspective of Heterogeneity,2012.

[20]Doyle Jeffery,Weili Ge,Sarah McVay.Accruals Quality and Internal Control over Financial Reporting.The Accounting Review,2007a 78(5):1141—1170.

[21]Doyle Jeffery,Weili.Ge,Sarah McVay.Determinants of Weaknesses in Internal Control over Financial Reporting.Journal of Accounting and Economics,2007b(44):193—233.

[22]Evelyn R.Patterson,J.Reed Smith.The Effects of Sarbanes-Oxley on Auditing and Internal Control Strength.The Accounting Review,2007,82(2):427—455.

[23]Eric C.Wang,Weichiao Huang.Relative Efficiency of R&D Activities:A Cross-country Study Accounting for Environment Factors in the DEA Approach.Research Policy,2007(36):260—273.

[24]Ferdinand A.Gul,Sidney Leung.Board Leadership,Outside Directors' Expertise and Voluntary Corporate Disclosures.Accounting and Public Policy,2004(23):351—379.

[25]Florian Szücs.M&A and R&D:Asymmetric Effects on Acquirers and Targets? Research Policy,2014,43(7):1264—1273.

[26]Franklin,Mitchell.Sarbanes Oxley Section 404:Can Material Weakness Be Predicted and Modeled? An Examination of the ZETA Model in Prediction of Material Weakness. Minnessotta: Walden University,2007.

[27]Gang Xiao. Legal Shareholder Protection and Corporate R&D Investment.Journal of Corporate Finance,2013(23):240-266.

[28]Ge W.,McVay S.The Disclosure of Material Weaknesses in Internal Control after the Sarbances-Oxley Act.Accounting Horizons,2005,19(3):137-158.

[29]Gheorghe Suciu,Pipu-Nicolae Barsan.Evaluation of Internal Control.Knowledge Horizons-Economics,2013(4):118-121.

[30]Goh B.W.Audit Committees,Boards of Directors,and Remediation of Material Weaknesses in Internal Control.Contemporary Accounting Research,2009,26(2):549-579.

[31]Goh B.W.,D.Li.Internal Controls and Conditional Conservatism.The Accounting Review,2011,86(3):975-1005.

[32]Gong Guojin,Bin Ke,Yong Yu,Home Country Investor Protection,Ownership Structure and Cross-listed Firms' Compliance with SOX-Mandated Internal Control Deficiency Disclosures, Contemporary Accounting Research,2013,30(4):1490-1523.

[33]Guth W.D.,Guest Editor's Introduction:Corporate Entrepreneurship.Strategic Management Journal,1990(11):5-15.

[34]Guo Yuntao, Li Suike, Bai Sijun. Framework of Comprehensive Risk Management System for the Defense Science and Technology Enterprises. Proceedings of 2011 International Conference on Business Management and Electronic Information(BMEI 2011)VOL.03.2011:213-216.

[35]Hammersley J.,Myers Linda,Shakespear.C.Market Reac-

tions to the Disclosure of Internal Control Weaknesses and to the Characteristics of Those Weaknesses Section 302 of the Sarbanes Oxley Act of 2002.Review of Accounting Studies,2007(13):141—165.

[36]Hanseok Park,Hoo-Gon Choi.Measurement of R&D Efficiency in NT and BT Fields Using DEA:A Case in Korea.International Journal of Engineering and Technology,2013,2(3):165—174.

[37]Hogan Chris E.,Wilkins,Michael S.Evidence on the Audit Risk Model:Do Auditors Increase Audit Fees in the Presence of Internal Control Deficiencies? Contemporary Accounting Research,2008,25(1):219—242.

[38]Hoitash U.,Hoitash R.,J.C.Bedard.Corporate Governance and Internal Control over Financial Reporting: A Comparison of Regulatory Regimes.The Accouting Review,2009,84(3):839—867.

[39]Jagan Krishnan,Dasaratha Rama,Yinghong Zhang.Cost to Comply with SOX Seetion 404.Auditing:A Journal of Practice and Theory,2008(27):169—186.

[40]James Roth,Donald Espersen.The Internal Auditor.The Matrix Revisited,2004(8):13—15.

[41]Jayanthi Krishnan.Audit Committee Quality and Internal Control:An Empirical Analysis.The Accounting Review,2005,80(2):649—675.

[42]Jensen M.C.,Meckling W.H.Theory of the Firm:Managerial Behavior,Agency Costs and Ownership Structure.Journal of Financial Economics,1976(3):305—360.

[43]Jensen Michael C.Agency Costs of Free Cash Flow,Corporate Finance, and Takeovers.American Economic Review,1986(6):323—329.

[44]Jensen K.L.,J.L.Payne.Management Trade-offs of Internal Control and External Auditor Expertise.Auditing:A Journal of Practice and Theory,2003,22(2):99—119.

[45]Johnstone K., C. Li, K. H. Rupley. Changes in Corporate Governance Associated with the Revelation of Internal Control Material Weaknesses and Their Subsequent Remediation. Madison Working Paper,University of Wisconsin,2009.

[46]José García-Quevedo,Gabriele Pellegrino,Marco Vivarelli. R&D Drivers and Age:Are Young Firms Different? Research Policy,2014,43(9):1264—1273.

[47]K.Raghunandan,Dasaratha V.Rama.SOX Section 404 Material Weakness Disclosures and Audit Fees.Auditing:A Journal of Practice and Theory,2006,25(1):99—114.

[48]Kim J.B., B.Y.Song, L.Zhang.Internal Control Weakness and Bank Loan Contracting:Evidence from SOX Section 404 Disclosures.Working Paper,Concordia University,2009.

[49]Knut Blind,Jakob Edler,Rainer Frietsch,Ulrich Schmoch. Motives to Patent: Empirical Evidence from Germany. Research Policy,2006,35(5):655—672.

[50] Kopp L. S., Donnell E. The Influence of A Business-Process Focus on Category Knowledge and Internal Control Evaluation.Organization and Society,2005(30):423—434.

[51]Lin S.,M.Pizzini,M.Vargus,I.R.Bardhan.The Role of the Internal Audit Function in the Disclosure of Material Weaknesses. The Accounting Review,2011,72(2):357—384.

[52]Malmendier U., Tate G.CEO Overconfidence and Corporate Investment.Journal of Finance,2005(60):2661—2700.

[53] Mei Cheng, DanDhaliwal, Yuan Zhang. Does Investment Efficiency Improve after the Disclosure of Material Weaknesses in

Internal Control over Financial Reporting. Journal of Accounting and Economics,2013,56(1):1—18.

[54] MeiFeng, Chan Li, Sarah McVay. Internal Control and Management Guidance. Journal of Accounting and Economics, 2009,48(2—3):190—209.

[55] Messod Daniel Beneish, Mary Brooke Billings, Leslie D. Hodder.Internal Control Weaknesses and Information Uncertainty. The Accounting Review,2008,83(3):665—703.

[56] Miao Wang. International R&D Transfer and Technical Efficiency:Evidence from Panel Study Using Stochastic Frontier Analysis.World Development,2012,40(10):1982—1998.

[57] M. N. Duffy. Section 404 Opens A Door. Journal of Accountancy,2004(5):55—64.

[58] Moerland L. Incentives for Reporting on Internal Control—A Study of Internal Control Reporting Practices in Finland, Norway, Sweden, The Netherlands and United Kingdom, Working paper,Maastricht University,2007.

[59] Mogens Dilling-Hansen, Erik Strojer Madsen, Valdemar Smith.Efficiency, R&D and Ownership—Some Empirical Evidence. International Journal of Production Economics,2003(1):85—94.

[60] M. T. Costa-Campi, N. Duch-Brown, J. García-Quevedo. R&D Drivers and Obstacles to Innovation in the Energy Industry. Energy Economics,2014,46(11):20—30.

[61] Myers S. C., Majluf N. Corporate Financing and Investment Decisions When Firms Have Information Investors Do Not Have.Journal of Financial Economics,1984(13):187—221.

[62]Ogneva M., K. R. Subramanyam, K. Raghunandan. Internal Control Weakness and Cost of Equity:Evidence from SOX Section 404 Disclosures.The Accounting Review,2007,82(5):1255—1297.

[63]Ornella Wanda Maietta, Vania Sena. Financial Constraints and Technical Efficiency: Some Empirical Evidence for Italian Producer's Cooperative. Annals of Public and Cooperative Economics,2010,81(1):21-38.

[64]PCAOB. Audit of Internal Control over Financial Statements Final Standard,2004.

[65]Pindado Julio,De Queiroz Valdoceu,De la Torre Chabela. How Do Firm Characteristics Influence the Relationship between R&D and Firm Value? Financial Management,2010,39(2):757-782.

[66]Scherer F.M.,Ross D. Industrial Market Structure and Economic Performance.Boston:Houghton Mifflin,1990.

[67]Schumann P.A.,Ransley D.L.,Prestwood D.C.L. Measuring R&D performance.Research Technology Management,1995,38(3):45-54.

[68]Sheman Stratford. Will the Information Superhighway Be the Death of Retailing? Fortune.1994(4):25.

[69]Sheng-Syan Chen,Keng-Yu Ho,Po-Hsin Ho. CEO Overconfidence and Long-Term Performance Following R&D Increases. Financial Management.2014,43(2):245-269

[70]Shi-Ming Huang. A Structural Study of Internal Control for ERP System Environments: A Perspective from theSarbabes-Oxley Act.International Journal of Management and Enterprise Development,2008,5(1):102-121.

[71]Shu Lin,Mina Pizzini,Mark Vargus,Indranil R.Bardhan The Role of the Internal Audit Function in the Disclosure of Material Weakness.The Accounting Review,2011,86(1):287-323.

[72]Sorensen J.,Stuart T. Aging,Obsolescence and Organizational Innovation. Administrative Science Quarterly,2000(1):81-

112.

[73]Stephen H.Bryan,Steven B.Lilien.Characteristics of Firms with Material Weaknesses in Internal Control:An Assessment of Section 404 of Sarbanes Oxley.Working Paper,Wake Forest University and City University of New York,2005.

[74]Steven Balsam,Wei Jiang,Bo Lu.Equity Incentives and Internal Control Weaknesses.Contemporary Accounting Research,2014,31(1):178—201.

[75]Stopford J.M.Creating Corporate Entrepreneurship.Strategic Management Journal,1994,24(1):213—241.

[76]Sundaram A.K.,John T.A.and John K.An Empirical Analysis of Strategic Competition and Firm Values:The Case of R&D Competition.Journal of Financial Economics,1996(40):459—486.

[77]Sung-Sik Hwang,Taeksoo Shin,Ingoo Han.CRAS-CBR:Internal Control Risk Assessment System Using Case-Based Reasoning.Expert System,2004,21(1):22—33.

[78]Thomas V.J.,Seema Sharma,Sudhir K.Jain.Using Patents and Publications to Assess R&D Efficiency in the States of the USA.World Patent Information,2011(33):4—10.

[79]Wang X.Increased Disclosure Requirements and Corporate Governance Decisions:Evidence from Chief Financial Officers in the Pre-and Post-Sarbanes Oxley Periods.Journal of Accounting Research,2010,48(4):885—920.

[80]Yan Zhang.Audit Committee Quality,Auditor Independence and Internal Control Weaknesses.Journal of Accounting and Public Policy,2007(26):300—327.

[81]Zhang A,Zhang Y,Zhao R.A Study on the R&D Efficiency and Productivity of Chinese Firms.Journal of Salaryparative Eco-

nomics,2003(31):444-464.

[82]Zhang Iiayi.Economic Consequences of the Sarbanes-Oxley Act of 2002.Journal of Accounting and Economics,2007,44(5):74-115.

[83]Zoltan Istvan Dorman,Gabor Gorgenyi,Margit Horvath. Evaluation of the Internal Control System at Central Budgetary Institutions.Public Finance Quarterly,2013(2):199-218.

[84]白俊红,江可申,李婧.应用随机前沿模型评测中国区域研发创新效率.管理世界,2009(10):51-61.

[85]财政部、证监会、审计署、银监会、保监会.企业内部控制基本规范,2008.

[86]常华兵,朱海涛.高科技企业内部控制创新研究.科技管理研究,2010(10):3-5.

[87]池仁勇,虞晓芬,李正卫.我国东西部地区技术创新效率差异及其原因分析.中国软科学,2004(8):127-131.

[88]陈汉文等.中国上市公司内部控制指数(2009):制定、分析与评价.上海证券报,2010-06-11.

[89]陈国辉,黄秋菊.交叉上市公司的内部控制信息披露研究——基于我国A+H股上市公司2011年数据.财经问题研究,2013(9):76-81.

[90]陈守明,冉毅,陶兴慧.R&D强度与企业价值——股权性质和两职合一的调节作用.科学学研究,2012(3):441-448.

[91]陈修德,梁彤缨.中国高新技术产业:研发效率及其影响因素——基于面板数据SFPF模型的实证研究.科学学研究,2010,28(8):1198-1205.

[92]陈修德,彭玉莲,卢春源.中国上市公司技术创新与企业价值关系的实证研究.科学学研究,2011,29(1):138-146.

[93]陈志.科技型企业核心竞争力研究(博士学位论文).中国农业大学,2004.

[94]程晓陵,王怀明.公司治理结构对内部控制有效性的影响.审计研究,2008(4):53-61.

[95]池仁勇.企业技术创新效率及其影响因素研究.数量经济技术经济研究,2003(6):105-108.

[96]戴文涛.企业内部控制评价指数及其应用研究(博士学位论文).东北财经大学,2011.

[97]戴文涛,纳鹏杰,马超.内部控制能预防和降低企业风险吗?财经问题研究,2014(2):87-94.

[98]戴彦.企业内部控制评价体系的构建.会计研究,2006(1):69-76.

[99]单华军.内部控制、公司违规与监管绩效改进.中国工业经济,2010(11):140-148.

[100]方红星,金玉娜.公司治理、内部控制与非效率投资:理论分析与经验证据.会计研究,2013(7):63-69.

[101]方红星,孙嵩.强制披露规则下的内部控制信息披露——基于沪市上市公司2006年年报的实证研究.财经问题研究,2007(12):67-73.

[102]方红星,张志平.内部控制质量与会计稳健性——来自深市A股公司2007—2010年年报的经验证据.审计与经济研究,2012(9):3-10.

[103]冯根福,刘军虎,徐志霖.中国工业部门研发效率及其影响因素实证分析.中国工业经济,2006(11):46-51.

[104]冯建,蔡丛光.上市公司内部控制信息披露研究.财经科学,2008(5):80-87.

[105]福建省科技厅、福建省财政厅、福建省国税局、福建省地税局,福建省高新技术企业认定管理实施细则(试行).福建省高新技术企业认定管理实施细则(试行),http://www.fjkjt.gov.cn.

[106]福建省科学技术厅.科技型企业备案办法(试行).2013.

[107]高建刚.研发外溢、企业产权结构与研发效率关系研究.科

学学与科学技术管理,2012,33(8):12-20.

[108]顾群,翟淑萍,苑泽明.高新技术企业融资约束与R&D投资效率关系研究.经济经纬,2012(5):77-81.

[109]郭华平,肖宏.论内部控制体系定量评价标准.当代经济,2002(12):74-75.

[110]国家统计局、科学技术部、财政部,2012年全国科技经费投入统计公报.2013-9,http://www.mof.gov.cn.

[111]贺友,刘冬荣.融资约束、企业集团内部资金支持与R&D投入——来自民营高科技上市公司的经验证据.科学学研究,2011(11):1685-1695.

[112]贺勇,何红渠.民营企业集团、控股股东支持与R&D投资——融资约束情境下的调节作用与中介作用.科学学与科学技术管理,2014(3):86-98.

[113]胡汝银.低效率经济学——集权体制理论的重新思考.上海三联书店,1992.

[114]韩玲.企业内部控制信息披露影响因素研究.统计与决策,2012(23):186-190.

[115]黄新建,黄能丽,李晓辉.高管特征对提升企业R&D投资效率的影响.重庆大学学报(社会科学版),2014(3):61-69.

[116]唐清泉,夏芸,徐欣.我国企业高管股权激励与研发投资——基于内生性视角的研究.中国会计评论,2011(3):21-42.

[117]卡普兰,诺顿.周大勇等译.战略中心型组织.人民邮电出版社,2004:95-99.

[118]科技部、财政部、国家税务总局,高新技术企业认定管理办法.高新技术企业认定管理工作指引.http://www.most.gov.cn.

[119]科学技术部发展计划司.2012科技进步统计监测结果(二).科技统计报告,2013(2):1-12.

[120]科学技术部发展计划司.2011年我国高技术产业发展状况分析.科技统计与分析研究所,2012.http://www.sts.org.cn.

[121]李丽华,许华丽,高洪峰.高科技企业的内部控制探析.科技管理研究,2008(7):276－278.

[122]李连华,唐国平.内部控制效率:理论框架与测度评价.会计研究,2012(5):16－21.

[123]李明辉,何海,马夕奎.我国上市公司内部控制信息披露状况的分析.审计研究,2003(1):38－43.

[124]李明毅,惠晓峰.上市公司信息披露与资本成本.管理学报,2008(1):88－95.

[125]李万福,林斌,杨德明,孙烨.内控信息披露、企业过度投资与财务危机.中国会计与财务研究,2010(4):76－142.

[126]李万福,林斌,何璐.内部控制在公司投资中的角色:效率促进还是抑制.管理世界,2011(2):81－99.

[127]李万福,林斌,林东杰.内部控制能有效规避财务困境吗?财经研究,2012(1):124－134.

[128]李维安.公司治理.南开大学出版社,2001:25.

[129]李晓慧,杨子萱.内部控制质量与债权人保护研究——基于债务契约特征的视角.审计与经济研究,2013(2):97－105.

[130]李心合.内部控制研究的困惑与思考.会计研究,2013(6):54－61.

[131]李颖琦,陈春华,俞俊利.我国上市公司内部控制评价信息披露:问题与改进——来自2011年内部控制评价报告的证据.会计研究,2013(8):62－68.

[132]李育红.公司治理结构与内部控制有效性.财经科学,2011(2):69－75.

[133]李志斌.内部控制、股权集中度与投资者关系管理——来自A股上市公司投资者关系调查的证据.会计研究,2013(12):72－78.

[134]林斌,饶静.上市公司为什么自愿披露内部控制鉴证报告?——基于信号传递理论的实证研究.会计研究,2009(2):45－52.

[135]林钟高,王书珍.论内部控制与企业价值.财贸研究,2006(5):117-122.

[136]林钟高,郑军,王书珍.内部控制与企业价值研究.财经研究,2007(4):132-143.

[137]刘和东.中国区域研发效率及其影响因素研究——基于随机前沿函数的实证分析.科学学研究,2011(4):548-556.

[138]刘启亮,罗乐,何威风,陈汉文.产权性质、制度环境与内部控制.会计研究,2012(3):52-61.

[139]刘启亮,罗乐,张雅曼,陈汉文.高管集权、内部控制与会计信息质量.南开管理评论,2013,16(1):15-23.

[140]刘树,张玲.我国各省市专利发展有效性的DEA模型分析.统计研究,2006(8):45-48.

[141]刘秀玲.我国上市公司专利生产技术效率——基于7个行业405家上市公司的经验证据.技术经济,2012,31(7):40-46.

[142]刘亚莉,马晓燕,胡志颖.上市公司内部控制缺陷的披露:基于治理特征的研究.审计与经济研究,2011(3):35-43.

[143]陆国庆.中国中小板上市公司产业创新的绩效研究.经济研究,2011(2):138-148.

[144]陆正华,李瑞娜,钟伟.研发效率的区域差异影响因素研究——基于中间—最终产出效率视角,科学学与科学技术管理,2013,34(6):102-111.

[145]骆良彬,王河流.基于AHP的上市公司内部控制质量模糊评价.审计研究,2008(6):84-96.

[146]萨缪尔森.经济学.中国发展出版社,1992,45-46.

[147]上海证券交易所.上海证券交易所上市公司内部控制指引.2006-6.

[148]深圳市迪博企业风险管理技术有限公司.DIB内部控制与风险管理数据库,http://irmd.dibcn.com:8082/irmd/common/login.jsp.

[149]深圳证券交易所.深圳证券交易所创业板上市公司规范运作指引.2009-10.

[150]深圳证券交易所.深圳证券交易所上市公司内部控制制度指引.2006-9.

[151]深圳证券交易所.中小企业板上市公司内部审计工作指引.2007-12.

[152]史欣向,梁彤缨.广东省大中型工业企业研发效率研究.科学学与科学技术管理,2011(5):115-122.

[153]史欣向,梁彤缨.社会资本影响了研发效率——基于中国省际面板数据的经验研究.科研管理.2013,34(5):73-79.

[154]史欣向,陆正华.基于中间产出、最终产出效率视角的企业研发效率研究.中国科技论坛,2010(7):77-83.

[155]史欣向,陆正华.研发效率对企业绩效的影响.科学学与科学技术管理,2010(7):23-27.

[156]宋文飞,李国平,韩先锋.价值链视角下环境规制对R&D创新效率的异质门槛效应——基于工业33个行业2004—2011年的面板数据分析.财经研究,2014(1):93-104.

[157]孙光国,李冰慧.内部控制有效性评价理论框架研究——基于投资者保护的视角.财经问题研究,2014(2):95-101.

[158]王惠芳.内部控制缺陷认定:现状、困境及基本框架重构.会计研究,2011(8):61-67.

[159]王宏.创业板上市公司内部控制信息披露影响因素探究.江西财经大学学报,2011(6):43-48.

[160]王宏,将占华,胡为民,赵丽生.中国上市公司内部控制指数研究.人民出版社,2011(8).

[161]王立勇.内部控制系统评价的定量分析模型.财经研究,2004(9):93-102.

[162]王琳,庞雪伊.中国石油天然气行业上市公司内部控制信息披露现状及完善对策——基于沪深两市数据的分析.中国石油大

学学报(社会科学版),2013(10):28-32.

[163]王敏,夏勇.内部控制质量与权益资本成本关系研究述评与展望.经济与管理研究,2011(5):49-55.

[164]王素莲.企业内部控制评价指标体系研究.山西大学学报,2005(11):10-14.

[165]王秀果.科技型企业如何实行内部控制.当代经济,2012(2):62-63.

[166]王旭.科技型企业创生机理研究(博士学位论文).吉林大学,2004.

[167]王燕妮.高管激励对研发投入的影响研究——基于我国制造业上市公司的实证检验.科学学研究,2011,29(7):1071-1078.

[168]王煜宇,温涛.企业内部控制评价模型及运用.统计与决策,2005(2):131-132.

[169]吴益兵.内部控制鉴证:动机、价值相关性与内控效率(博士学位论文).复旦大学,2010.

[170]吴益兵,廖毅刚,林波.股权结构对内部控制质量的影响分析——基于2007年上市公司内部控制信息数据的检验.当代财经,2009(9):110-114.

[171]吴卫华,万迪昉,吴祖光.高新技术企业R&D投入强度与企业业绩——基于会计和市场业绩对比的激励契约设计.经济与管理研究,2014(5):93-102

[172]夏芸,徐欣.企业内部控制信息披露与债务契约——来自于中国房地产上市公司的经验证据.经济管理,2011(3):114-122.

[173]邢以群,周建华.高技术企业经营管理论.浙江大学出版社,2000:12.

[174]徐虹,林钟高,李倩.内部控制、关系型交易与非效率投资.南京审计学院学报,2014(5):75-85.

[175]薛祖云,黄彤.董事会、监事会制度特征与会计信息质量.财务理论与实践,2004(7):84-89.

[176]阎金锷,陈关亭.内部控制评价应用.中国人民大学出版社,1998.

[177]闫志刚.内部控制质量、企业风险与权益资本成本.经济经纬,2012(5):107－111.

[178]杨德明,林斌,王彦超.内部控制、审计质量与代理成本.财经研究,2009(12):41－48.

[179]杨德明,王春丽,王兵.内部控制、审计鉴证与审计意见.财经理论与实践,2009(12):60－65.

[180]杨平波.关于完善中央直属科技型企业内部控制体系的探讨.中国锰业,2004(3):23－25.

[181]杨清香,俞麟,宋丽.内部控制信息披露与市场反应研究.南开管理评论,2012,15(1):123－130.

[182]杨有红,陈凌云.2007年沪市公司内部控制自我评价研究.会计研究,2009(6):58－64.

[183]杨有红,汪薇.2006年沪市公司内部控制信息披露研究.会计研究,2008(3):35－42.

[184]杨玉凤,王火欣,曹琼.内部控制信息披露质量与代理成本相关性研究.审计研究,2010(1):82－88.

[185]姚洋,章奇.中国工业企业技术效率分析.经济研究,2001(10):13－19.

[186]于海云.内部控制质量、信用模式与企业价值.财经理论与实践,2011(5):44－50.

[187]于增彪,王竞达,瞿卫.企业内部控制评价体系的构建——基于亚新科工业技术有限公司的案例研究.审计研究,2007(3):47－52.

[188]岳书敬.中国区域研发效率差异及其影响因素.科研管理,2008(5):173－179.

[189]张国清.内部控制与盈余质量.经济管理,2008(23－24):112－119.

[190]张晖明,陈志广.高级管理人员激励与企业绩效.世界经济,2002(4):29-37.

[191]张俊瑞,赵进文,张建.高级管理层激励与上市公司经营绩效相关性的实证分析.会计研究,2003(9):29-34.

[192]张黎焱.上市公司内部评价研究(博士学位论文).财政部财政科学研究所,2010.

[193]张立民,钱华,李敏仪.内部控制信息披露的现状与改进——来自我国ST上市公司的数据分析.审计研究,2003(5):10-15.

[194]张敏,朱小平.中国上市公司内部控制问题与审计定价关系研究.经济管理,2010(9):108-113.

[195]张维迎.企业理论与中国企业改革.北京大学出版社,1999.

[196]张先治,戴文涛.公司治理结构对内部控制影响程度的实证分析.财经问题研究,2010(7):89-95.

[197]张先治,张晓东.基于投资者需求的上市公司内部控制实证分析.会计研究,2004(12):55-60.

[198]张颖,郑洪涛.我国企业内部控制有效性及其影响因素的调查与分析.审计研究,2010(1):75-81.

[199]郑军,林钟高,彭琳.货币政策、内部控制质量与债务融资成本.当代财经,2013(9):118-129.

[200]郑石桥,郑卓如.核心文化价值观和内部控制执行:一个制度协调理论架构.会计研究,2013(10):28-34.

[201]中国证券监督管理委员会.公开发行证券公司信息披露编报规则第1、3、5、7、8号.http://www.csrc.gov.cn.

[202]中国证券监督管理委员会.公开发行证券的公司信息披露内容与格式准则第1、2、10、11号.http://www.csrc.gov.cn.

[203]中国证券监督管理委员会.首次公开发行股票并上市管理办法.http://www.gov.cn.

[204]中华人民共和国财政部等.企业内部控制规范.中国财政

经济出版社,2010.77—85.

[205]中华人民共和国国务院.国家中长期科学和技术发展规划纲要.2006-2,http://www.gov.cn.

[206]周守华,胡为民,林斌,刘春丽.2012年中国上市公司内部控制研究.会计研究,2013(7):3—12.

[207]朱春艳,伍利娜.上市公司违规问题的审计后果研究.审计研究,2009(4):42—51.

[208]朱有为,徐康宁.中国高技术产业研发效率的实证研究.中国工业经济,2006(11):38—45.

附录Ⅰ：福建省科技型上市公司信息一览表

序号	公司代码	公司简称	所属行业	行业	所属板块	判定依据
1	000663	永安林业	农、林、牧、渔业	建筑与材料（Ⅲ）	深市主板	2009年被认定为福建省高新技术企业。
2	000997	新大陆	信息技术	信息设备—计算机设备Ⅱ	深市主板	2008年被认定为福建省高新技术企业。2011年7月，集团被工业和信息化部、财政部认定为首批"国家技术创新示范企业"
3	002029	七匹狼	制造业	纺织服装—服装家纺	中小板块	2010年被认定为福建省高新技术企业
4	002070	众和股份	制造业	纺织服装—纺织制造	中小板块	2009年被认定为福建省高新技术企业；2012年通过高新技术企业复审
5	002093	国脉科技	信息传输、软件和信息技术服务业	信息设备—通信设备	中小板块	2008年被认定为福建省高新技术企业
6	002098	浔兴股份	制造业	纺织服装—纺织制造	中小板块	2004年被国家科技部认定为国家火炬计划重点高新技术企业；2008年被认定为福建省高新技术企业；2011年通过高新技术企业复审
7	002102	冠福家用	制造业	轻工制造—家用轻工	中小板块	2003年被认定为福建省高新技术企业；2004年被科学技术部认定为国家火炬计划重点高新技术企业；2009年通过高新技术企业复审

续表

序号	公司代码	公司简称	所属行业	行业	所属板块	判定依据
8	002110	S公司	制造业	黑色金属—钢铁制造	中小板块	2009年被认定为福建省高新技术企业；2013年通过高新技术企业复审
9	002174	梅花伞	制造业	轻工制造—家用轻工	中小板块	2009年被认定为福建省高新技术企业；2012年通过高新技术企业复审
10	002222	福晶科技	制造业	电子—元件Ⅱ	中小板块	2008年被认定为福建省高新技术企业，2011年通过高新技术企业复审
11	002229	鸿博股份	制造业	轻工制造—包装印刷Ⅱ	中小板块	2011年被认定为福建省高新技术企业
12	002235	安妮股份	制造业	轻工制造—造纸Ⅱ	中小板块	2008年被认定为厦门市高新技术企业
13	002300	太阳电缆	制造业	机械设备—电气设备	中小板块	2009年被认定为福建省高新技术企业
14	002335	科华恒盛	制造业	机械设备—电气设备	中小板块	2013年被国家科技部认定为国家火炬计划重点高新技术企业
15	002396	星网锐捷	信息传输、软件和信息技术服务业	信息服务—计算机应用	中小板块	2008年被认定为福建省高新技术企业，2011年通过高新技术企业复审
16	002417	三元达	制造业	信息设备—通信设备	中小板块	2006年被国家科技部认定为度国家火炬计划重点高新技术企业，2011年被认定为福建省高新技术企业
17	002474	榕基软件	信息传输、软件和信息技术服务业	信息服务—计算机应用	中小板块	2008年被认定为福建省高新技术企业，2013年被国家科技部认定为国家火炬计划重点高新技术企业

续表

序号	公司代码	公司简称	所属行业	行业	所属板块	判定依据
18	002509	天广消防	制造业	机械设备—专用设备	中小板块	2008年被认定为国家高新技术企业,2011年通过高新技术企业复审
19	002517	泰亚股份	制造业	纺织服装—纺织制造	中小板块	2013年被认定为福建省高新技术企业
20	002529	海源机械	制造业	机械设备—专用设备	中小板块	2008年被认定为福建省高新技术企业
21	002578	闽发铝业	制造业	有色金属—有色金属冶炼与加工	中小板块	1998年被认定为福建省高新技术企业2008年被福建省科技厅评为"福建省行业星火技术创新中心",2010年被认定为国家火炬计划重点高新技术企业,2012年通过福建省高新技术企业复审
22	002593	日上集团	制造业	交运设备—汽车零部件Ⅱ	中小板块	2009年被认定为厦门市高新技术企业,2012年通过高新技术企业资格复审。
23	002614	蒙发利	制造业	家用电器—白色家电	中小板块	2004年被认定为厦门市高新技术企业,2013年通过厦门市高新技术企业复审。
24	002626	金达威	制造业	医药生物—化学制药	中小板块	200年被认定为国家火炬计划重点高新技术企业,2008年被认定为厦门市首批高新技术企业,2012年通过厦门市高新技术企业复审。

续表

序号	公司代码	公司简称	所属行业	行业	所属板块	判定依据
25	002639	雪人股份	制造业	机械设备—通用机械	中小板块	2006年、2008年被认定为福建省高新技术企业；2010年认定为国家火炬计划重点高新技术企业；有常年运行的研发机构。
26	002674	兴业科技	制造业	纺织服装—纺织制造	中小板块	2011年12月,经科学技术部火炬高技术产业开发中心《关于福建省2011年第一、二批复审高新技术企业备案申请的复函》(国科火字[2011]327号)确认,本公司作为高新技术企业备案
27	002702	腾新食品	制造业	食品饮料—食品加工制造	中小板块	2008年被科技部认定为高新技术企业(国科发火【2008】172号);2012年公司通过高新技术企业资格复审
28	300051	三五互联	信息传输、软件和信息技术服务业	信息服务	创业板块	2012年认定为厦门市高新技术企业
29	300056	三维丝	制造业	工业工程	创业板块	2013年认定为厦门市高新技术企业
30	300062	中能电气	制造业	机械设备	创业板块	2011年认定为福建省高新技术企业证书
31	300096	易联众	信息传输、软件和信息技术服务业	信息服务	创业板块	2012年认定为厦门市高新技术企业

续表

序号	公司代码	公司简称	所属行业	行业	所属板块	判定依据
32	300102	乾照光电	制造业	电子与电气设备	创业板块	2007年被认定厦门市高新技术企业；2008年获国家级第一批高新技术企业；2010年评为国家火炬计划重点高新技术企业；2012年被评为福建省第三批创新型企业；2013年获批国家火炬计划重点高新技术企业
33	300132	青松股份	制造业	化工品	创业板块	2011年被认定为福建省高新技术企业
34	300174	元力股份	制造业	化工品	创业板块	2009年认定为福建省第二批高新技术企业；2012年通过福建省第一批高新技术企业的复审认定
35	300188	美亚柏科	信息传输、软件和信息技术服务业	信息服务	创业板块	2011年被确认为厦门市第一批复审合格高新技术企业
36	300198	纳川股份	制造业	建筑建材	创业板块	2009年被认定为福建省高新技术企业；2012年通过福建省第一批高新技术企业的复审认定
37	300299	富春通信	信息传输、软件和信息技术服务业	信息设备	创业板块	2008年被认定为福建省高新技术企业；2012年通过高新技术企业复审
38	300341	麦迪电气	制造业	机械设备	创业板块	2012年认定为厦门市高新技术企业
39	600388	龙净环保	制造业	专用设备制造业	沪市主板	2008年被认定为福建省高新技术企业；2011年被认定为福建省复审高新技术企业

续表

序号	公司代码	公司简称	所属行业	行业	所属板块	判定依据
40	600436	片仔癀	制造业	医药制造业	沪市主板	2002年被认定为福建省高新技术企业,2006年认定为国家火炬重点高新技术企业
41	600483	福建南纺	制造业	纺织业	沪市主板	2011年被认定为福建省高新技术企业
42	600493	凤竹纺织	制造业	纺织业	沪市主板	2009年被认定为福建省高新技术企业。有常年运行的研发机构。
43	600549	厦门钨业	制造业	有色金属冶炼及压延加工业	沪市主板	2012年获国家火炬计划重点高新技术企业称号
44	600563	法拉电子	制造业	计算机、通信和其他电子设备制造业	沪市主板	2012年被认定为厦门市高新技术复审合格企业
45	600592	龙溪股份	制造业	通用设备制造业	沪市主板	2008年被认定为福建省高新技术企业,并于2011年通过复审。
46	600703	三安光电	制造业	电子与电气设备	沪市主板	2000年被认定为厦门市高新技术企业,2007年国家发改委授予"国家高技术产业化示范工程"称号
47	600815	厦工股份	制造业	专用设备制造业	沪市主板	2011年被确认厦门市复审合格高新技术企业
48	600870	厦华电子	制造业	计算机、通信和其他电子设备制造业	沪市主板	2008年入选全国首批创新型企业试点单位,2012年公司被认定为高新技术企业

附录Ⅱ:我国科技型企业认定条件

附录Ⅱ-1:我国高新技术企业认定条件

《高新技术企业认定管理办法》

第三章 条件与程序

第十条 高新技术企业认定须同时满足以下条件:

(一)在中国境内(不含港、澳、台地区)注册的企业,近三年内通过自主研发、受让、受赠、并购等方式,或通过5年以上的独占许可方式,对其主要产品(服务)的核心技术拥有自主知识产权;

(二)产品(服务)属于《国家重点支持的高新技术领域》规定的范围;

(三)具有大学专科以上学历的科技人员占企业当年职工总数的30%以上,其中研发人员占企业当年职工总数的10%以上;

(四)企业为获得科学技术(不包括人文、社会科学)新知识,创造性运用科学技术新知识,或实质性改进技术、产品(服务)而持续进行了研究开发活动,且近三个会计年度的研究开发费用总额占销售收入总额的比例符合如下要求:

1.最近一年销售收入小于5 000万元的企业,比例不低于6%;

2.最近一年销售收入在5 000万元至20 000万元的企业,比例不低于4%;

3.最近一年销售收入在20 000万元以上的企业,比例不低于

3%。

其中,企业在中国境内发生的研究开发费用总额占全部研究开发费用总额的比例不低于60%。企业注册成立时间不足三年的,按实际经营年限计算;

(五)高新技术产品(服务)收入占企业当年总收入的60%以上;

(六)企业研究开发组织管理水平、科技成果转化能力、自主知识产权数量、销售与总资产成长性等指标符合《高新技术企业认定管理工作指引》(另行制定)的要求。

附录Ⅱ-2：福建省高新技术企业认定条件

《福建省高新技术企业认定管理实施细则(试行)》

第二章 认定条件

第六条 高新技术企业认定须同时满足以下条件：

(一)在福建省境内注册的企业，近三年内通过自主研发、受让、受赠、并购等方式，或通过5年以上的独占许可方式，对其主要产品(服务)的核心技术拥有自主知识产权；

(二)产品(服务)属于《国家重点支持的高新技术领域》规定的范围；

(三)具有大学专科以上学历的科技人员占企业当年职工总数的30%以上，其中研发人员占企业当年职工总数的10%以上；

(四)企业为获得科学技术(不包括人文、社会科学)新知识，创造性运用科学技术新知识，或实质性改进技术、产品(服务)而持续进行了研究开发活动，且近三个会计年度的研究开发费用总额占销售收入总额的比例符合如下要求：

1.最近一年销售收入小于5 000万元的企业，比例不低于6%；

2.最近一年销售收入在5 000万元至20 000万元的企业，比例不低于4%；

3.最近一年销售收入在20 000万元以上的企业，比例不低于3%。

其中，企业在中国境内发生的研究开发费用总额占全部研究开发费用总额的比例不低于60%。企业注册成立时间不足三年的，按实际经营年限计算；

(五)高新技术产品(服务)及其技术性收入的总和占企业当年总

收入的60%以上；

（六）企业研究开发组织管理水平、科技成果转化能力、自主知识产权数量、销售与总资产成长性等四项指标按照《工作指引》的要求计算，且加权记分须达到70分以上（不含70分）。

附录Ⅱ-3：福建省科技型企业认定条件

《福建省科技型企业备案办法(试行)》

第二章 申报条件

第五条 福建省科技型企业必须同时具备以下条件：

1. 在福建省依法登记注册一年以上的居民企业，经营状况良好，有健全的生产、技术、质量、财务管理制度；

2. 遵守国家安全生产和环保规定，近三年内无安全生产或环境污染重大责任事故；

3. 有与其业务规模相适应的生产经营场所和设施，装备或服务手段比较先进。

第六条 符合第五条并具备以下条件之一：

1. 企业设有常年运行的研发机构；

2. 企业上年度研究开发经费投入 10 万元以上；

3. 企业主要产品符合国家重点支持的高新技术领域

4. 企业为产业技术或产品研发提供技术服务；

技术服务包括：研发设计、知识产权、检验检测、科技成果转化、信息技术、数字内容、电子商务、生物技术。

5. 企业具有自主知识产权或专有技术。

上述自主知识产权包括：企业通过自主研发、受让、受赠、并购等方式获得专利权、软件著作权、集成电路布图设计专有权、植物新品种权等。上述专有技术包括：先进、适用但未申请专利的技术秘密，如工艺流程、设计图纸、技术规范等。

图书在版编目(CIP)数据

科技型企业内部控制质量问题研究/黄莲琴著. —厦门:厦门大学出版社,2015.8
(经管学术文库)
ISBN 978-7-5615-5481-4

Ⅰ.①科… Ⅱ.①黄… Ⅲ.①高技术企业-企业内部管理-质量管理-研究 Ⅳ.①F276.44

中国版本图书馆 CIP 数据核字(2015)第 091112 号

官方合作网络销售商:

厦门大学出版社出版发行

(地址:厦门市软件园二期望海路 39 号　邮编:361008)
总 编 办 电话:0592-2182177　传真:0592-2181406
营销中心电话:0592-2184458　传真:0592-2181365
网址:http://www.xmupress.com
邮箱:xmup @ xmupress.com

厦门大嘉美印刷有限公司印刷

2015 年 8 月第 1 版　2015 年 8 月第 1 次印刷
开本:889×1194　1/32　印张:8.25　插页:2
字数:250 千字
定价:28.00 元
本书如有印装质量问题请直接寄承印厂调换